企业专利工作教程

北京路浩知识产权集团有限公司
北京路浩知识产权代理有限公司 ◎组织编写

张 晶 ◎ 主编

图书在版编目（CIP）数据

企业专利工作教程/北京路浩知识产权集团有限公司，北京路浩知识产权代理有限公司组织编写. —北京：知识产权出版社，2022.8
ISBN 978-7-5130-8264-8

Ⅰ. ①企… Ⅱ. ①北… ②北… Ⅲ. ①企业管理—专利 Ⅳ. ①G306.3②F273.1

中国版本图书馆 CIP 数据核字（2022）第 136975 号

责任编辑：王玉茂　章鹿野　　　　责任校对：潘凤越
封面设计：杨杨工作室·张冀　　　　责任印制：刘译文

企业专利工作教程

北京路浩知识产权集团有限公司
北京路浩知识产权代理有限公司　　　组织编写
张　晶　主编

出版发行：知识产权出版社有限责任公司	网　　址：http://www.ipph.cn
社　　址：北京市海淀区气象路 50 号院	邮　　编：100081
责编电话：010-82000860 转 8541	责编邮箱：wangyumao@cnipr.com
发行电话：010-82000860 转 8101/8102	发行传真：010-82000893/82005070/82000270
印　　刷：三河市国英印务有限公司	经　　销：新华书店、各大网上书店及相关专业书店
开　　本：720mm×1000mm 1/16	印　　张：22.25
版　　次：2022 年 8 月第 1 版	印　　次：2022 年 8 月第 1 次印刷
字　　数：384 千字	定　　价：99.00 元
ISBN 978-7-5130-8264-8	

出版权专有　侵权必究
如有印装质量问题，本社负责调换。

编委会

主 编 张 晶

编 委 (按姓名拼音排序)

陈 征　刘成春　刘 云

王庆龙　夏文广　翟卫华

前　言

企业是国家知识产权战略实施的载体，企业自主创新能力的增强对国家核心竞争力的提高具有举足轻重的作用，企业知识产权管理体系和管理内容是企业经营管理的重要组成部分。专利是企业重要的战略资源，企业制定专利申请策略、合理运用专利、加强知识产权保护是提高企业核心竞争力的关键。因此，企业专利工作需要充分掌握和运用专利制度，使专利制度成为促进企业自主创新的主要动力机制和保护机制，鼓励和调动企业职工的积极性，为企业技术创新、生产和经营全过程服务。

随着国家知识产权战略的实施，越来越多的企业将专利管理工作作为企业战略发展的核心工作之一，开展专利工作的热情不断高涨，企业知识产权保护意识明显增强，企业自主创新知识产权拥有量快速增长，知识产权转化运用能力进一步提高。然而，由于开展专利工作的时间不长、经验缺乏，以及专利工作的内容庞杂、头绪繁多、专业性强，许多企业专利工作者在实际工作中常常感到力不从心，即使是已开展多年专利工作的企业，其实际工作大多也只是停留在专利申请的初级阶段，还谈不上有效地运用专利制度保护企业和理性地运用专利策略发展企业，未能将专利作为一种工具和途径，来增强企业的创新能力和竞争能力。这种状况显然不能满足新形式下加快知识产权强国建设工作的要求和企业可持续发展的需要。如何尽快提升企业专利工作者的能力和水平，已成为一个亟待解决的问题。

作为专业的专利工作者，我们在长期为客户提供专利代理和专利咨询服务的过程中，深切体会到企业对专利工作实务知识的渴求，感到有义务为改变这种状况尽一点微薄之力。鉴于目前企业知识产权的创造、运用、保护、管理和服务全链条都需要强起来，企业专利管理的内容有必要与时俱进地升级和完善，我们便萌生了为企业专利工作者提供一本企业专利工作教程的念头。为此，我们全面梳理了多年来为企业服务的一些体会和心得，结合新领域新业态下的知识产权保护制度的研究与实践，追本溯源查找良方，对企业专利工作的内容和方法进行了系统的总结和澄清，以期此书抛砖引玉，为企业专利工作者提供专利工作的实务知识，也为从事专利工作的机关干部、研究人员和专利代理师提供参考。

北京路浩知识产权集团有限公司
北京路浩知识产权代理有限公司
2022 年 7 月

目　录

第一章　绪　论 / 1

 第一节　企业专利工作内容 / 1
  一、机构建设与制度建设 / 1
  二、权利获得与权利维持 / 3
  三、信息提供与信息利用 / 3
  四、研发支撑与研发管理 / 4
  五、权利维护与风险控制 / 5
  六、专利实施与专利经营 / 6
  七、教育培训与考核奖惩 / 7

 第二节　企业专利工作目标 / 8
  一、工作目标 / 9
  二、工作的阶段性 / 9

 第三节　企业专利工作体系 / 11
  一、管理机构 / 12
  二、管理人员 / 12
  三、管理制度 / 14
  四、管理手段 / 15

 第四节　企业知识产权管理规范 / 15
  一、制订背景 / 15
  二、规范内容 / 16
  三、宣贯认证 / 19

第二章 专利战略制定与实施 / 21

第一节 专利战略概述 / 21
一、专利战略的概念 / 21
二、专利战略的内容 / 23

第二节 专利战略制定 / 25
一、制定原则 / 25
二、制定步骤 / 25

第三节 专利策略 / 29
一、技术开发类策略 / 29
二、专利申请类策略 / 32
三、专利经营类策略 / 35
四、专利维权类策略 / 38
五、专利防御类策略 / 39

第四节 专利战略实施 / 40
一、战略实施准备 / 41
二、战略实施注意事项 / 41

第三章 技术交底书与申请文件 / 43

第一节 技术交底书概述 / 43
一、技术交底书的概念 / 43
二、技术交底书的作用 / 43
三、技术交底书的内容 / 44

第二节 技术交底书撰写要求 / 45
一、总体要求 / 45
二、具体要求 / 47
三、常见问题 / 51
四、特殊要求 / 53

第三节 专利申请文件撰写要求 / 56
一、说明书 / 56

二、权利要求书 / 61
　　三、涉及计算机程序的特殊要求 / 64
　　四、涉及数学算法或商业方法的特殊要求 / 66
　　五、涉及生物技术的特殊要求 / 67

第四节　申请文件质量评价 / 69
　　一、评价方案 / 69
　　二、质量问题类别 / 70

第五节　质量问题案例评析 / 74
　　一、说明书 / 74
　　二、权利要求书 / 81

第四章　专利申请与专利代理 / 89

第一节　专利申请决策 / 89
　　一、申请与否决策 / 89
　　二、申请类型决策 / 92
　　三、申请时机决策 / 94
　　四、海外申请决策 / 96
　　五、提前公布决策 / 101

第二节　专利申请管理 / 103
　　一、申请决策管理 / 103
　　二、申请程序管理 / 104
　　三、代理机构管理 / 105

第三节　专利代理管理 / 106
　　一、委托代理的概念 / 106
　　二、委托代理的作用 / 107
　　三、委托代理的任务 / 109

第四节　专利委托代理技巧 / 113
　　一、选择代理机构 / 113
　　二、选择专利代理师 / 114
　　三、聘请顾问 / 115

第五节　专利申请委托代理程序 / 115
　　一、委托代理的手续 / 115
　　二、委托代理的服务内容 / 118

第五章　专利检索与分析 / 121

第一节　专利检索 / 121
　　一、专利检索类别 / 121
　　二、专利检索方法 / 124
第二节　专利分析 / 132
　　一、专利分析概述 / 132
　　二、专利分析程序 / 134
　　三、专利分析应用 / 136
　　四、专利地图 / 138
　　五、专利分析报告示例 / 139

第六章　专利挖掘与布局 / 152

第一节　专利挖掘 / 152
　　一、专利挖掘的概念 / 152
　　二、专利挖掘的方法 / 153
　　三、专利挖掘的实例 / 154
　　四、专利挖掘的主体 / 160
第二节　专利布局 / 161
　　一、专利布局的概念 / 161
　　二、专利布局的方式 / 162
　　三、专利布局的步骤 / 166
　　四、扫地机器人案例 / 167

第七章　专利风险管控 / 170

第一节　专利预警 / 170
　　一、专利预警概述 / 170

二、专利预警分析程序 / 172

第二节　专利风险规避 / 174

　　一、规避专利侵权风险 / 174

　　二、规避侵权指控风险 / 175

　　三、规避技术合作风险 / 181

第八章　专利无效与专利维权 / 182

第一节　专利无效应对策略 / 182

　　一、无效宣告启动要件 / 182

　　二、无效宣告请求提交的文件 / 184

　　三、无效宣告应对技巧 / 185

第二节　专利维权途径 / 188

　　一、专利维权途径 / 188

　　二、选择途径的原则 / 188

第三节　行政途径维权 / 190

　　一、行政保护机关 / 190

　　二、请求保护程序 / 191

第四节　司法途径维权 / 194

　　一、司法保护种类 / 194

　　二、专利行政诉讼 / 195

　　三、专利侵权诉讼 / 198

　　四、司法保护案例 / 204

第九章　专利资产管理 / 221

第一节　专利档案管理 / 221

　　一、年费缴纳原因 / 221

　　二、年费计算 / 222

　　三、滞纳金 / 224

第二节　专利权放弃管理 / 227

　　一、放弃专利权考虑的因素 / 227

二、放弃专利权管理的程序 / 228

第三节 专利资产经营 / 229

一、专利经营的含义 / 229

二、输出经营方式 / 229

三、引进经营方式 / 230

四、其他经营方式 / 230

第四节 专利输出 / 231

一、专利输出决策 / 231

二、专利输出注意事项 / 232

三、专利许可类型 / 233

第五节 专利引进 / 234

一、专利引进决策 / 234

二、专利引进注意事项 / 236

第六节 专利经营合同 / 238

一、专利许可合同 / 238

二、专利转让合同 / 241

三、专利权质押合同 / 242

第十章 专利审查意见答复 / 245

第一节 专利审查意见答复工作内容 / 245

一、监视答复时限 / 245

二、分析审查意见 / 246

三、撰写答复意见 / 248

第二节 答复技巧和典型案例 / 248

一、公开不充分 / 248

二、属于非授权主题 / 251

三、不具备单一性 / 252

四、缺少必要技术特征 / 253

五、保护范围不清楚 / 254

六、得不到说明书支持 / 255

七、不具备新颖性 / 257

八、不具备创造性 / 258

九、修改超范围 / 267

十、同时存在多种缺陷 / 267

参考文献 / 278

附录一 专利研究报告目录示例 / 280

报告一 ×××集团专利战略研究报告目录 / 280

报告二 ×××技术领域专利分析报告目录 / 281

报告三 ×××技术专利预警分析报告目录 / 282

附录二 技术交底书模板 / 284

模板一 计算机类发明技术交底书提纲 / 284

模板二 通信类发明技术交底书提纲 / 292

模板三 机械类发明技术交底书提纲 / 301

模板四 化合物类发明技术交底书提纲 / 310

模板五 基因工程类发明技术交底书提纲 / 319

附录三 全国主要知识产权保护中心预审申请受理领域汇总 / 328

附录四 专利许可、转让和质押合同模板 / 330

模板一 专利实施许可合同 / 330

模板二 专利权转让合同 / 336

模板三 专利权质押合同 / 339

第一章

绪 论

企业专利工作指企业为了实现最大的经济效益和获取最大的竞争优势,以专利制度和企业发展战略为依据,对企业涉及的专利活动进行统筹安排和管理的所有活动。企业专利工作的水平和成效直接影响企业的核心竞争力和企业的长远发展。

第一节 企业专利工作内容

企业专利工作的内容十分广泛,涉及专利创造、运用、保护和管理等多个方面,本节将从机构建设与制度建设等七个方面全面阐述企业专利工作的内容。

一、机构建设与制度建设

(一) 工作机构建设

1. 设立专利工作机构

企业要有效地开展专利工作,必须设置专利工作机构。一般来说,企业最好设立专门的专利工作机构,以全面统筹管理所有的专利事务。当然,企业根据自身的情况,也可以将专利工作机构设立在研发部门或者法务部门。

2. 配备专职工作人员

企业专利事务繁杂,需要配备专职工作人员才能很好地完成。企业应当选择一些既具有相应专业知识又了解专利事务的优秀人才专职从事专利工作,在企业不具备这样的复合型人才时,可以在内部筛选有潜力的员工通过适当方式进行培养。

3. 建立中介服务体系

企业专利事务专业性要求高，往往需要借助专业中介机构的力量来完成。企业可以采用实地考察或招标方式选择目标中介机构，选择目标中介机构的原则是其既能提供国内外专利申请服务，又能提供全方位专利咨询服务，从而为企业构建合适的中介服务体系。

（二）管理制度建设

专利管理是专利工作的核心内容，专利管理的顺利进行，有赖于完善的专利管理制度。专利管理制度包括对专利工作进行计划、组织、协调和控制的所有制度。

专利管理制度建设主要包括三个方面的工作内容：一是制订总的专利管理办法或工作条例；二是制订具体的专利管理制度，例如专利申请管理办法、发明创造奖励制度等；三是建立与制度配套的表单系统。

（三）战略制定与实施

1. 制定企业专利战略

企业专利战略是企业经营战略的重要组成部分，是企业专利工作的纲领，其内容涵盖专利创造、运用、保护和管理等各个方面。无论规模大小和所处行业类别，企业都应该尽量制定专利战略，使专利工作有章可循，提高专利工作的成效。

企业必须根据自身方方面面的实际情况量身定做专利战略。专利战略必须务实和具有可操作性，那些偏重理论、照搬照套的专利战略对企业实际工作起不到任何作用。因此，企业专利战略制定是一项高难度的工作，制定高水平的企业专利战略需要制定者具有很高的专利素养，企业不具备制定能力时，可以委托经验丰富的专利咨询服务机构来实现。

2. 实施企业专利战略

经过战略分析和战略选择制定的专利战略，只有通过实施才能发挥其全局性的指导作用，因此，实施专利战略是企业专利工作最重要的工作任务之一。

专利战略实施过程中要注意保持战略的稳定性，各环节都必须在战略框架内开展工作，特别是不能轻易更改总体战略格局；还要注意及时反馈实施情况，对实施情况进行跟踪、调查、研究和协调，将经验教训反馈到下一步的实施中；另外，在专利战略所依据的基础条件发生重大变化时，还要对战略内容作出及时调整。

二、权利获得与权利维持

（一）专利申请

1. 组织专利申请

企业的研发成果要合理地获得专利保护，必须建立一套完整的专利申请组织程序。

专利申请组织包括申请素材挖掘、申请决策和申请准备。其中，申请决策包括决定是否申请专利、申请何种类型的专利、申请专利的时机、是否进行国外专利申请、是否请求提前公布、是否采用预审方式、是否申请延迟审查等事项；申请准备包括选择代理机构并完善技术交底材料、安排发明人与代理师之间的沟通、进行申请文件质量监控和申请时限监控等。

2. 管理专利档案

专利文件种类繁多，需要建立专利档案进行系统管理，以充分发挥这些文件的作用。企业专利档案至少应包括未申请专利的技术文件档案、处于审查程序中的专利申请文件档案、已获授权的专利文件档案、专利许可转让文件档案。

企业专利工作者可以利用这些文件，对企业历年的专利申请与授权情况、实施与收益情况、年费缴纳情况、专利奖酬情况、专利技术评估情况等定期进行分析，向企业有关主管人员提出相关建议。

（二）专利权维持

为了避免已取得的专利权被不当终止，企业应做好专利权维持工作。专利权维持工作主要包括缴纳专利年费等年费管理工作、放弃专利权相关事务管理工作、应对无效诉讼等影响权利存续事件的管理工作三个方面的内容。

三、信息提供与信息利用

（一）专利电子信息平台建立

企业专利工作需要企业各部门的协同配合，建立综合性企业专利电子信息平台是企业专利工作顺利开展的有益补充。

专利电子信息平台可以设置企业规章、企业战略、专利申请指南、专利申请管理、专利检索、在线培训、在线答疑、分析报告、知识宝典、行业资讯、统计信息、政策法规和典型案例等众多栏目，集成企业管理、信息服务和学习交流等多种功能，用于研发各阶段的专利数据检索和企业专利管理等方面工作。

（二）专利数据库建设

专利数据库能够给研发人员提供国内外技术信息，促进研发人员提高技术创新效率，缩短研发周期和节约研发经费。

企业专利数据库建设工作包括针对企业当前和将来可能涉及的产品或技术领域，收集世界各国、地区和组织机构的相关专利数据，配备专利检索系统，形成符合企业需求的专利技术资料库。

除了直接服务于研发的综合或专题专利数据库外，企业还可以依据所处行业建立一些个性化的专利数据库，例如，失效或无效专利数据库、竞争者专利数据库等。

（三）专利信息分析和利用

专利信息在技术研发、专利申请、专利复审与无效、专利诉讼、专利维权、专利风险规避、专利许可转让、专利资产评估、专利标准化和资本化运作以及企业并购和合资合作中能够起到重要的作用，企业有必要很好地开展专利信息的分析和利用工作。

四、研发支撑与研发管理

（一）研发支撑

企业专利工作要对企业研发提供专利及非专利信息支撑，信息支撑工作涉及研发前、研发中和研发后三个阶段。

研发前，要在专利信息及非专利信息检索的基础上，进行项目相关领域的专利状况分析，提交分析报告，为研发方向的确立提供素材。

研发中，要在专利信息及非专利信息跟踪检索的基础上，进行相关主题的技术分析，提交分析报告，为研发过程中确立开发策略和技术措施提供参考素材。

研发后，要在专利信息及非专利信息再次检索的基础上，对研发成果进行专利性评价，提交评价报告，为研发成果的保护和运用策略提供依据。

(二) 研发管理

为防止研发成果流失，使研发过程各阶段产出的各种形式的成果得到及时有效的保护，企业专利工作需要做好研发管理工作。

研发管理工作需要与研发部门密切协作，对各研发项目的进展情况进行实时追踪，对符合专利申请要求的研发成果及时组织专利申请，对不宜申请专利的研发成果及时采取技术秘密保护措施。此外，要对研发前、研发中和研发后形成的资料、图纸、数据、论文和研究报告等研发信息资料设立档案，并对其使用作出具体规定。

五、权利维护与风险控制

(一) 专利权维护

为了使企业的合法权益不受侵害，企业应积极做好专利权维护工作。

企业要通过各种渠道监控本企业所拥有的专利权，发现侵权现象时，及时发出警告，或者利用行政途径请求调处或提起法律诉讼。当然，在提起诉讼前，要收集好证据，选择合适的律师，必要时申请财产保全。此外，对各种假冒企业专利的行为，要及时向专利和市场监管部门投诉，寻求行政保护，或者向人民法院起诉，寻求司法保护。必要时组建专职打假队伍，查获假冒产品，并通过假冒纠纷案件扩大企业的知名度。

(二) 专利风险控制

为避免可能遇到的各种专利风险，企业应建立预警和应急机制，提前做好应对预案，提出规避风险的措施。在侵权风险分析结果认为企业计划生产的产品或使用的技术侵犯他人专利权，且该专利权稳定性高时，应采取规避设计、获得许可转让或实施交叉许可等措施。

另外，企业还应采取措施，积极规避阻碍专利风险、侵权指控风险和技术合作风险等专利风险。

六、专利实施与专利经营

（一）专利实施

研发成果获得专利保护并没有达到最终目的。只有通过专利实施和专利经营才能转化为现实的生产力，产生经济效益。因此，专利实施是专利价值实现的重要途径。对取得专利权的专利技术，在有能力实施的情况下，企业在适当的时机应尽量组织实施。

专利实施是专利技术商业化或者产业化的过程，包括从市场调研、可行性论证、工艺设计、试验试制，到标准确立、计划制定、批量生产、市场营销等一系列复杂的工作，专利管理部门应与企业其他相关部门密切配合，促进实施过程的顺利完成。

（二）专利经营

专利经营也称为专利资产经营，是指将专利作为资产，通过运营实现其商业价值的各种行为。

1. 专利输出

为扩大市场占有率，应充分发挥专利输出的作用。企业要根据本企业实施能力和技术发展趋势等，灵活采用专利转让和专利实施许可等专利输出方式，开展专利输出工作。

在拥有核心技术和核心专利时，在可能的情况下，企业应积极促进核心技术进入各级技术标准和促进核心专利进入专利池，以推动企业的专利输出工作和增强企业的核心竞争力。

2. 专利引进

为快速占领市场和缩短研发周期，企业往往需要借助引进专利技术来支撑。做好专利引进工作也是许多企业专利工作的一项重要任务。

专利引进的方式包括受让专利和接受专利实施许可等。专利引进的工作内容主要包括评估引进必要性、考察引进对象、衡量技术消化能力、洽谈和签订合同等。

（三）合同管理

合同管理是企业开展专利经营（包括专利输出和专利引进）不可或缺的

一项工作。企业专利合同管理工作的内容包括合同审核和管理、合同范本建立和合同备案。

1. 合同审核和管理

审核并管理企业与他人签订的技术开发合同、专利申请权转让合同、专利权转让合同、专利实施许可合同、技术咨询合同、技术服务合同以及其他涉及专利权的合同。

2. 合同范本建立

根据所处行业特点以及经营活动范围，建立企业常用的专利合同范本库。

3. 合同备案

合同签订后，在规定的时间内到有关部门进行合同备案。备案证明可以作为企业办理外汇和海关备案等相关手续的证明文件，也可以作为人民法院或者管理专利工作的部门处理专利纠纷、进行调解或确定侵权纠纷赔偿数额时的证据。

七、教育培训与考核奖惩

(一) 教育培训

要建立高效的专利工作体系，提高专利工作的成效，企业需要注重对各层面员工的教育培训。企业专利教育培训包括普及性培训、提高性培训和专门性培训等不同层次的培训。

教育培训可以针对普通员工、技术人员、专利工作者和领导干部，定期或不定期地进行。对普通员工可以就专利基本知识进行培训；对技术人员还应就技术交底书撰写进行培训；对专利工作者需要就企业专利管理所需的各种业务知识进行培训；对领导干部，除了可以就专利制度的基本规则进行培训外，还可以结合企业内外部的典型案例，向他们宣传利用专利制度和专利战略发展企业的必要性与重要性。

教育培训可以由企业专利工作者或业内资深专家在企业内部授课，也可以依托政府机关、中介机构、学术组织和大专院校的教育培训资源，选派有关人员参加相关的研讨班、培训班，以及参加各种报告会。

进行各种培训需要选择合适的教材，企业可以从现有市售教材中挑选，也可以采用自编教材。自编教材更能贴近企业需求，有条件的企业最好采用自编教材。

（二）考核奖惩

为了企业专利工作得以顺利进行，专利管理部门要对员工在专利创造、运用、保护和管理方面的工作绩效进行考核和奖励，分门别类地制定考核指标和建立奖惩制度。

在企业取得专利权后和在专利实施与经营获得经济效益后，要按照国家有关规定，对有关发明人和设计人给予奖励。对专利工作有突出贡献的员工，要依据企业专利奖惩制度给予奖励，并将员工的绩效作为技术职务聘任和晋升的重要依据。对不履行或不认真履行专利工作义务的员工，要按照企业专利奖惩制度给予惩罚。

（三）获取资助

企业要有效地开展各项业务，必须有足够的资金来维持，因此，获取资助是企业专利工作的重要任务。

目前，各地政府分别出台了许多专利工作奖励资助政策，一部分以立项方式鼓励企业开展重点技术领域的国内外专利布局和专利导航，项目完成并通过验收后给予资金补贴；另一部分以后补贴的方式，鼓励企业开展国外专利申请，产品出口前进行专利预警，开展专利维权，开展专利保险，获得国家级和省市级专利奖等。企业应按照各种奖励资助政策争取政府奖励和资助，申请各种专利资金。具体政策可咨询国家知识产权局和各省市知识产权工作机构，或者在相关网站上查询。本书附录三列出了全国主要知识产权保护中心及其申请受理领域。

第二节　企业专利工作目标

企业专利工作应有的放矢且目标明确，有计划、有步骤地开展。本节主要阐述企业专利工作的总体目标、具体目标以及各阶段的工作内容。

一、工作目标

（一）总体目标

企业专利工作的总体目标是通过专利管理，充分利用相关条件，实现专利资源的优化配置，提升企业专利水平，为企业的市场竞争赢得优势。

（二）具体目标

企业专利工作的具体目标包括：

（1）建立高效率的专利工作机构，打造高素质的专利管理队伍，形成完善的专利管理制度，提高企业专利工作的成效。

（2）提高员工的专利保护意识，激发员工的发明创造热情，有效利用专利信息，提高企业的技术创新能力。

（3）固化企业无形资产，避免企业专利资产流失，获得和维持更多的专利权，有效经营企业专利资产，提高企业的专利收益。

（4）预防可能发生的侵害企业专利权的行为，对侵权行为进行有效遏制，预防侵害他人专利权行为的发生，有效维护企业的合法权益和降低潜在的法律风险。

二、工作的阶段性

企业专利工作的状态和水平有一个循序渐进、从低级到高级的发展过程。从工作现状出发，可将企业专利工作分为入门阶段、起步阶段、发展阶段、提升阶段和成熟阶段五个阶段。

（一）阶段的划分标准

就企业专利工作的现状而言，各阶段具有的特征如下。

1. 入门阶段

入门阶段可称为意识形成阶段，其特征是：有专利管理人员、有专利申请、有专利培训。

2. 起步阶段

起步阶段可称为量能积累阶段，其特征是：有专利管理机构和管理制度、能策略性地部署专利申请、有一定数量的专利申请。

3. 发展阶段

发展阶段可称为战略运用阶段，其特征是：能运用专利战略指导专利工作、能熟练使用专利信息、有较强的权利维护能力。

4. 提升阶段

提升阶段可称为标准融合阶段，其特征是：有专利技术进入国家标准、有很强的风险控制能力、有较强的反垄断能力。

5. 成熟阶段

成熟阶段可称为资本经营阶段，其特征是：有专利技术进入国际标准、有娴熟的专利经营技巧、已成为专利许可联盟成员。

（二）各阶段的工作要点

专利工作各阶段有不同的工作要点，具体如下。

1. 入门阶段

入门阶段的工作要点是：建立专利管理制度、开展专利教育培训、鼓励专利申请、挖掘专利申请素材。

2. 起步阶段

起步阶段的工作要点是：完善专利管理体系、策划部署专利申请、建立专利情报资料库、实施运用专利权。

3. 发展阶段

发展阶段的工作要点是：制定和实施专利战略、分析运用专利信息、维护专利权。

4. 提升阶段

提升阶段的工作要点是：许可转让专利权、指导标准级技术开发、规避专利风险。

5. 成熟阶段

成熟阶段的工作要点是：通过标准许可专利技术、通过联盟许可专利技术。

企业专利工作各阶段的工作要点分别如图 1-1 所示。

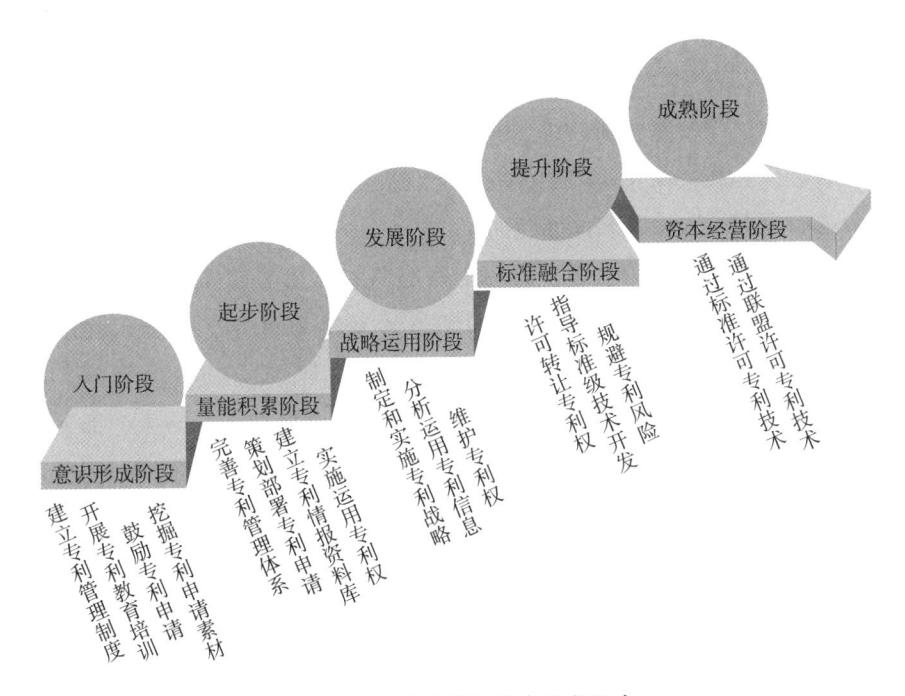

图1-1　企业专利工作各阶段要点

判断企业专利工作所处阶段时，不能只看各阶段的某一特征，只有同时具备某一阶段和其在前阶段的所有特征，才能定位为处于该阶段。另外，各阶段的工作内容不仅是本阶段工作要点中指出的那些，某一阶段的工作要点只是说明是这一阶段工作的重心。认真分析企业专利工作现状和定位所处的阶段，有利于企业知己知彼，明确当前和将来专利工作的重点和方向，为企业专利工作不断积累量能，逐步实现各阶段的跨越。

第三节　企业专利工作体系

建立适合企业自身需要的专利工作体系是企业专利工作的基础和前提。本节从管理机构、管理人员、管理制度和管理手段四要素阐述企业专利工作体系。

一、管理机构

企业专利工作涉及专利创造、运用、保护和管理的各个方面，是一个系统工程，有效的专利工作往往需要各个职能部门的配合与协调，而专利管理机构的建立显然有利于协调各职能部门的工作。

许多国内外知名企业都设有专利工作部门（称为"知识产权部"或"专利部"），有直属于企业总部的，也有隶属于企业法务部门或企业研发部门的。专利工作部门直属于总部的情形在国外企业中比较常见，在这种情况下，知识产权部（或专利部）、技术部、市场部共同组成企业的核心，与生产部、财务部共同组成企业最高层的专利组织管理机构。究竟采用哪一种模式，需要视企业所处行业的特点和企业自身的实际情况而定。

通常，专利工作部门的职能包括：

（1）组织企业专利管理制度和专利战略的制定与实施，组织企业专利工作长、短期规划/计划的制定和落实。

（2）负责企业专利申请和专利维持工作，发掘企业内部发明和设计，筛选专利申请素材，挑选专利中介服务机构。

（3）负责企业研发档案管理，跟踪研发进展，收集整理专利情报信息，提出研发建议。

（4）负责企业专利维权和专利风险管理。

（5）负责企业专利资产管理，避免企业无形资产流失；负责企业专利经营，处理专利实施、许可转让、受让引进和合资合作中的相关事务。

（6）负责专利教育培训和专利考核奖惩工作；负责与政府管理部门的信息交流与沟通，争取各级政府的专利优惠政策和优惠条件。

二、管理人员

专利管理人员是企业专利工作的载体，负责专利工作计划、组织、协调和控制的全部活动和过程。建立专业素质优良、人员数量充足、岗位职责明确的专利工作队伍是企业专利工作的重要一环。

（一）专业素质

企业专利工作具有较强的综合性，管理人员既要直接与企业研发人员沟通，将智力劳动的成果转化为法定的权利，又要通过合法手段维护和经营专利，应对专利诉讼，包括应对涉外专利诉讼。这要求他们具有以下多方面的素质。

（1）具有相关领域的技术背景，能够理解并分析相关产品和技术的技术特征；有能力在申请过程中进行申请文件质量管理和申请程序监控管理。

（2）有能力在专利纠纷处理中运用各种相关规则。

（3）有能力站在企业经营战略高度管理企业专利权，将经营战略与专利管理结合起来；有能力在专利经营中进行合同管理。

（4）能够建立起与企业领导层、企业内部和外部的良好协调关系；有能力制定和实施高效而公平的专利奖惩制度。

（5）能够熟练运用至少一门外语等。

因此，企业专利管理人员不同于一般的管理人员，他们应当是具备技术、法律、管理和外语专业知识的复合型人才。

（二）人员数量

企业专利管理人员的配置需要综合考虑企业所处行业、规模大小、专利事务的多少，专利部门设置及专利战略等因素。

如果企业是高新技术领域的中小企业，则至少配备一名或几名专职人员；如果企业是所处行业竞争相对激烈的大型企业，专利事务较多，则应该配备数量可观的专利管理人员。国外大型企业专利工作部门的人数往往会达到数百名。

（三）岗位职责

企业专利管理人员的岗位职责主要包括如下几个方面。

（1）协调管理企业和各部门的专利工作；编制长、短期专利规划/计划，组织制定和实施专利战略。

（2）收集分析专利信息，提供专利信息服务；组织发明创造挖掘，负责专利申请和维持。

（3）管理专利实施和许可转让事务；处理专利纠纷事务，负责专利风险控制工作。

（4）组织专利教育培训；负责专利考核奖惩的管理工作。

（5）管理专利档案；办理专利资助的各种事务；筛选和联络企业外部专

利中介服务机构。

三、管理制度

企业实施专利管理，在宏观上要制定和实施企业专利战略，在微观上要制定和实施专利管理制度。下面说明企业专利管理制度的类别和要点。

（一）管理制度类别

专利管理制度包括对企业专利创造、运用、保护和管理等方面所作出的一系列明确而详细的规定，因此，专利管理制度涉及的范围十分广泛。

虽然各企业专利管理制度的形式和名称千差万别，但按照内容可分为申请管理类制度、档案管理类制度、合同管理类制度、保密类制度、培训类制度、考核类制度、奖惩类制度等。企业可以制定总的专利管理办法或专利工作条例，也可以按工作内容制定系列管理制度。

（二）管理制度要点

企业专利管理制度应当对企业的专利管理机构、专利申请、专利权维持、专利权维护、专利风险控制、专利实施、专利经营、专利信息利用、专利考核奖惩和专利培训等内容予以规定。企业专利管理办法是专利管理制度的主体，一般包括如下9部分。

1. 总则

说明制定办法的目的、依据、关键性名词术语解释和办法的适用范围等。

2. 专利管理机构

确定企业专利管理机构、人员及其职责、管理模式和管理方法等。

3. 专利申请

对职务发明的权利归属、研发立项、申请前决策分析、发明创造挖掘、发明创造评价和申请文件准备与提交程序等作出规定。

4. 专利权维持与专利权维护

对研发管理作出规定，对维持专利权、保护专利权和处理专利纠纷的程序等作出规定。

5. 专利风险控制

对专利预警和规避阻碍专利风险、侵权指控风险和技术合作风险的程序和办法等作出规定。

6. 专利实施与专利经营

对专利实施、专利输出、专利引进和专利资产评估等作出规定。

7. 专利信息利用

对专利信息数据库的建立、专利信息的检索与收集、专利信息的分析、专利信息的传播和专利信息的管理等作出规定。

8. 专利培训与专利考核奖惩

对专利教育培训、工作考核及其评价指标、奖惩办法和程序等作出规定。

9. 附则

包括对管理办法的解释权、与相关制度抵触情况的处理和生效日等。

四、管理手段

企业专利工作内容丰富、体系庞杂，传统的管理手段已不能完全满足企业的需要。随着计算机及网络技术的迅速发展，企业专利管理的信息化也成为必然。

企业可以通过自主开发或者购买现有软件的方式，建立专利工作电子化管理系统。该系统至少应当具有以下三方面的功能：一是能够对各种文档的存储、分类进行管理；二是能够对企业内部专利申请决策的审批流程进行管理；三是能够对专利申请和专利权维持过程中的大量法定期限进行监控和管理。

在条件成熟时，可以将这些管理功能集成到企业专利电子信息平台中，利用该平台，实现专利信息检索服务、学习交流与专利管理功能的整合。

第四节 企业知识产权管理规范

一、制订背景

《企业知识产权管理规范》（GB/T 29490—2013）（以下简称《规范》）是我国首部企业知识产权管理国家标准，由国家知识产权局于2011年提出，由国家知识产权局与中国标准化研究院等单位共同起草编制完成，由国家质量监督检验检疫总局、国家标准化管理委员会批准于 2013 年 2 月 7 日发布，于 2013 年 3 月 1 日起实施。

《规范》的制定是以企业知识产权管理体系为标准化对象，旨在提供基于过程方法的企业知识产权管理模型，指导企业建立科学、系统、规范、高效的知识产权管理体系，有效提高企业对知识产权获取、维护、运用、保护过程中的管理能力，促进企业的技术创新，支撑企业可持续发展，提升企业的核心竞争力。

二、规范内容

《规范》包括 9 个章节，包括企业知识产权管理规范的范围、规范性引用文件、术语和定义、知识产权管理体系、管理职责、资源管理、基础管理、实施和运行、审核和改进等内容。

在知识产权管理体系章节中，明确了体系的总体要求：企业应按照该标准的要求建立知识产权管理体系，实施、运行并持续改进，保持其有效性，并形成文件。知识产权管理体系文件应包括：知识产权方针和目标、知识产权手册、按标准要求形成文件的程序和记录。知识产权管理体系文件应确保：发布前经过审核和批准，修订后再发布前重新审核和批准；文件中的相关要求明确；按文件类别、秘密级别进行管理；文件应易于识别、取用和阅读；对因特定目的需要保留的失效文件应予以标记。知识产权手册内容包括：知识产权机构设置、职责和权限的相关文件；知识产权管理体系的程序文件或对程序文件的引用；知识产权管理体系过程之间相关关系的表述。对外来文件和记录文件，要编制形成文件的程序，规定记录的标识、贮存、保护、检索、保存和处置所需的控制。确保外来文件来源和取得时间可识别，文件完整，并明确保管方式和保管期限。建立、保持和维护记录文件，以证实知识产权管理体系符合本标准要求，并有效运行。

在管理职责章节中，明确了最高管理者是企业知识产权管理的第一责任人，应批准、发布企业知识产权方针，策划知识产权管理体系，建立并保持知识产权目标，建立知识产权管理机构，配备专业工作人员，明确知识产权管理职责和权限，确保资源的配备，建立沟通渠道，组织进行管理评审，确保知识产权管理体系有效运行。

在资源管理章节的人力资源部分，明确了知识产权工作人员的任职条件，企业内组织开展知识产权教育培训的内容，人事合同中应约定知识产权权属和保密条款，明确发明人权利和义务及竞业限制和补充条款。新员工入职应进行知识产权背景调查，知识产权关系密切的岗位应要求新员工签署知识产权声明文件。对离职员工进行知识产权事项提醒，涉及核心知识产权的离职员工，应签署竞业限制协议。建立激励和问责机制，明确员工知识产权创造、保护和运用的奖励和报酬，明确员工造成知识产权损失的责任。在基础设施部分，明确了根据需要提供办公场所并配备软硬件设备；在财务资源部分，明确了应设立知识产权经常性预算费用，包括用于知识产权申请、注册、登记、维持、检索、分析、评估、诉讼和培训等事项的费用，用于知识产权管理机构运行的费用，用于知识产权激励的费用，有条件的企业可设立知识产权风险准备金。

在信息资源部分，明确应建立信息收集渠道，及时获取所属领域、竞争对手的知识产权信息，对信息进行分类筛选和分析加工，并加以有效利用，在对外信息发布之前进行相应审批，有条件的企业可建立知识产权信息数据库，并有效维护和及时更新。

在基础管理章节的知识产权获取部分，明确了企业应根据知识产权目标，制定知识产权获取的工作计划，明确获取的方式和途径；在获取知识产权前进行必要的检索和分析；应做好知识产权获取记录；应保障发明创造人员的署名权。

在知识产权维护部分，明确了企业应建立知识产权分类管理档案，进行日常维护；进行知识产权评估、知识产权权属变更或放弃；有条件的企业可对知识产权进行分级管理。

在知识产权运用部分的实施、许可和转让方面，明确了企业应促进和监控知识产权的实施，有条件的企业可评估知识产权对企业的贡献；在知识产权实施、许可或转让前，应分别制定调查方案，并进行评估。在投融资活动前，应对相关知识产权开展尽职调查，进行风险和价值评估。在境外投资前，应针对目的地的知识产权法律、政策及其执行情况，进行风险分析。

在企业重组工作方面，明确了企业合并或并购前，应开展知识产权尽职调查，根据合并或并购的目的设定对目标企业知识产权状况的调查内容；有条件的企业可进行知识产权评估。在企业出售或剥离资产前，应对相关知识产权开展调查和评估，分析出售或剥离的知识产权对企业未来竞争力的影响。

在企业标准化工作方面，明确了在参与标准化组织前，应了解标准化组织的知识产权政策；将包含专利和专利申请的技术方案向标准化组织提案时，应按照知识产权政策要求披露并作出许可承诺；在牵头制定标准时，应组织制定标准工作组的知识产权政策和工作程序。

在参与或组建知识产权联盟及相关组织方面，明确企业在参与知识产权联盟或其他组织前，应了解其知识产权政策，并进行评估；在组建知识产权联盟时，应遵循公平、合理且无歧视的原则（FRAND），制定联盟知识产权政策；主要涉及专利合作的联盟可围绕核心技术建立专利池。

在知识产权保护部分的风险管理方面，明确了企业应采取措施，避免或降低生产、办公设备及软件侵犯他人知识产权的风险；定期监控产品可能涉及他人知识产权的状况，分析可能发生的纠纷及其对企业的损害程度，提出防范预案；有条件的企业可将知识产权纳入企业风险管理体系，对知识产权风险进行识别和评测，并采取相应风险控制措施。

在争议处理方面，企业应及时发现和监控知识产权被侵犯的情况，适时运用行政和司法途径保护知识产权；在处理知识产权纠纷时，通过诉讼、仲裁、和解等不同处理方式评估对企业的影响，选取适宜的争议解决方式。

在涉外贸易方面，企业向境外销售产品前，应调查目的地的知识产权法律、政策及其执行情况，了解行业相关诉讼，分析可能涉及的知识产权风险；向境外销售产品前，应适时在目的地进行知识产权申请、注册和登记；对向境外销售的涉及知识产权的产品可采取相应的边境保护措施。

在合同中知识产权管理方面，企业应对合同中有关知识产权条款进行审查，并形成记录；对检索与分析、预警、申请、诉讼、侵权调查与鉴定、管理咨询等知识产权对外委托业务应签订书面合同，并约定知识产权权属、保密等内容；在进行委托开发或合作开发时，应签订书面合同，约定知识产权权属、许可及利益分配、后续改进的权属和使用等；承担涉及国家重大专项等政府支持项目时，应了解项目相关的知识产权管理规定，并按照要求进行管理。

在保密方面，企业应明确涉密人员，设定保密等级和接触权限；明确可能造成知识产权流失的设备，规定使用目的、人员和方式；明确涉密信息，规定保密等级、期限和传递、保存及销毁的要求；明确涉密区域，规定客户及参访人员活动范围等。

在实施和运行章节中的立项部分,应明确立项阶段企业应分析该项目所涉及的知识产权信息,包括各关键技术的专利数量、地域分布和专利权人信息等;通过知识产权分析及市场调研相结合,明确该产品潜在的合作伙伴和竞争对手;进行知识产权风险评估,并将评估结果、防范预案作为项目立项与整体预算的依据。

在研究开发阶段,明确企业对该领域的知识产权信息、相关文献及其他公开信息应进行检索,对项目的技术发展状况、知识产权状况和竞争对手状况等进行分析;在检索分析的基础上,制定知识产权规划;跟踪与监控研究开发活动中的知识产权,适时调整研究开发策略和内容,避免或降低知识产权侵权风险;督促研究人员及时报告研究开发成果;及时对研究开发成果进行评估和确认,明确保护方式和权益归属,适时形成知识产权;保留研究开发活动中形成的记录,并实施有效的管理。

在采购阶段,明确企业在采购涉及知识产权的产品过程中应收集相关知识产权信息,以避免采购知识产权侵权产品,必要时应要求供方提供知识产权权属证明;做好供方信息、进货渠道、进价策略等信息资料的管理和保密工作;在采购合同中应明确知识产权权属、许可使用范围、侵权责任承担等。

在生产阶段,明确企业应及时评估确认生产过程中涉及产品与工艺方法的技术改进与创新,明确保护方式,适时形成知识产权;在委托加工、来料加工、贴牌生产等对外协作的过程中,应在生产合同中明确知识产权权属、许可使用范围、侵权责任承担等,必要时应要求供方提供知识产权许可证明;保留生产活动中形成的记录,并实施有效的管理。

在销售和售后阶段,明确企业在产品销售前,应对产品所涉及的知识产权状况进行全面审查和分析,制定知识产权保护和风险规避方案;在产品宣传、销售、会展等商业活动前制定知识产权保护或风险规避方案;建立产品销售市场监控程序,采取保护措施,及时跟踪和调查相关知识产权被侵权情况,建立和保持相关记录;产品升级或市场环境发生变化时,及时进行跟踪调查,调整知识产权策略和风险规避方案,适时形成新的知识产权。

三、宣贯认证

2015年6月,国家知识产权局联合科学技术部、工业和信息化部、商务部、国家认证认可监督管理委员会、国家标准化管理委员会、国家国防科技工业局和中国人民解放军总装备部等八部委印发《关于全面推行〈企业知识产权管理规范〉国家标准的指导意见》，在全国范围内全面推行《规范》。

全国各省市相继组织学习《规范》，并鼓励企业依照《规范》要求，建立并规范企业知识产权管理工作。2014年以后，多家具备相应审核认证能力的认证机构也获得国家认证认可监督管理委员会（CNCA）批准成立，并陆续开展对企业的知识产权管理体系（IPMS）认证工作。

申请认证应符合以下条件。

（1）已按标准的要求建立文件化的知识产权管理体系，并实施运行3个月以上。

（2）至少完成一次内部审核，并进行了管理评审。

（3）一年内未受到主管部门行政处罚。

申请认证应提交以下资料。

（1）认证申请书（word版和盖章扫描件各一份）。

（2）营业执照复印件，如涉及行政许可的提供行政许可证明文件的复印件。

（3）知识产权手册（含申请组织简介、知识产权方针、目标、管理者代表任命书、知识产权管理体系覆盖组织机构图、职能角色分配表）。

（4）程序文件清单、记录文件清单。

（5）程序文件。

（6）内部审核和管理评审的证明文件。

（7）知识产权清单（各类知识产权数量，如专利、商标、著作权等）。

（8）申请组织声明（盖章pdf版，含承诺遵守法律法规、提供材料真实性的声明、适用性声明、保密声明）。

目前，包括中国铁建、航天科技、航天科工、兵器工业集团、中国船舶集团、中航工业哈飞、中国商飞、中国商发、中国电科、中国中车、国家电网、中核集团、中冶集团、京东集团、北京公交集团、美的集团在内的上万家企业已获得认证。

第二章

专利战略制定与实施

企业专利战略是企业专利工作的灵魂。从表面上看，专利战略只是有关企业专利管理的总体谋略，是为了促进企业对自身专利事务的有效管理。但实质上，企业制定和实施专利战略的目的是花最少的钱获得最大的市场效益，企业专利战略与企业经营和市场开拓密切相关。因此，企业制定并实施专利战略对提升企业综合竞争力具有十分重要的意义。

第一节　专利战略概述

企业专利战略是企业整体经营战略的重要组成部分。本节主要介绍企业专利战略的概念和内容。

一、专利战略的概念

（一）专利战略的定义

汉语《辞海》对"战略"的定义为：战略是重大的，带有全局性的或者决定全局的谋划。因此，从字面上解释可以说，专利战略是以专利为核心的重大的带有全局性的谋划。

对专利工作而言，重大的带有全局性的谋划是什么呢？无非是怎样充分利用专利制度，取得自身竞争优势并遏制竞争者的一系列策略和手段。基于此，可以将专利战略定义为：专利战略是利用专利制度规则，获得和保持市场竞争优势以及最佳经济效果的总体性谋划。这种总体性谋划包括了一系列的部署、策略和手段。

专利战略包括国家、地方、行业和企业等几个层面的战略。其中企业专利战略以提高企业核心竞争力为目标，谋求提高企业利用专利制度的能力，提升企业创造、运用、保护和管理专利的水平，为实现企业可持续发展和利益最大化提供保障。

(二) 专利战略的特性

企业专利战略具有全局性、依存性、实用性、秘密性、时间性和风险性等多重属性。

1. 全局性

企业专利战略是对企业专利工作的方向和目标进行的宏观规划和设计，是涉及企业创造、运用、保护和管理专利工作总的指导方针、实施原则和行动策略的纲领性文件，对企业专利工作具有普遍的指导意义。

2. 依存性

企业专利战略依存于专利法律制度，也依存于企业经营战略。企业的专利战略从总体经营战略中来，从属并服务于企业的总体经营战略，而专利战略的实施又会促进企业的总体经营战略的实现，因此企业专利战略与企业的具体经营活动密不可分，撇开企业的总体经营战略而去谈所谓单纯的企业专利战略是毫无意义的。

3. 实用性

企业专利战略不是一种纯粹的战略理论，而是为企业实实在在地开拓市场、取得竞争优势、获得丰厚利润的系列理念与策略，其与企业的整体发展战略紧密相关。

4. 秘密性

企业专利战略涉及企业内部很多相关数据、资料、文件和企业总体发展战略意图等需要对外保密的信息，因此，专利战略具有秘密性特点。

5. 时间性

企业专利战略需要随着企业所处的行业发展、内外部环境和总体发展战略的变化作相应的调整，因此，专利战略只在一定的时间期限内有效，之后，要对其进行重新设计或修正。

6. 风险性

与其他任何战略一样，企业专利战略制定得不好会给企业带来一定的风险，对外部环境和内部环境判断失误，会导致施行错误的策略和方法，甚至导致丧失市场竞争力。

二、专利战略的内容

企业专利战略是企业专利工作的纲领，其必须能够指导企业专利工作的方方面面，涵盖专利创造、运用、保护和管理各方面的策略和手段。企业专利战略应当包含战略背景、战略思想、战略目标、战略重点、战略措施和战略步骤等要素，而每一要素又必须涉及专利创造、运用、保护和管理等方面。

（一）战略背景

战略背景即制定和实施企业专利战略的内外部环境。企业内部环境是企业可以控制或改变的环境。企业外部环境则是企业无法控制的，但是对战略的实施具有极大影响。

1. 企业内部环境

企业内部环境涉及企业基本状况和企业专利状况。前者包括企业组织结构状况、企业管理状况、企业资源状况、企业经营战略、企业经营状况、企业技术状况、企业核心技术或关键技术、企业技术发展目标、企业业务构成和企业文化状况等；后者包括企业专利申请状况、专利授权状况、专利运用状况、专利保护状况、专利意识状况、专利管理制度和管理人员状况、商业秘密保护状况、专利工作与经营结合状况等。

2. 企业外部环境

企业外部环境涉及法律环境和行业状况。前者包括国际国内专利立法状况、专利政策法规状况、专利执法状况等；后者包括国际国内行业专利状况、行业技术状况、行业竞争状况、行业变化趋势、行业结构、行业经营特征、行业发展前景等。

（二）战略思想

战略思想是在战略背景基础上进行战略分析后得出的分析结论。战略思想是全局性的观念，是战略分析和战略方案确定全过程的灵魂，其包括专利状况的总体定位、专利战略的总体战略思想，以及专利工作的策略。

1. 总体定位

总体定位是对专利状况的总体评估，也是企业专利战略制定与实施所基于的总体基础。比如，企业专利工作现状所处的阶段，企业专利状况处于强势还是弱势，企业适合采用进攻型策略还是防守型策略或是进攻与防守相结合的策略，开拓型策略还是追随型策略等。

2. 总体战略思想

总体战略思想是制定与实施专利战略所应遵循的基本原则。比如，如何定位企业的专利工作；如何开展创造类、运用类、管理类和保护类专利工作；如何将专利工作与企业改革和机制创新、结构调整和技术创新、市场开拓和品牌建设相结合；如何应对政策和制度变革、技术竞争、市场变化等企业外部环境的变化；如何在行业内确立与维持企业的竞争地位；如何在企业内部建立协调一致和相互促进的工作机制；如何进行专利的国内布局和海外布局等。

3. 工作策略

工作策略则是战略思想的细化，是按照专利创造类、运用类、保护类和管理类等工作类别提出的各种工作的策略。比如，专利开发的策略、专利申请的策略、专利实施的策略、专利维权的策略、专利防御的策略等。

（三）战略目标

战略目标是基于战略分析所提出的战略实施要达到的目标，其包括总体目标和阶段目标，可以是行为目标、功能目标和数量目标。比如，专利制度体系建设目标、专利申请目标、专利服务体系建设目标、专利信息利用目标、专利经营目标、专利培训目标。也可以是按照专利工作类别确定的工作目标。

（四）战略重点

战略重点是实现战略目标所需要解决的突出问题和重大问题，其包括重点工作、重点产品、重点技术和重点机构等。比如，重点工作是专利创造、专利保护，还是专利经营。

（五）战略措施

战略措施是保障专利战略有效实施的战术和手段。战略措施由一系列相关的战术手段构成，其既包括创造类、运用类、保护类和管理类等手段，也包括实施战略的物质保障与支撑条件，比如，组织管理、机构设置、人员配备、规章制度、信息保障、资源配置、硬件配备、企业文化等多方面的手段与条件。

（六）战略步骤

战略步骤是实现战略目标和落实战略措施的方法步骤和实施方案。战略步骤是战略措施的具体化，其包括各项工作的实施内容、实施时间、实施条件和保障措施、实施效果的考核方式等。

第二节　专利战略制定

一、制定原则

企业在制定专利战略时，应当注意把握以下四个原则。

1. 实用原则

战略方案应当完整，可操作性强，实施步骤具体，可考核、可调整。

2. 合理原则

战略目标合适而明确，可实现，好理解，好贯彻。

3. 适配原则

战略方案密切结合企业内部实际环境和企业外部环境，量身定做。

4. 促进原则

战略方案能够体现对技术创新和市场占有的促进作用。

二、制定步骤

企业专利战略的制定过程是一个系统工程，由相互联系的多个环节和步骤构成。战略制定首先要做好相应的准备工作，在充分了解战略背景的基础上，通过全面周密地分析获得明确的战略思想，依据战略思想和企业实际设定可行的战略目标；然后根据战略目标提出实现战略目标的战略措施；最后通过综合分析确定最佳的战略步骤，并形成战略报告。

企业专利战略的制定一般经历以下过程。

（一）进行制定准备

专利战略制定的准备工作首先是立项，通过立项获得课题任务和课题经费。

立项后的工作是成立课题组，确定制定人员。战略可以由企业专利工作机构组织制定，也可以委托专业机构完成或协作完成。因为企业专利战略与企业经营战略联系密切，所以不论是由谁来制定，企业管理人员、专利工作者和技术人员都必须参与到课题组中来。

接下来是制定可行的战略制定工作计划，明确工作内容、工作目标、工作人员和工作进度等。

（二）调研战略背景

调研是战略研究的重要环节，全面、深入的调查是制定企业专利战略的基础。调研的目的是廓清企业实施专利战略的内外部环境，因此，调研时必须对企业内外部与专利相关的情况进行全面、深入的清查盘点。

调研可以采用问卷调查、面谈交流、电话采访、互联网检索、特定数据库检索、手工查阅和直接索取等方式。

企业内部环境即企业基本状况和企业专利状况，调研可以采用问卷调查和面谈交流的形式进行。首先根据企业情况拟定调研提纲和设计调查问卷。通常，调研提纲列出所要调研的所有问题，根据这些问题，设计出选择式或问答式的调查问卷。

问卷调查是研究者把研究问题设计成若干具体问题，按一定规则排列，编制成书面的问题表格，交由调查对象填写，然后收回整理分析，从而得出结论的一种研究方法。设计调查问卷是一项创造性的工作，需要进行认真的分析研究。

在发放和回收调查问卷的基础上，可以选择重点部门和重点人员直接索取、面谈交流或电话采访，进一步了解相关重要问题。

企业外部环境即相关法律法规状况和行业状况的调研可以采用互联网检索、特定数据库检索、手工查阅和直接索取等多种形式进行。

（三）提出战略思想

提出战略思想的过程即战略分析的过程，主要包括定位和评估专利状况、策划总体战略思想，以及提出专利工作的策略和方法。

1. 定位和评估专利状况

此过程是战略分析的第一步，需要对企业专利战略制定与实施所基于的总体基础进行总括性分析，对专利状况进行总体定位。此时需要着重分析企业和竞争者的专利状况、地位和分布、竞争策略等。

2. 策划总体战略思想

此过程是战略分析的核心，需要在总体定位的基础上，对制定和实施专利战略所要遵循的基本原则进行系列分析。此时需要着重分析产业政策、行业状况、资源存量；企业专利状况、经营方针、经营规模、技术研发和应用能力、市场状况、资源配置、技术和市场发展方向等。

以上分析过程可以采用SWOT分析法，即分析企业内部环境中的优势和劣势以及企业外部环境中的机会和威胁。比如，对企业专利意识、专利创造能力、专利拥有量、专利管理体系、专利风险防范和应对能力等的优势和劣势进行分析和评价，同时对加入世界贸易组织（WTO）、全球经济一体化、国家实施科教兴国战略和中长期科学技术发展规划、国家实施专利战略、地方实施专利战略和相应的配套政策、行业竞争加剧的背景下，企业面临的机会和威胁进行分析和评价。

3. 提出专利工作策略和方法

此过程是战略思想的细化，需要按照专利类别或专利工作类别提出开展各种工作的策略和方法。此时需要着重分析企业在专利创造、运用、保护和管理等方面的状况以及提升途径和方式。此过程涉及系列策略的选择，需要对现状进行认真分析，对策略方法进行认真选择。

专利现状分析需要弄清楚企业所拥有的重点产品和重点技术、在国内外取得的专利对关键技术和核心技术的覆盖率、专利技术产品市场化及市场占有率、可获得专利保护而没有申请保护的技术、相关领域专利分布状况和技术标准状况、主要竞争者的专利分布情况、鼓励发明创造的措施和办法、专利申请管理程序、产品技术研发成果管理方式、专利预警程序、专利纠纷应对机制等。

策略方法选择包括选择创造、运用、保护和管理等方面的各种策略。比如，专利开发是采用开拓型策略、追随型策略、防守型策略，还是拿来策略；

专利申请是采用专利网策略、外围专利策略、抢先申请策略、阻击申请策略、防卫申请策略、迷惑申请策略、还是不申请策略；专利经营是采用独占策略、转让策略、许可策略、回输策略、投资策略、受让策略，还是搭配策略；专利维权是采用诉讼策略、调解策略，还是警告策略；专利防御是采用公开策略、排除策略、证明先用权策略、和解策略，还是绕开策略等。在选定策略的基础上，对于专利申请，还可以进一步明确所采用的布局方式，即是采用地毯式布局、城墙式布局、路障式布局，还是采用糖衣式布局。各种策略的选择是一件比较复杂的工作，需要综合考虑很多因素。策略选择和运用必须符合企业的实际。

战略分析往往还要借助专利分析的结果，为确定技术研发、专利申请、专利经营、专利风险规避、竞争者制约等策略提供依据，因此，必要时应进行国内外相关专利的检索与分析，作出专利分析报告。

（四）确定战略目标

确定战略目标的过程需要在战略分析的基础上，结合企业经营的目标和特点，通过与国内外优秀企业的比较来进行，需要对专利创造、运用、保护和管理上的战略目标逐一分析确定。战略目标的确定要以各种事实为基础，有理有据，不能随意想象，必须量体裁衣，提出企业通过努力可以达到的各项指标。

（五）确立战略重点

战略重点的确立过程就是要说明实施专利战略所要解决的主要问题。战略重点的确立有利于抓住主要矛盾，突破重点，在企业资源配置和运用上重点保障，在战略实施上有轻重缓急，重点解决要害问题。

（六）选择战略措施

选择战略措施的过程就是要说明达到战略目标的途径和办法。此过程需要对各类手段进行全面的分析筛选。比如选择管理类措施，应当考虑研发管理、技术情报收集和分析利用管理、权利获得与维持管理、权利维护管理、预警和风险规避管理、许可转让管理、教育培训和奖惩考核管理、纠纷预防和应急管理、不同组织层面之间的管理、信息共享管理等方面的措施、人财物方面的保障条件等，并提出在当前管理现状的基础上，逐步改良的办法。

（七）拟定战略步骤

拟定战略步骤的过程需要将战略目标按时间顺序分解开来，将战略措施融入各项具体工作中。系列战略步骤组成的实施方案是企业专利战略制定的核心成果，因此需要制定者能够认真研究战略背景、仔细领会战略思想、切实牢记战略目标、灵活运用战略措施，具有很强的分析综合能力。

（八）撰写战略报告

战略制定完成的最终成果体现为战略研究报告。通常，战略研究报告中应分为战略背景、战略思想、战略目标、战略重点、战略措施和战略步骤六部分，详细记载战略的所有内容，作为战略实施的依据。

企业专利战略研究报告目录示例参见附录一。

第三节　专利策略

专利策略是指基于专利制度提供的保护规则，利用专利文献提供的信息，结合企业生产经营实际，有效促进技术开发、专利申请、专利经营、专利维权和专利防御的各种谋略。

一、技术开发类策略

（一）开拓型策略

开拓型策略指开发开拓性技术的策略。

开拓性技术是前所未有的、独创性非常高的发明，它既是开拓性的，也是基础性的。它具有广泛应用的可能性和获得重大经济效益的前景。有些首创型技术甚至可以带动整个行业的技术变革和新行业的产生。

开拓性技术属于某一领域的核心技术，具有支配地位，形成专利后可以成为堵住竞争者通道、最大限度排除竞争者的武器。而且这种技术难以在短时间内被替代，这种难以模仿和难以替代的特点，使得其能够给企业带来独特和长期的竞争优势。

开发开拓性技术虽然有明显的好处，但也存在风险，研发失败和技术预测失误都将给企业造成很大的损失。因此，企业实施开拓型策略需要具有一定的经济实力，能够支撑投入量大的研发活动，并能承受可能造成的损失。而且实施开拓型策略，必须注意配套技术的开发和运用。由于开拓型技术在实用化时，往往需要一系列配套的技术措施。如果不及时开发外围技术，在技术内容公开后，他人抢先开发外围技术并获得外围专利后，自己反而会受到他人专利的限制。

例如，IBM在申请超导技术核心专利方面就存在这样的失误。该公司在向欧洲专利局申请专利后，没有对该技术加以改进和完善，形成外围专利网，结果让其他竞争者抓住了有关改进和采用其他材料及工艺专利的机会。

因此，企业在采用开拓型策略时，应当注意同时采用防守型策略，将开发开拓性技术与开发外围技术相结合，尽可能挤压竞争者的技术发展空间，获取该领域的绝对控制和支配地位。

（二）追随型策略

追随型策略又称为改进型策略，指针对他人核心技术改进或拓宽应用领域的策略。

开发核心专利的规避技术、核心专利的改进技术、核心专利的替代技术和核心专利的关联技术等，就是这种策略的应用。另外，在竞争者已经构建了专利网时，通过分析寻找其专利网的"缝隙"，对仍有攻进余地和可能开发的技术组织开发，也是这种策略的应用。

这种策略起点高、成本低、风险小。企业开发外围技术形成专利可以减少核心专利的控制力，阻挡竞争者改进技术，提高产品档次，获得交叉许可的筹码。

例如，BCC公司发明了以纤维素为原料制造碳纤维的方法。东莱公司立即进行从基本材料到长纤维的开发，以及许多应用技术和改进碳纤维质量的技术开发。这一系列专利技术发挥了巨大威力，使得先驱者BCC公司陷入了不从东莱公司引进技术就可能丧失竞争力的境地。

目前，我国企业比较适合采用这种策略，开发一些改进技术和容易被忽略的外围技术，以便达到以小换大、以小胜大、以弱胜强的目的。

（三）防守型策略

防守型策略指在企业的核心技术周围开发许多外围技术，以便形成许多外围小专利的策略。

比如，在核心技术为化合物时，可以开发新的制备方法（提取、发酵和合成方法）、新的制剂、新的晶型、新的适应证，或进行结构修饰获得新的衍生物等。

（四）拿来策略

拿来策略指使用、仿制或改造失效专利和非中国专利的策略。

这种策略一是直接使用或仿制，二是改造。这种策略虽然可免付使用费，风险系数较低，效率较高，但应特别注意作好市场调查和预测，因为这时已很难独占市场。

例如，美国风险投资家费莱·瓦尔丁查到一项微电脑技术方面的失效专利。经过冷静分析，决定与人合伙投资50万美元成立一家微电脑公司，使用失效的微电脑技术专利。10年内，公司销售额达到了1500万美元，这家公司就是世界闻名的美国苹果电脑公司。

1. 失效专利的概念

失效专利包括未获权公开专利申请（撤回、驳回、视撤等）和获权后因各种原因权利终止的专利。据统计，全世界累计的几千万件专利中，失效专利约占88%，可见失效专利利用空间很大。专利申请未获权的原因是多方面的，有些并不是因为技术不先进，例如，没有按期足额缴纳官费、权利要求撰写不适当、说明书公开不充分、申请人自己觉得无市场前景主动放弃等都会导致申请不能授权。另外，有些因保护期限届满而权利终止的专利也可能是先进的，只是因当时条件不成熟等未被广泛应用。

2. 利用失效专利的原则

企业利用失效专利的原则是：对已经在国外提出申请，超过优先权期限仍没在我国提出申请的，可以直接使用或仿制；对已经在中国提出申请但未获专利权的（撤回、驳回、视撤等），可以直接使用或仿制；对获权后因各种原因导致权利已终止的中国专利可以直接使用或仿制。

3. 利用失效专利的注意事项

（1）失效前做好准备

在专利临近到期或要提前失效时，进行开发实施的准备工作和办理其他相关手续。一旦失效，立即实施。

（2）出口产品或技术时注意专利侵权

虽然可以无偿地使用非中国专利，但不能将这些技术或利用这些技术制造的产品出口到所述技术已取得专利，且其专利处于有效状态的国家和地区。

（3）仿制与创新相结合

对我国企业而言，实行拿来策略，将仿制与创新相结合是切合实际的。当然要学会带着头脑去仿制，应"站在巨人的肩膀上，而不是趴在巨人的身上"。

对医药开发而言，日本企业认为仿制不能重复劳动，第1次开发即原创性开发很难，而第2次开发即仿制涉及专利问题，于是进行"1.5次开发"，即把专利产品加以改造，修饰成为自己的产品。例如武田制药将奥美拉唑改造为兰索拉唑；三共制药把辛伐他汀改造为普伐他汀。

（4）避免侵犯基本专利的权利

如果失效专利是从属专利，利用其之前还需要确认其上游基本专利的权利状况。所谓从属专利又称改进专利，指一项专利技术的技术方案包括了前一有效专利，即基本专利的必要技术特征，它的实施必然有赖于前一专利技术的实施。[1] 因此，如果基本专利仍处于有效状态，即使从属专利已经失效，实施该从属专利仍会造成对其基本专利的侵权。此时，若要实施该从属专利，必须获得基本专利权人的许可。

二、专利申请类策略

（一）专利网策略

专利网策略指将所开发的核心技术和外围技术分别申请核心专利和外围专利，在某一领域形成由核心专利和外围专利构成的专利网的策略。

专利网策略能够使企业形成专利壁垒，筑起一道坚固的保护墙，使竞争者无法攻破或是无法突围，始终逃不出自己布下的天罗地网，有利于企业长期垄断某一技术领域。

企业采用专利网策略，应当注意专利网的布置次序，核心专利和外围专利

---

[1] 参见《北京市高级人民法院关于〈专利侵权判定若干问题的意见（试行）〉的通知》（京高法发〔2001〕229号）第121条。

的布置次序通常有以下三种。

1. 同时核心专利和外围专利

如果企业拥有一项或几项核心技术，则可以等待与之配套的技术完成之后一并申请专利，不给竞争者进行外围技术开发和改进的机会。但采用这种次序必须保证在竞争者完成相同技术开发并申请专利之前及时提出申请。

2. 先外围专利后核心专利

因为外围专利申请文件往往不能涵盖核心专利的足够信息，所以为了延迟竞争者获取核心技术相关信息的时间，就可以先申请外围专利，后申请核心专利。这种次序不仅能延迟公开核心技术信息，而且可以给企业争取较长的完善核心技术的时间，并可以使核心专利保护期限的起算点往后推延，达到延长核心专利保护时间的效果。

3. 先核心专利后外围专利

为了确保自己的核心技术能成为在先申请并取得专利权，就可以先申请核心专利，再申请外围专利。采用这种次序具有较大的风险性，因为竞争者在核心专利公开后也可以进行跟进开发，从而对企业形成竞争。因此，只有在确定竞争者在较短时间内无法形成威胁，或者外围技术开发即将完成时才能采用这一次序。

（二）外围专利策略

外围专利策略指将多项他人核心专利之配套的外围技术申请专利的策略。

在他人核心专利周围设置许多外围专利，可以起到制衡对方、获得交叉许可筹码的作用。在他人核心专利公开以后，抢先开发外围技术并申请外围专利，对核心专利形成包围圈，使自己在没有掌握核心专利的情况下，仍然可以占领一定的市场份额。

例如，日本东洋公司围绕德国公司转子发动机核心专利，申请并获得了一系列实用化的外围专利，即使在缺乏核心专利的条件下，仍然能与德国公司平分秋色。类似的情况还发生在微波炉领域，日本公司在美国公司在先申请的微波炉核心专利基础上，申请了大量与蒸汽、烧烤功能相对应的技术改进型专利，从而逐步把控微波炉行业的技术主导权，实现占领市场份额的经营目的。

企业在没有足够的技术开发能力或经济能力的情况下，可以采用这一策略。

（三）抢先申请策略

抢先申请策略指在完成发明创造后抢先提出专利申请的策略。

对于同一研发主题，不论是产品本身还是其工艺方法、设备、用途，可能有不少人同时进行研发，若不抢先，可能会痛失良机，造成不良后果。

例如原英国专利局授予了德国克虏伯公司人造茜素专利权。其实当时英国工业家威廉的申请仅比德国人的申请晚一天，就是这一天之差，造就德国克虏伯公司的专利技术占领英国市场达14年之久。

（四）阻击申请策略

阻击申请策略指通过申请专利阻击他人开发同类技术与自己竞争的策略。

采用这一策略时，申请有些专利本身并不是为了开发，而是为了阻止他人开发同类产品、相同产品的不同方法、相同功能的不同产品等。例如，自己申请了用醇提法生产某一药品的方法，就应当考虑申请采用复合有机溶剂提取法生产这一药品的方法。申请蒿甲醚专利，就应当考虑申请其母核及其他衍生物的专利。

再如，美的公司在策划蒸汽洗抽油烟机的专利布局时，就采取了这一专利策略。要实现烟机内部的蒸汽洗涤功能，就需要增加特定的装置，比如水杯。水杯位置的设置，就是其中一个核心技术点。美的公司最终的产品设计方案是将水杯单独作为配件，放置于烟机外，但还有一种方式就是将水杯嵌入烟机体内。在申请专利时，美的不仅申请了水杯外置型的专利，还将水杯内置的方案也作为策略性专利进行了申请。后来发现竞争对手果然针对美的公司该产品进行了规避设计，且规避思路与早已申请的水杯内置方案一致，落入了美的公司专利的保护范围。美的公司因此在该产品上取得了竞争优势。在后续的维权方面，美的公司无论是采用收取水杯外置型的专利许可费方式还是采用专利转让方式将水杯内置型的专利转让给竞争对手，无疑都是由于采取了有效的专利策略而实现了市场获利。

（五）防卫申请策略

防卫申请策略指通过申请专利来避免他人抢先申请专利而限制自己的

策略。

在某些技术是企业暂时不实施，但可以作为一种技术储备或可以作为将来更新发明的基础时，就可以采用这一策略。采用这一策略的另一个好处是避免他人抢先申请专利后对企业的研发形成障碍。

（六）迷惑申请策略

迷惑申请策略指将一些并非企业所需的技术和次要技术申请专利，而将重要技术不申请专利，以迷惑竞争者的策略。

为了使竞争者弄不清企业的情况，企业可采用这一策略，将并不真正代表企业技术研发重点或者企业投资重点的技术申请专利，"误导"或迷惑竞争者，不让竞争者清楚企业的技术发展方向和跟踪自己的发展。

（七）不申请策略

不申请策略指对可以做到长期保密或商业生命周期短的技术不申请专利的策略。

例如美国可口可乐饮料配方、我国云南白药配方，就属于应用这种策略的经典案例。

以技术秘密保护不需要办理任何官方手续，不必支付任何费用，不受保护时间的限制，但是通过这种保护无排他性法律效力。在现代科学技术发达和人才流动较大的背景下，做到保密是十分困难的，而且，一旦发生被他人盗窃商业秘密的情形，为追究其责任的举证工作往往也十分困难。只有那些保密难度低，而他人通过反向工程或者其他途径破译难度高的技术才适合该策略。

不申请专利策略也可以用于一件发明中的部分内容，即一部分技术申请专利，一部分技术作为技术秘密保护。

三、专利经营类策略

（一）独占策略

独占策略指实施企业的专利，不对外转让或许可他人实施的策略。

例如，美国哈罗德·兰斯伯格发明了静电喷漆技术，获得专利后，创立了兰斯伯格公司自行实施该技术。后来出现不少侵权行为，哈罗德一方面扩大经营，另一方面利用法律手段迫使400多家侵权企业向其支付了20多亿美元的赔偿金。

一般在市场需求量不大，企业生产已能满足时，可以选择实施该策略。

（二）转让策略

转让策略指将专利权或者专利申请权转让的策略。

在商品化早期阶段，采用这种策略需要慎重。例如，电子钟表技术在瑞士未受到重视，被转让给美国。日本则从同样不重视该技术的美国人手中引进电子钟表技术。引进后，日本企业全力组织深层次的开发，最终研制出成熟的电子钟表。后来，日本成为电子钟表业的王国，从根本上动摇了瑞士在世界钟表行业中的地位。电子钟表问世后即大规模地占领机械钟表市场，瑞士钟表出口因而受到重创，钟表厂倒闭超过一半。可以说，这是瑞士在钟表专利策略运用上的一大失误。

对那些不打算实施、无条件实施或者企业实施远远不能满足市场需求的专利，可以考虑采用这一策略处理。

（三）许可策略

许可策略指许可他人实施企业自有专利的策略。

许可策略类似转让策略，在商品化早期阶段采用这种策略容易造成他人后来居上，导致自己反受到牵制的后果。

例如，20世纪20年代，苏联籍美国人兹屋里金发明了光电显像管，很快使美国电视产品占据了欧美市场。美国厂家将该专利技术及彩电许可证授权给日本企业，在此技术基础上，日本企业集中技术力量全力攻关，使日本电视机质量赶上了美国的电视机，而由于其价格便宜反过来占领了美国市场。据统计，1968年美国有28家大型电视机制造厂，1976年剩下6家，而到20世纪80年代初期则只有1家了。美国的电视机制造产业就这样在日本企业专利策略的攻势下被瓦解了。

在市场需求量大、企业生产无法满足市场需求或者替代技术即将出现时，可以选择实施许可策略。

交叉许可（也称互惠许可、互换许可）策略是许可策略的一种特殊形式，指双方当事人相互许可他方实施的策略。交叉许可常常是企业间为了防止相互侵权而采取的策略。交叉许可既能满足企业的技术需要，又能避免两败俱伤或双方都无法实施。

例如，飞利浦公司推出数字密集型（DCG）音响，索尼公司推出微盘录音机，为避免发生侵权纠纷，两家企业相互许可对方实施自己的专利技术。

（四）回输策略

回输策略指企业对引进的专利消化吸收再创新形成新的专利后，反过来转让给原专利输出企业的策略。

技术引进的目的并不仅仅是自己使用，同时还要对引进的技术进行研究和创新。因此，实施这种专利策略要求企业能够正确处理技术引进与技术创新的关系。

（五）投资策略

投资策略指将自己的专利权作为资本入股，与他人共同实施的策略。

（六）受让策略

受让策略指购买他人专利的策略。

专利受让策略中，购买的既可以是企业竞争者的专利，也可以是其他企业或个人的专利。购买的目的可以是企业自身使用，也可以是购买后进行专利实施许可，或者是用来获得与竞争者谈判的筹码等。

一些具有较好市场前景的技术取得专利保护后，其价值可能并没有被发现而处于无人问津的状态。企业如果能够敏锐地发现这些专利，则可以较低的价格进行购买。

企业采用专利受让策略应注意被购买专利的权利状态，对专利的类型、有效期限以及权利的稳定性等进行考察，并且在转让谈判前对该专利的价值进行评估，为是否购买以及以什么价格购买提供依据。

（七）搭配策略

搭配策略指将专利权与相关商标权组合在一起转让或者许可的策略，包括专利与自有商标搭配的策略和专利与他人商标搭配的策略。

在专利涉及所属领域的新技术或新产品时，往往需要进行市场开拓。如果企业的商标具有较大影响力，则可以采用专利与企业商标搭配的策略，借助商标的信誉推广专利产品。采用这一策略时，可以同时进行专利许可和商标许可，提高许可收益。反过来，在企业商标知名度不高时，采用这一策略可以提高企业的商标知名度，这在被许可方是知名企业时尤其适宜。

当被许可方商标知名度高，需要使用其商标来推广自己的产品时，就可以采用专利与被许可方商标搭配的策略，在许可对方实施自己的专利技术时，与被许可方进行交换，要求对方许可自己使用其商标，由此达到"借船出海"的目的。当然，应注意将自己的商标和他人商标同时并用。

四、专利维权类策略

（一）诉讼策略

诉讼策略指企业发现侵权行为后，及时向法院起诉的策略。

例如，哈那威尔公司曾向美国明尼苏达州地方法院起诉日本美能达公司，指控被告生产的相机侵犯了其有关自动对焦技术的专利权。后来双方达成和解协议，由美能达公司一次性付给哈那威尔公司1亿多美元的和解金。不久，哈那威尔公司如法炮制，相继对尼康、佳能等几家日本照相机企业展开专利诉讼攻势，迫使这些企业支付巨额和解金。

企业采用这种策略，在提起诉讼前，要收集足够的证据，可以在不同地区多次购买侵权产品，完整保存发票。对于购买回来的产品，要进行分析、化验，用数据确认是在自己专利的保护范围之内。同时，还要注意必要时申请财产保全，并选择有技术背景的律师。

（二）调解策略

调解策略指通过专利管理机关或者法院调解解决侵权纠纷的策略。

调解对解决专利侵权纠纷案件具有成本低、速度快等优点，因而许多专利侵权纠纷案件都以调解和解告终。

（三）警告策略

警告策略指企业在发现他人侵犯其专利权时，向侵权方发出警告的策略。

在发现他人侵犯其专利权时，可以向对方发出律师函或者警告函。当然，在发出警告前必须做好可能诉讼的准备工作。

在专利申请公开之后至授权前的临时保护期内，可以向侵权方提出警告函。如果侵权方不停止侵权行为，也不交付使用费，则在专利授权后，此警告函便成为控告对方侵权、索取赔偿的重要依据。

五、专利防御类策略

（一）公开策略

公开策略指以文献、使用等方式公开某些技术信息来破坏这些技术的新颖性，从而阻止竞争者就相同的技术获得专利的策略。

研究开发的一些技术或产品可能已经具备了申请专利的条件，同时认为该技术没有申请专利的必要，但又担心竞争者会就相同的技术或产品申请专利，从而对自己以后的生产经营形成障碍时，常常可以采用这一策略。

采用这一策略时要注意：

（1）仔细分析利弊，慎重决策。

（2）选择影响小、发行量少、小语种或不被相关领域技术人员关注的出版物上公开，这可以使得该信息的传播面小，尽可能地让竞争者不知道或晚知道该信息。

（3）公开后，及时收集公开的证据，以便在他人就相同技术或产品取得专利后请求宣告专利权无效。

（二）排除策略

排除策略指发现某专利妨碍或有可能妨碍企业利益时，积极寻找专利所有者的漏洞和缺陷后，利用请求宣告专利权无效予以排除的策略。

提出无效宣告请求后，即使不能完全排除其专利，也应尽量让对方缩小权利要求的范围。使自己的发明创造尽量不落入其专利保护的范围内。

例如，葛兰素史克在中国继获得马来酸罗格列酮制备方法专利和马来酸罗格列酮化合物专利后，又获得了罗格列酮组合物专利，这样，有关罗格列酮的保护范围延伸到了各种罗格列酮盐。这就意味着国内其他企业都不能在专利期内生产罗格列酮类药物。浙江万马、上海三维和四川太极三家企业先后以缺乏新颖性为由，要求无效宣告葛兰素史克罗格列酮组合物专利。后来，葛兰素史克主动放弃了罗格列酮组合物专利。

对被控侵权人来说，这是一种有效的防御策略。通常是"你告我侵权，我诉你无效"。排除策略也可以用于国外，比如在面对"337"调查时，常常可以采用这一策略。

（三）证明先用权策略

证明先用权策略指当企业被指控侵权时，证明自己有先用权的策略。

我国专利法规定，在专利申请前已经制造相同产品，使用相同方法或者已经作好制造、使用的必要准备，并且仅在原有范围内继续制造、使用的，不属于侵权行为。对于这种制造或使用而不构成侵权的权利称之为先用权。

（四）和解策略

和解策略指在确认自己侵犯他人专利权后，主动提出和解的策略。

企业在被他人提起侵权诉讼时，首先要调查自身是否有侵权行为，如果确实存在侵权，可以利用自己所拥有的筹码与对方谈判，以求达成和解，由此减少大量侵权诉讼所需要的时间和经费投入。

（五）绕开策略

绕开策略指不能排除他人妨碍自己的专利（障碍专利）时，设法尽量绕开的策略。

在竞争者已经获得专利权，并且该专利权对企业的发展构成妨碍，而企业又不能通过无效宣告等方式排除该专利权时，可以采用这一策略。这种策略既可以避免侵犯竞争者的专利权，又可以突破对方的专利壁垒。

绕开策略的途径包括：①开发与竞争者的专利权不抵触的技术；②使用技术性能、水平和效果与专利技术没有悬殊差距的替代技术；③在不受专利保护的地域内利用他人专利。

此外，当掌握了能够使得障碍专利权被宣告无效的足够的理由和证据时，也可以不去请求宣告其专利权无效，而是与专利权人谈判，以达到免费使用，并减少竞争对手的目的。这也是一种绕开障碍专利的巧妙途径。

第四节　专利战略实施

战略实施是将制定好的战略方案付诸实践的过程。本节简述战略实施的准备以及战略实施的注意事项。

一、战略实施准备

（一）设立组织机构

企业专利战略的实施牵涉企业日常经营管理活动的很多方面，实施过程往往需要企业内多个部门之间的协调与配合，因此，有必要设立专门的机构负责组织和监督战略的实施。

该机构的设置必须与战略实施的要求相一致，要在实质上发挥战略实施的领导作用，统筹安排企业内相关部门在战略实施中的任务、责任和决策权限，随时了解和处理实施过程中出现的各种问题。

（二）提供人、财、物保障

除了组织机构外，专利战略的有效实施还有赖于人员、制度、资源等各种条件的支撑。因此，为了确保专利战略的顺利推进，企业还必须在人员配置、财务预算、管理制度等方面统筹协调，做好战略实施的人、财、物保障工作。

二、战略实施注意事项

（一）保持稳定

专利战略是企业在一段时期内专利工作的指导性文件，除非有影响战略实施的重大事件发生，例如战略实施的背景环境发生了较大的变化，否则不宜轻易更改战略内容。在战略实施过程中，应当保持在总体战略框架内开展工作，坚持将战略思想落到实处，保证战略目标的最终实现。

（二）适时调整

制定企业专利战略时，通常是基于对企业内外部环境现状的评估和对未来一段时间环境发展的预测，在具体实施中，真实的发展状况难免与当初的估计有所偏差，因此，企业专利战略不可能是一成不变、一劳永逸的。当企业内外部环境发生变化时，应当相应地对战略内容进行动态调整。当然，这种调整不能过于频繁，一般情况下，主要是调整具体的战略措施。

（三）绩效评估

企业专利战略能否发挥实效需要在实践中检验。在实施过程中，需要对在不同时间阶段、不同组织层面、不同专利领域的实施情况进行经常性反馈、考核、评估。通过评估，一方面，可以监督和促进各执行部门的实施力度和精度，防止实施中对战略思想的偏离；另一方面，可以发现专利战略的制定是否符合企业的实际情况，对错误或不合理之处及时加以修正。

第三章

技术交底书与申请文件

发明人在完成发明创造后,只有向国家知识产权局提交符合规定的申请文件,才有可能获得专利权。而符合规定的申请文件通常由专利代理师依据发明人提供的技术交底书撰写而成,因此技术交底书撰写的好坏,会在很大程度上影响专利申请文件的撰写质量。

第一节 技术交底书概述

了解技术交底书的概念、作用和内容,是撰写一份合格的技术交底书的基础,本节将对上述内容逐一进行介绍。

一、技术交底书的概念

技术交底书是发明人或申请人将自己希望申请专利的发明创造内容以书面形式提交给企业专利管理部门或专利代理机构的文件,是企业决定是否提交申请、决定申请类型和申请地域的依据,也是专利代理师理解发明人的发明构思和撰写申请文件的基本素材。

二、技术交底书的作用

(一) 启动评审程序

随着专利制度的逐步健全,企业专利管理的水平也在迅速提高,很多企业在提交专利申请之前,都会进行内部评审,技术交底书也就成为启动企业内部评审程序的依据。

（二）传递发明构思

撰写专利申请文件的专利代理师通常不是该项技术的专家，对该领域的尖端技术可能没有太多的深刻理解。因此，发明人必须以技术交底书的形式，记载其发明创造的原始内容，阐明该技术的关键点，通过技术交底书这个载体，向专利管理人员和专利代理师传递发明创造的内容，使他们能够基本理解发明创造所涵盖的范围。

三、技术交底书的内容

技术交底书不是提交给国家知识产权局的正规文件，其主要读者是专利管理者和专利代理师，因此，发明人在撰写技术交底书的时候，没有必要按照专利申请文件的结构来撰写。但是，为了清楚、准确地表达发明创造的内容，技术交底书里面应至少包括以下四部分内容。

（一）背景技术

背景技术是与该发明创造最接近的现有技术。发明人需要客观评价现有技术的特点和技术效果。现有技术的信息可以来源于专利文献、非专利文献（期刊等）或该领域的公知常识。

（二）技术问题

技术问题是指申请人所要解决的现有技术中存在的问题，其可以是背景技术中记载的技术问题，也可以是背景技术中明确暗示要解决的技术问题。该部分应当指出现有技术中的缺陷或不足，并针对性地说明该发明技术方案要解决的所有技术问题，对于该发明也无法解决的缺陷则无须描述。

（三）技术内容

技术内容是技术方案的详细说明。该部分应当提出解决问题的思路，说明技术关键点，并至少描述一个具体的技术解决方案，其描述的具体化程度应达到使该领域一般技术人员按照其内容可实现该方案的程度。

（四）技术效果

技术效果指发明创造与现有技术相比所具有的效果。通常技术效果可以由产率、质量、精度和效率的提高，能耗、原材料、工序的节省，加工、操作、控制、使用的简便，环境污染的治理或根治，以及新用途的出现等方面反映出来。

除此之外，技术交底书中还可以包含其他信息，例如该发明是否经过实验、模拟、使用而被证明可行，效果如何以及之前曾经申请或公开过的专利文献、论文资料、技术规范手册等。

第二节 技术交底书撰写要求

我国专利法规定，专利分为发明、实用新型和外观设计三类，其中，外观设计一般通过提供照片或制图的方式揭示相关设计，不需要撰写技术交底书。本节介绍的撰写要求适用于发明和实用新型专利申请。

一、总体要求

（一）清楚

技术交底书的内容应当清楚，具体应满足下述要求。

1. 主题明确

技术交底书应当从现有技术的技术方案和技术效果出发，明确反映现有技术的缺陷，进行发明创造所要解决的问题，解决所述问题采用的技术方案，这种技术方案具有什么技术效果，从而使所属技术领域的技术人员能够确切地理解该发明要求保护的主题。也就是说，技术交底书中的四个方面应当相互支撑，不得出现相互矛盾或不相关联的情形。

2. 用词准确

用词准确包括以下要求。

（1）使用技术术语

技术交底书应当使用发明所属技术领域的技术术语。技术交底书的用词应当准确地表达发明的技术内容，不得含糊不清或者模棱两可，以致所属技术领域的技术人员不能清楚、正确地理解该发明。

（2）使用中文

技术交底书应当使用中文，但是在不产生歧义的前提下，个别词语可以使用中文以外的其他文字。在技术交底书中第一次使用非中文技术名词时，应当用中文译文加以注释或者使用中文给予说明。

（3）说明专有词汇

如果可能的话，发明人最好能够对技术交底书中出现的专有词汇提供中文含义、英文全称和缩写。

例如，某发明技术交底书的技术内容部分记载："……，其中包括主叫方移动交换中心（Mobile Switching Center，MSC）、被叫方归属位置寄存器（Home Location Register，HLR）、铃音服务器以及被叫方移动交换中心（Visit Mobile Services Switching Center，VMSC）。"发明人在撰写上述技术内容时，对第一次出现的技术名词给出了中文含义、英文全称和缩写。

（4）使用法定计量单位

技术交底书中的计量单位应当使用国家法定计量单位，包括国际单位制计量单位和国家选定的其他计量单位。必要时可以使用该领域公知的其他计量单位，但是，应当同时标注国家法定计量单位。

（二）完整

完整的技术交底书应当包括全部内容，不能缺少对理解、再现发明所需的任何技术内容。具体应满足下述要求。

1. 结构齐全

一份完整的技术交底书应当包含背景技术部分、技术问题部分、技术内容部分、技术效果部分以及必要的附图。

2. 手段充分

技术交底材料要包括再现发明所需的全部内容，即为解决技术问题而采用的技术方案所需的一切技术手段，例如，制造产品所需要的原材料、方法步骤、条件参数、工具设备等。原则是所属技术领域的技术人员不能从现有技术中直接、唯一地得出与该发明有关的内容，均应当在技术交底书中描述。

（三）能够实现

判断一份技术交底书撰写是否清楚、完整的标准为所记载的内容是否"能够实现"，即所属技术领域的技术人员按照技术交底书记载的内容，不需要创造性的劳动，就能够再现该发明的技术方案，解决其技术问题，并且产生预期的技术效果。技术交底书中不能只给出任务和/或设想，或者只表明一种愿望和/或结果，而未给出任何使所属技术领域的技术人员能够实施的技术手段。

例如，一项有关"风铃"的发明，技术交底书中记载的技术内容仅有"该风铃装置具有音色能随气温上升而变高，随气温下降而变低的特性"，却没有公开如何制造该风铃，或者说明该风铃的具体结构是什么；而且，该领域技术人员根据该领域技术常识无法确定实现具有上述特性风铃的技术措施，因此，该技术交底书中只给出了任务和设想，或只表明了愿望，而未给出能够实施的技术手段，不符合完整性的标准。

二、具体要求

前面介绍了一份清楚、完整的技术交底书应包括四部分，以下结合图 3-1 分别阐述各部分撰写的具体要求。

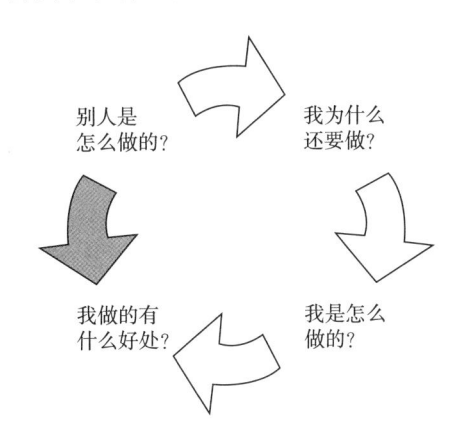

图 3-1 技术交底书撰写要求

（一）背景技术

这部分内容主要是说明"别人是怎么做的"。

1. 基本内容

（1）现有技术的技术方案

描述最接近的现有技术，现有技术的信息可以来源于专利文献、非专利文献（期刊等）或该领域的公知常识。

（2）现有技术的技术效果

背景技术部分应该对申请日之前的现有技术的技术效果进行描述，记载就发明人所知，且对理解、检索、审查该申请有参考作用的技术内容。

2. 注意事项

（1）必须介绍最接近的产品或者方法

撰写背景技术并不是对该领域的现有技术进行综合性的描述，而是针对一个或者几个与该发明技术方案最接近的产品或者方法进行介绍。采用这样的方式，发明人很容易找到撰写时的切入点，可较轻松地完成该部分的内容。

（2）最好引证最接近的现有技术文献

在背景技术中最好能够引用一篇或几篇与申请最接近的现有技术文献（可以是专利文献或非专利文献），并按照上述方式来分析其存在的缺点。引用的技术文献如果是专利文献则要写明国别和公开号，最好包括公开日期；如果是书籍则要写明书名、作者、出版者、版次和页码；如果是期刊则要说明期刊名称、卷号、期号和页码等。

（3）尽量结合附图进行说明

最好结合一幅或几幅现有技术的附图，清晰明白地指出现有技术的缺点或缺陷。

（二）技术问题

这部分内容主要是说明"我为什么还要做"。

1. 基本内容

（1）现有技术的不足或缺陷

技术问题部分应该是对申请日之前的现有技术进行客观评价。撰写这部分内容时，需要发明人客观评价现有技术的不足或缺陷。

（2）所要解决的技术问题

现有技术的不足或缺陷部分往往会成为发明人的发明动机（技术人员想要解决该技术问题）；根据其缺点，从而导出该发明的发明目的，引出该发明。

2. 注意事项

（1）客观指出现有技术的不足

对于现有技术中出现的不足，要全面指出，正是因为现有技术中某个/某些方面存在不足或缺陷，才促使发明人在上述背景技术的基础上继续研究并最终作出该发明。需要注意的是，该发明创造未能解决的缺点和缺陷不要提及。

（2）尽量说明缺陷存在的原因

在可能的情况下，应当尽量说明存在这种问题和缺点的原因以及解决这些问题时曾经遇到的困难，这样更有利于专利代理师理解该发明技术产生的原因和特点。

（三）技术内容

这部分内容主要是介绍"我是怎么做的"。

1. 基本内容

（1）解决问题的思路

应说明发明人对现有技术缺陷的解决思路、原理。

（2）技术的关键点

按照重要程度，逐条列出该发明需要保护的关键点，这样做的好处是有利于专利代理师抓住该发明创造的关键点，更加有策略地安排权利要求的结构。

（3）总体技术方案

描述为达到该发明的目的所采用的总体技术方案，描述的程度应达到使所属领域技术人员按照所述内容可重现发明，而不必再付出创造性或过度的劳动，如进行摸索研究或者大量的实验等。

对于涉及产品（包括系统和装置等）的技术方案，应当描述清楚产品的各部分组成，说明组成产品的各部分之间的相互作用关系。对于可动作的产品，还应当说明其动作过程或者操作步骤。

对于涉及方法的发明，应当写明其方法进行的过程，描述清楚步骤与步骤之间的作用关系。

发明人应尽可能地围绕发明关键点的内容详细说明；对于所属领域技术人员按照所述内容重现发明技术方案所必不可少的内容不得省略。

当有相关替代的解决方案时，发明人应尽可能地多给出几个替代方案，除非其他的替代方案对于一般技术人员都是熟知的。

（4）具体实施的例子（实例）

具体描述实施所述技术方案的例子，每个例子都是包含发明点和实现发明的其他技术内容在内的完整技术方案。每个例子都应当详细、具体地描述该领域一般技术人员实施和再现该发明所需的一切必要条件，如参数、材料、设备等，以及必要设备、零件的规格、型号等，如果其中使用新物质或者自己制备的材料，还应当说明其制造方法。

大部分情况下，技术方案的改进可能并不会特别大，具体例子与例子之间可能会有许多相同的技术内容，对各个不同的实例相同的部分可以不重复介绍，仅介绍区别部分即可，这样既可以节约篇幅，又十分明了。

另外，若系统的组成部分发生了变化，且系统的组成是欲保护的发明点，则提供系统的组成图是非常有必要的，可以使用虚线框，突出系统组成中改进的部分。

2. 注意事项

（1）最好描述工作原理

在技术交底书的具体实施方式部分，发明人应该描述发明创造的工作原理，特别是对于比较前沿的领域，这些工作原理有助于专利代理师和审查员理解发明创造的内容。

（2）尽量结合附图进行说明

有附图时，应尽量结合附图中的部件名称、序号详细描述该发明的工作过程或动作过程，即该发明由哪几个部分组成，每个部分由哪些部件组成，各个部件之间的相互位置关系、连接关系、配合关系等。

（四）技术效果

这部分的内容主要是介绍"我做的有什么好处"。

1. 基本内容

技术效果是指由技术方案直接带来的，或者是由所述的技术特征必然产生的技术效果。技术效果是确定发明是否具有"显著的进步"的重要依据。因此，应该清楚、客观地写明发明与现有技术相比所具有的技术效果。

2. 注意事项

（1）逐条列出技术效果

在这一部分应该逐条列出各个发明点与现有技术相比所能够获得的技术效果。

（2）尽可能多总结技术效果

尽可能多地描述发明创造所带来的直接或间接的技术效果，例如，提高了产量、质量、精度、效率，节省了能源、原材料，简化了加工、操作、控制和使用的程序，有利于环保和环境污染治理，增加了有用性能，降低了劳动强度等。

（3）合理说明技术效果

不能笼统断言发明具有有益的效果，还需要进行有效的说明。例如，与现有技术比较进行说明；通过对结构特点的分析和理论说明相结合的方式予以说明；通过列出实验数据的方式予以说明。在引用实验数据说明技术效果时，需要给出必要的实验条件和方法。

（五）附图

1. 基本内容

附图是清楚说明问题的示意图，技术交底书的各个部分都可能有附图。在很多情况下，为了清楚地描述发明创造的内容，附图是必不可少的部分。附图可以是工艺流程图、产品构成框图、产品结构示意图等。附图的作用在于用图形补充技术交底书文字部分的描述，使人能够直观、形象地理解发明的每个技术特征和整体技术方案。对于机械和电学领域中的专利申请，技术交底书附图的作用尤其明显。

2. 注意事项

（1）必须保证附图标记使用一致

技术交底书与附图中使用的相同的附图标记，应当表示同一组成部分。技术交底书文字部分中未提及的附图标记不得在附图中出现，附图中未出现的附图标记也不得在技术交底书文字部分中提及。

（2）最好使用制图工具绘制附图

最好使用制图工具绘制附图，并提供电子件。

三、常见问题

（一）背景技术

该部分撰写中经常出现的问题包括背景技术过于简单或过于复杂、列出企业的商业秘密和发明并未解决的问题等。

1. 背景技术过于简单

过于简单地描述现有技术的现状，或者仅仅给出现有技术的出处，而没有对现有技术的内容进行描述。例如把标准中的技术方案简单地拿来作为背景技术。

2. 背景技术过于复杂

背景技术部分过于复杂，不仅撰写了具有参考作用的现有技术，还撰写了与该发明不相关的技术。例如，一项关于"业务请求发起流程的鉴权方法"的背景技术部分，除介绍与该方法相关的现有技术以外，还详细撰写了 GPRS 的接通流程，这是不必要的。

3. 将企业的商业秘密作为背景技术

背景技术部分包括了企业从未公开的技术资料。

4. 包括了该发明未解决的技术问题

除描述该发明创造可解决的现有技术中的缺点和不足之外，又提及了与该发明创造不相关或者该发明创造也未克服的缺点和不足。

（二）技术问题

该部分撰写中经常出现的问题包括未写明要解决的技术问题或撰写过多要解决的技术问题。

1. 未写明要解决的技术问题

未直接、具体地写明所要解决的技术问题，或者仅概略地说明要解决的技术问题，未反映所要解决的具体技术问题。

2. 撰写过多要解决的技术问题

既撰写该发明创造能解决的技术问题，又撰写了该发明创造不能解决的技术问题。

（三）技术内容

该部分撰写中经常出现的问题包括技术方案公开不充分、实施例不足、现有技术撰写不充分。

1. 技术方案公开不充分

具体实施方式中没有披露解决问题的技术方案，而是仅仅叙述发明的效果或者达到的技术效果。或者给出了技术手段，但对所属技术领域的技术人员来说，该手段是含糊不清的，根据技术交底书记载的内容无法具体实施。

2. 给出的实施例不足

在技术内容中具体实施例过少或者仅有一个，不足以支持希望获得保护的技术方案。

3. 未撰写必需的现有技术

没有将理解现有技术必不可少的内容写入实施方式中。在某些新兴领域，技术内容普遍较复杂，即使是现有技术，专利代理师或审查员也未必了解。所以，也应将必不可少的现有技术写入实施方式中。

（四）技术效果

该部分撰写中经常出现的问题包括缺少或夸大技术效果。

1. 缺少技术效果

未写明或未撰写完整技术效果。或者仅笼统断言有技术效果，没有作具体说明。

2. 夸大技术效果

对发明创造的技术效果不是实事求是地描述，而是夸大其辞，甚至采用广告性语言。

（五）附图

该部分撰写中经常出现的问题包括缺少恰当的文字说明、附图标记混乱等。

1. 缺少恰当的文字说明

在附图中仅使用附图标记来代替必要的文字说明；或者在附图中出现了不必要的文字说明。

2. 附图标记混乱

技术交底书中对同一内容采用不同的附图标记，或正文中提及的附图标记在附图中找不到。

四、特殊要求

为了满足发明客体、公开充分以及创造性等要求，需要发明人在撰写不同的细分技术领域的技术交底书的时候进行区别对待。

（一）数学算法

数学算法属于智力活动的规则和方法，依据《专利法》第 25 条❶被明确排除在外，即单纯的数学运算理论和数学运算方法不属于专利保护客体。但对于那些待解决的问题源于特定技术领域，解决问题的过程使用或者依赖于数据工具，技术方案整体上具有一定的抽象性但又能在技术领域中得到应用的数学算法相关发明专利申请，在审查过程中，不会因其解决方案中记载了公式、函数、计算规则等就认定其不属于专利保护客体。

当将数学算法应用于特定技术领域从而形成一项解决方案时，重点在于写清楚数学算法的各个具体步骤与要解决的问题之间具有的明确的技术关联，数学算法的计算因子具有的相应的物理技术含义，应用该数学算法来处理该特定技术领域的数据处理过程能够解决该领域中的技术问题，形成了相应的技术解决方案并获得技术效果。

对于在通用计算机上运行的数学算法而言，重点要写清楚数学算法和计算机之间存在的某种特定的关联，对数学算法的改进能够使计算机内部性能得到改进。当所形成的解决方案与计算机系统内部结构有某种特定的关联，基于这种特定关联改进并提升了计算机系统的内部性能时，则该解决方案能够构成技术方案，可给予专利保护。

对于在通用计算机上执行数学算法的解决方案，如果计算机仅作为数学算法的执行工具，解决方案本身是对数学算法的优化，即使优化后的数学算法能够获得运算量低等效果。但如果这种优化后的效果与计算机内部结构在技术上无特定关联，通用计算机仅作为一种执行装置出现，那么该解决方案是以数学手段解决了降低运算量等数学问题，取得的并非技术效果，因而不构成技术方案。

（二）商业方法

在涉及商业方法的专利申请中，如果权利要求涉及单纯的商业规则和方

---

❶ 我国《专利法》于 2020 年 10 月 17 日进行了第四次修正，修正后的《专利法》于 2021 年 6 月 1 日起实施。如果没有特殊说明，本书中所引用《专利法》的具体法条，均依据修正后的《专利法》。

法，且不包含任何技术特征，则这项权利要求属于《专利法》第25条第1款第2项规定的智力活动的规则和方法，不应当被授予专利权。例如，一种根据用户的消费额度进行返利的方法，该方法中包含的特征全部是与返利规则相关的商业规则和方法特征，不包含任何技术特征，属于不应当被授予专利权的情形。

因此，发明人撰写的涉及商业方法类的技术交底书，应该保证整体方案除了商业规则和方法特征外，还要包含技术特征。而且要求商业规则和方法特征与技术特征功能上彼此相互支持，存在相互作用关系。"功能上彼此相互支持、存在相互作用关系"是指商业规则和方法特征与技术特征紧密结合，共同构成了解决某一技术问题的技术手段，并且能够获得相应的技术效果。

如果所要保护的商业规则和方法特征的实施需要技术手段的调整或改进，则可以认为该商业规则和方法特征与技术特征功能上彼此相互支持，存在相互作用关系。

(三) 人工智能

人工智能技术通常借助计算设备来执行与特定算法相应的计算机程序，这就使得与人工智能相关的技术申请专利时，很容易被判定为不属于技术方案，或者属于智力活动的规则和方法，进而依据《专利法》第2条第2款或第25条第1款第2项被认定为不属于授予专利权的客体。

为避免不属于专利保护客体的问题，在说明人工智能技术的技术方案时，第一，需要同时包含技术问题、技术手段和技术效果三个要素，从而使其符合专利法所要求的"技术方案"的定义。

第二，需要在技术交底书中明确该发明的发明点。对于人工智能技术相关的技术方案，发明点有可能出现在输入、处理和输出任一个或多个环节当中。

在技术交底书中，首先应该介绍对应的输入环节（数据预处理）、处理环节（人工智能算法设计）和输出环节（人工智能算法应用）的技术特征。其次应该介绍区别技术特征。基于对各环节现有技术的把握，确定每个环节中与现有技术不同的区别技术特征，这些区别技术特征就是潜在的发明点。

第三，需要在技术交底书中介绍人工智能技术有关模型的选型、模型的训练、样本的获取等必要技术信息。

以上就技术交底书的撰写作了比较详细的介绍。最后需要指出的是，在实践中，技术交底书的撰写并没有非常固定的格式和要求，不同的技术领域可以采用不同的撰写方式。

第三节　专利申请文件撰写要求

企业专利管理工作者在对专利申请文件的撰写质量进行评价之前，首先应当了解专利法对专利申请文件的相关要求，这也是评价专利申请文件质量的基本依据。本节将对专利申请文件的撰写要求进行介绍。

一、说明书

《专利法》第 26 条第 3 款和《专利法实施细则》❶ 第 17 条分别对说明书的实质性内容和撰写方式作了规定。

（一）总体要求

《专利法》第 26 条第 3 款规定，说明书应当对发明或者实用新型作出清楚、完整的说明，以所属技术领域的技术人员能够实现为准。因此，对说明书撰写的总体要求是清楚、完整和能够实现。

1. 清楚

说明书的内容应当清楚，具体包括两个方面。

（1）主题明确

说明书应从现有技术出发，明确地反映发明或者实用新型想要做什么和如何去做，使所属技术领域的技术人员能够确切地理解该发明或者实用新型要求保护的主题。换句话说，说明书应当写明所要解决的技术问题以及解决其技术问题采用的技术方案，并对照现有技术写明发明或者实用新型的技术效果。上述技术问题、技术方案和技术效果应当相互支撑，不能出现相互矛盾或不相关联的情形。

---

❶ 截至本书出版，《专利法实施细则》正在修改中，为了便于读者理解和掌握有关内容，本书的相关论述仍依据自 2010 年 2 月 1 日起施行的《专利法实施细则》的具体条款。

(2) 表述准确

说明书应使用所属技术领域的技术术语，准确地表达发明或者实用新型的技术内容，不得含糊不清或者模棱两可。

2. 完整

说明书应当包括《专利法实施细则》第 17 条规定的内容，不得缺少帮助理解和再现该发明创造，以及确定该发明创造具备新颖性、创造性和实用性所需的任何内容。

总地来说，凡是所属技术领域的技术人员不能从现有技术中直接、唯一地得出的有关内容，均应当在说明书中描述。

3. 能够实现

"能够实现"是指所属技术领域的技术人员按照说明书记载的内容，不需要花费创造性或过度的劳动，就能够实现该发明或者实用新型的技术方案，解决其技术问题，并且产生预期的技术效果。

如果说明书没有公开到使所属技术领域的技术人员理解要求保护的发明如何实现，或在需要付出超出常规实验劳动的条件下，所属技术领域的技术人员才能够实现要求保护的发明和产生预期的技术效果，则要求保护的发明创造没有在说明书中得到充分公开。

(二) 正文各部分要求

说明书应当包括发明名称、技术领域、背景技术、发明创造内容、附图说明和具体实施方式六部分，各部分顺序排列，并在每一部分前面写明标题，除非其发明创造的性质用其他方式或者顺序撰写能够减少说明书的篇幅并使他人能够准确理解其发明创造。

各部分的具体要求如下。

1. 名称

发明或者实用新型的名称应当清楚、简要地写在说明书首页正文部分的上方居中位置，并符合以下要求。

(1) 一般不得超过 25 个字。

(2) 采用所属技术领域通用的技术术语，不得采用非技术术语，不得使用人名、地名、商标、型号或者商品名称等，也不得使用商业性宣传用语。

(3) 清楚、简要、全面地反映要求保护的发明或实用新型的主题和类型。例如，一件包含检测图像中对称图形的方法和装置两项发明的专利申请，其名称应当写成"检测图像中对称图形的方法和装置"。

2. 技术领域

技术领域主要体现请求保护的技术方案所属的技术领域，它应当是发明创造要求保护的技术方案所属或者直接应用的具体技术领域，而不是上位的或者相邻的技术领域，也不是发明创造本身。

3. 背景技术

背景技术部分应当写明对发明创造的理解、检索、审查有用的现有技术。对背景技术的描述既可以直接记载技术内容，也可以引用其他文献，将其中的技术内容结合记载在申请的说明书中。引证现有技术文件的方式可缩减申请文件的篇幅，较为常用。

说明书中引证的文献可以是专利文献，也可以是非专利文献，例如期刊、杂志、手册和书籍等。引证专利文献的，至少要写明专利文献的国别、公开号，最好包括公开日期；引证非专利文献的，要写明这些文献的标题和详细出处。

此外，背景技术部分还要客观地指出现有技术中存在的问题和缺点，但仅限于该发明创造的技术方案所解决的问题和克服的缺点。在可能的情况下，写明存在这种问题和缺点的原因以及解决这些问题时曾经遇到的困难。

4. 发明创造内容

发明创造内容部分应当清楚、客观地写明以下内容。

(1) 要解决的技术问题

应当针对现有技术中存在的缺陷或不足，用正面的、尽可能简洁的语言客观而有根据地反映发明创造要解决的技术问题，并应与技术方案所获得的效果一致或相应。

一件专利申请的说明书可以列出发明创造所要解决的一个或多个技术问题，解决这些技术问题的技术方案都应当在说明书中加以描述。当一件专利申请包含多项发明创造时，说明书中列出的多个要解决的技术问题都应当与一个总的发明构思相关。

(2) 技术方案

说明书中公开的技术方案是一件发明或实用新型专利申请的核心。技术方案是申请人对要解决的技术问题采取的技术措施的集合，而技术措施通常由技术特征来体现。发明创造为解决其技术问题所不可缺少的技术特征称为必要技术特征，其总和足以构成发明创造的技术方案，达到其技术目的和技术效果。与发明目的有关的、用于进一步完善或展开技术方案的技术特征称为附加技术特征。

在技术方案部分，至少应反映包含全部必要技术特征的总的技术方案，还可以给出包含其他附加技术特征的进一步改进的技术方案。一般情况下，首先应当写明总的技术方案，以发明创造必要技术特征总和的形式说明其实质，必要时，说明必要技术特征总和与发明创造效果之间的关系。然后，可以通过对与该发明创造有关的附加技术特征的描述，反映对其作进一步改进的技术方案。除了说明这些技术特征外，还要对这些技术特征之间的相互关系、工作运转方式以及必需的技术参数作出清楚的说明。

如果一件专利申请中有几项发明创造，应当用独立的自然段说明每项发明创造的技术方案。

（3）有益效果

有益效果指由构成发明创造的技术特征直接带来的，或者是由所述技术特征必然产生的技术效果。通常，有益效果可以由产率、质量、精度和效率的提高，能耗、原材料、工序的节省，加工、操作、控制、使用的简便，环境污染的治理或者根治，以及新有用性能的出现等方面反映出来。

有益效果可以通过对发明创造结构特点的分析和理论说明相结合，或者通过列出实验数据的方式予以说明，不得笼统断言发明创造具有有益的效果。在引用实验数据说明有益效果时，应当给出必要的实验条件和方法。

5. 附图说明

如果说明书有附图，则应当包括附图说明部分。在该部分，应当写明各附图的图名，并且对图示的内容作简要说明。例如原理图、透视图、剖视图、框图以及工艺流程图等都要在说明书中用序号标明。此外，在零部件较多的情况下，允许用列表的方式对附图中具体零部件名称列表说明。

附图不止一幅的，应当对所有附图作出图面说明。

6. 具体实施方式

说明书应当有实施例，实施例是对实施方式的举例说明。实施例的数量应根据发明创造的性质、所属技术领域、现有技术状况以及要求保护的范围来确定。当一个实施例足以支持所概括的技术方案时，可以只给出一个实施例；当要求保护的范围较宽，其概括的特征不能从一个实施例中找到依据时，应给出一个以上的不同实施例，以支持要求保护的范围；当权利要求涉及较宽的数值范围时，应尽可能给出两端数值附近的实施例和至少一个中间数值的实施例。

具体实施方式的描述应当与专利申请中解决技术问题所采用的技术方案相一致。描述应当详细，有附图的，应当对照附图进行描述。在发明创造技术方案比较简单的情况下，如果说明书涉及技术方案的部分已经就发明创造专利申请所要求保护的主题作出清楚、完整的说明时，说明书就不必在涉及具体实施方式部分再作重复说明。

对于产品发明，实施方式应当描述产品的机械构成、电路构成或者化学成分，说明组成产品的各部分之间的相互关系；对于可动作的产品，只描述其构成不能使所属技术领域的技术人员理解和实现发明时，还应当说明其动作过程或者操作步骤；对于方法发明，应当写明其步骤，以及可以用不同的参数或者参数范围表示的工艺条件。

在具体实施方式部分，对最接近的现有技术或与最接近的现有技术共有的技术特征，一般来说可以不作详细的描述，但对发明创造区别于现有技术的技术特征和附加技术特征应当足够详细地描述。特别是对于那些就满足充分公开的要求而言必不可少的内容，不能采用引用的方式，而应当将其具体写入说明书。即使说明书中引用的内容在被引用文件中是明确的、唯一的，为帮助公众更直接地理解该发明创造，仍应直接将上述内容写入说明书。

对照附图描述发明创造的具体实施方式时，使用的附图标记或者符号应当与附图中所示的一致，并放在相应的技术名称后面，不加括号。

（三）附图和摘要要求

1. 附图

附图是说明书的一个组成部分，其作用在于用图形补充说明书文字部分的描述，使人能够直观地、形象化地理解发明创造的每个技术特征和整体技术方案。对于机械和电学领域中的专利申请，说明书附图的作用尤其明显。

实用新型专利申请的说明书必须有附图。

一件专利申请有多幅附图时，多幅附图可以绘制在一张图纸上，各幅图中的同一技术特征，应当使用相同的附图标记，并与说明书中的描述相同。说明书中未提及的附图标记不得在附图中出现，附图中未出现的附图标记也不得在说明书文字部分中提及。附图中除了必需的文字外，不得含有其他的注释；但对于流程图、框图一类的附图，应当在其框内给出必要的文字或符号。

2. 摘要

摘要是说明书记载内容的概述，它仅是一种技术信息，不具有法律效力。

摘要应当写明发明创造的名称和所属技术领域，并清楚地反映所要解决的技术问题、解决该问题的技术方案的要点以及主要用途，其中以技术方案为主。

摘要可以包含最能说明发明创造的化学式。

有附图的专利申请，如果附图与申请保护的发明创造技术方案有关，则应当指定并提供一幅最能反映该发明创造技术方案主要技术特征的附图作为摘要附图，该附图应当是说明书附图中的一幅。

摘要文字部分不得超过 300 字，且不得使用商业性宣传用语。

摘要文字部分出现的附图标记要加括号。

二、权利要求书

《专利法》第 26 条第 4 款和《专利法实施细则》第 19～22 条对权利要求的内容及其撰写作了规定。

（一）总体要求

《专利法》第 26 条第 4 款和《专利法实施细则》第 19 条规定，权利要求书应当以说明书为依据，说明发明创造的技术特征，清楚、简要地表述请求保护的范围。因此，对权利要求书撰写的总体要求如下。

1. 以说明书为依据

即权利要求应当得到说明书的支持。权利要求书中的每一项权利要求所要求保护的技术方案应当是所属技术领域的技术人员能够从说明书充分公开的内容中得到或概括得出的技术方案，并且不得超出说明书公开的范围。

在判断权利要求是否得到说明书的支持时，应考虑说明书的全部内容，而不是仅限于具体实施方式部分的内容。如果说明书的其他部分也记载了有关具体实施方式或实施例的内容，从说明书的全部内容来看，能够说明权利要求的概括是适当的，则认为权利要求得到了说明书的支持。

2. 清楚

权利要求书应当清楚，一是指每一项权利要求应当清楚，二是指构成权利要求书的所有权利要求作为一个整体也应当清楚。

首先，每项权利要求的类型应当清楚。一方面，权利要求的主题名称应当能够清楚地表明该权利要求的类型是产品权利要求还是方法权利要求。不允许采用模糊不清的主题名称，例如，"一种……技术"，或者在一项权利要求的主题名称中既包含产品又包含方法，例如，"一种……产品及其制造方法"。另一方面，权利要求的主题名称还应当与权利要求的技术内容相适应。

其次，每项权利要求所确定的保护范围应当清楚。权利要求的保护范围应当根据其所用词语的含义来理解。一般情况下，权利要求中的用词应当理解为相关技术领域通常具有的含义。

最后，构成权利要求书的所有权利要求作为一个整体也应当清楚，这是指权利要求之间的引用关系应当清楚。

3. 简要

权利要求书应当简要，一是指每一项权利要求应当简要，二是指构成权利要求书的所有权利要求作为一个整体也应当简要。例如，一件专利申请中不得出现两项或两项以上保护范围实质上相同的同类权利要求。

此外，权利要求的数目应当合理。

每项权利要求的表述应当简要，除记载技术特征外，不得对原因或者理由作不必要的描述，也不得使用商业性宣传用语。

4. 其他要求

对权利要求书的撰写还包括以下几方面的要求。

一项权利要求应限定一项发明创造，两项以上不同类型的发明创造不能出现在同一项权利要求中。

权利要求书中包括几项权利要求的，应当用阿拉伯数字顺序编号。

一项权利要求一般用一个自然段表述，只允许在其结尾使用句号。若技术特征较多，内容和相互关系较复杂，借助于标点符号难以将其关系表达清楚时，一项权利要求还可以用分行或者分小段的方式描述，各段之间可以用分号分开。

权利要求中使用的技术术语应当与说明书中使用的一致。

权利要求中不得有插图，也不得包括附图。除非十分必要，权利要求中不得使用"如说明书……部分所述"或者"如图……所示"等类似用语。权利要求中通常不允许使用表格，除非使用表格能够更清楚地说明发明创造要求保护的主题。

权利要求中的技术特征可以引用说明书附图中相应的标记，以帮助理解权利要求所记载的技术方案。但是，这些标记应当用括号括起来，放在相应的技术特征后面。附图标记不得解释为对权利要求保护范围的限制。除了附图标记或者其他必要情形之外，权利要求中应当尽量避免使用括号。

（二）独立权利要求

一件专利申请的权利要求书中，应当至少有一项独立权利要求。

从内容上讲，独立权利要求应当从整体上反映发明创造的技术方案，记载解决技术问题的全部必要技术特征。

从形式上讲，独立权利要求应当包括前序部分和特征部分，并按照下列要求撰写。

1. 前序部分

写明要求保护的发明创造技术方案的主题名称和发明创造主题与最接近的一篇现有技术共有的、密切相关的必要技术特征。

2. 特征部分

使用"其特征在于……"或者类似的用语，写明发明创造区别于最接近的现有技术的必要技术特征，也就是对现有技术作出贡献的、新的或者改进的技术特征。这些特征和前序部分写明的特征一起限定发明创造要求保护的范围。

根据《专利法实施细则》第 21 条第 2 款的规定，当发明创造的性质不适于用上述方式撰写时，独立权利要求也可以不分前序部分和特征部分。例如，开拓性发明；由几个状态等同的已知技术整体组合而成的发明，其发明实质在组合本身；已知方法的改进发明，其改进之处在于省去某种物质或材料，或是用一种物质或材料代替另一种物质或者材料，或是省去某个步骤；或已知发明的改进在于系统中部件的更换或其相互关系上的变化。

一项发明创造应当只有一项独立权利要求，并且撰写在同一发明创造的从属权利要求之前。

(三) 从属权利要求

如果一项权利要求包含了另一项同类型权利要求中的所有技术特征，且对该另一项权利要求的技术方案作进一步的限定，则该权利要求为从属权利要求。

从内容上讲，从属权利要求应当用附加的技术特征，对引用的权利要求作进一步的限定。

从形式上讲，从属权利要求应当包括引用部分和限定部分。

1. 引用部分

写明引用权利要求的编号，其后应当重述引用的权利要求的主题名称，其主题不能与所引用的权利要求不相同。

2. 限定部分

写明发明创造附加的技术特征，可以对所引用权利要求中的所有技术特征进行限定，不仅可以进一步限定独立权利要求特征部分中的特征，也可以进一步限定独立权利要求前序部分中的特征。

从属权利要求只能引用在前的权利要求。引用两项以上权利要求的从属权利要求称为多项从属权利要求，多项从属权利要求只能以择一方式引用在前的权利要求，并不得作为被另一多项从属权利要求引用的基础，即在后的多项从属权利要求不得引用在前的多项从属权利要求。

直接或间接从属于某一项独立权利要求的所有从属权利要求都应当写在该独立权利要求之后、另一项独立权利要求之前。

从属权利要求中的附加技术特征，可以是对所引用的权利要求的技术特征作进一步限定的技术特征，也可以是新增加的技术特征。

三、涉及计算机程序的特殊要求

涉及计算机程序的发明专利申请的说明书及权利要求书的撰写要求与其他

技术领域原则上相同，以下仅就其特殊要求加以说明。

(一) 说明书

涉及计算机程序的发明专利申请的说明书除了应当从整体上描述该发明创造的技术方案之外，还必须清楚、完整地描述该计算机程序的设计构思及其技术特征以及达到其技术效果的实施方式。

为了清楚、完整地描述该计算机程序的主要技术特征，说明书附图中应当给出该计算机程序的主要流程图。

说明书中应当以所给出的计算机程序流程为基础，按照该流程的时间顺序，以自然语言对该计算机程序的各步骤进行描述。说明书对该计算机程序主要技术特征的描述程度应当以该领域的技术人员能够根据说明书所记载的流程图及其说明，编制出能够达到所述技术效果的计算机程序为准。在必要时，为清楚起见，申请人可以用惯用的标记性程序语言简短摘录某些关键部分的计算机源程序以供参考，但不需要提交全部计算机源程序。

涉及计算机程序的发明专利申请包含对计算机装置硬件结构做出改变的发明内容的，说明书附图应当给出该计算机装置的硬件实体结构图，说明书应当根据该硬件实体结构图，清楚、完整地描述该计算机装置的各硬件组成部分及其相互关系。

(二) 权利要求书

涉及计算机程序的发明专利申请的独立权利要求可以写成一种方法权利要求，也可以写成一种产品权利要求，即实现该方法的装置。无论写成哪种形式的权利要求，都必须得到说明书的支持，并且都必须从整体上反映该发明的技术方案，记载解决技术问题的必要技术特征，而不能只概括地描述该计算机程序所具有的功能和该功能所能够达到的效果。

如果写成方法权利要求，应当按照方法流程的步骤详细描述该计算机程序所执行的各项功能以及如何完成这些功能；如果写成装置权利要求，应当具体描述该装置的各个组成部分及其各组成部分之间的关系。

在发明实质为方法的权利要求书中，可以有适当的功能模块构成的装置权利要求和/或者产品权利要求。如果全部以计算机程序流程为依据，按照与该计算机程序流程的各步骤完全对应一致的方式，或者按照与反映该计算机程序流程的方法权利要求完全对应一致的方式撰写装置权利要求，即这种装置权利要求中的各组成部分与该计算机程序流程的各个步骤或者该方法权利要求中的各个步骤完全对应一致，则这种装置权利要求中的各组成部分应当理解为实现该程序流程各步骤或该方法各步骤所必须建立的功能模块，由这样一组功能模块限定的装置权利要求应当理解为主要通过说明书记载的计算机程序实现该解决方案的功能模块构架，而不应当理解为主要通过硬件方式实现该解决方案的实体装置。

四、涉及数学算法或商业方法的特殊要求

同样，涉及数学算法或商业方法的发明专利申请的说明书及权利要求书的撰写要求与其他技术领域原则上相同，以下仅就其特殊要求加以说明。

(一) 说明书

包含算法特征或商业规则和方法特征的发明专利申请的说明书应当清楚、完整地描述发明为解决其技术问题所采用的解决方案。所述解决方案在包含技术特征的基础上，可进一步包含与技术特征功能上彼此相互支持、存在相互作用关系的算法特征或商业规则和方法特征。

说明书中应当写明技术特征和与其功能上彼此相互支持、存在相互作用关系的算法特征或商业规则和方法特征如何共同作用并且产生有益效果。例如，包含算法特征时，应当将抽象的算法与具体的技术领域结合，至少一个输入参数及其相关输出结果的定义应当与技术领域中的具体数据对应关联起来；包含商业规则和方法特征时，应当对解决技术问题的整个过程进行详细描述和说明，所属技术领域的技术人员按照说明书记载的内容，能够实现该发明的解决方案。

说明书应当清楚、客观地写明发明与现有技术相比所具有的有益效果，例如质量、精度或效率的提高，系统内部性能的改善等。如果从用户的角度而言，客观上提升了用户体验，也可以在说明书中进行说明。此时，应当同时说明这种用户体验的提升是如何由构成发明的技术特征，以及与其功能上彼此相互支持、存在相互作用关系的算法特征或商业规则和方法特征共同带来或者产生的。

（二）权利要求书

包含算法特征或商业规则和方法特征的发明专利申请的权利要求应当以说明书为依据，清楚、简要地限定要求专利保护的范围。权利要求应当记载技术特征以及与技术特征功能上彼此相互支持、存在相互作用关系的算法特征或商业规则和方法特征。

五、涉及生物技术的特殊要求

同样，涉及生物技术的发明专利申请的说明书及权利要求书的撰写要求也与其他技术领域原则上相同，以下仅就其特殊要求加以说明。

（一）说明书

1. 实验数据

生物技术领域属于实验科学，生物技术发明是否解决了所要解决的技术问题并产生预期技术效果通常需要依赖实验结果进行证实。如果该领域技术人员无法根据现有技术预测发明能够实现所述用途与作用，则说明书应当记载足以证明发明技术方案可以实现所述用途和/或达到预期技术效果的实验室实验（包括动物实验）或者临床试验的定性或者定量数据。

2. 生物材料保藏

当完成发明的技术方案中必需使用的生物材料在申请日前公众不能得到时，即使说明书中描述了该生物材料的制备方法，但是所属领域技术人员仍不能重复该方法而获得所述生物材料。

此时，申请人应当在优先权日前或者最迟在优先权日到国际保藏单位办理保藏手续，否则将被专利局以公开不充分为由而驳回。

国家知识产权局认可的生物材料保藏单位是指《布达佩斯条约》承认的生物材料样品国际保藏单位，目前共有48个国际保藏单位。[1] 其中包括位于我国北京的中国微生物菌种保藏管理委员会普通微生物中心（CGMCC）、位于武汉的中国典型培养物保藏中心（CCTCC）和位于广州的广东省微生物菌种

---

[1] 国际保藏单位（IDA）[EB/OL]. [2022-04-20]. https：//www.wipo.int/budapest/zh/idadb/index.jsp.

保藏中心（GDMCC）。❶

3. 序列表

根据《专利法实施细则》的有关规定，包含一个或多个核苷酸或者氨基酸序列的发明专利申请，说明书中应当包括符合国家知识产权局规定的序列表，并按照规定提交含有该序列表的计算机可读形式的副本。

（二）权利要求书

1. 动植物品种

根据《专利法》第 25 条第 1 款第 4 项的规定：动植物品种不能被授予专利权。

专利法意义上的动物品种包括各种分类阶元的动物、动物体以及动物体的各个形成和发育阶段，而植物品种则包括各种分类阶元的植物、植物体以及植物体的繁殖材料。

与动物品种相关的主题包括动物胚胎干细胞、生殖细胞、受精卵，胚胎由于能够直接发育为动物体而被包括在动物品种范畴之内。动物的体细胞以及动物组织和器官（除胚胎以外）不属于动物品种，但由体细胞经过脱分化形成的全能干细胞能够发育为动物体，因此也属于动物品种范畴。

与植物品种相关的主题包括处于不同发育阶段的植物体本身，还包括植物繁殖材料，例如某些植物的细胞、组织或器官。但对于特定植物的某种细胞、组织或器官是否属于繁殖材料，应当依据该植物的自然特性以及说明书对该细胞、组织或器官所作的具体描述进行判断。

2. 重组核酸分子、基因或多肽

所涉及的重组核酸分子、新分离的基因或多肽应通过以下方式表征。

（1）用其化学式（DNA 序列或氨基酸序列）表征。

（2）用具体的制备方法表征。

（3）用参数和/或性能（酶切图、分子量、碱基对数目等）的组合表征。

（4）用其全部元件（起始子、标记、增强子或复制子等）的组合表征，

---

❶ 关于委托广东省微生物菌种保藏中心作为用于专利程序的生物材料保藏单位的公告［EB/OL］.（2015 - 12 - 23）［2022 - 04 - 20］. https：//www.cnipa.gov.cn/art/2015/12/23/art_74_27806.html.

并明确元件的连接顺序；或

(5) 用包含该重组载体的微生物的保藏号进行表征。

3. 与蛋白质结构相关的主题

对于要求保护数据排列、用原子坐标编码的计算机可读存储介质、计算机模型、药效团等的与蛋白质结构相关的权利要求，如只是单纯的信息表述或抽象思维，其将被视为实质上仅涉及智力活动的规则和方法，而不会被授予专利权。

4. 处于各形成和发育阶段的人体

处于各个形成和发育阶段的人体，包括人的生殖细胞、受精卵、胚胎及个体，均属于《专利法》第5条第1款规定的不能被授予专利权的发明。人类胚胎干细胞不属于处于各个形成和发育阶段的人体。

第四节　申请文件质量评价

专利申请文件既是启动专利申请程序的必要条件，也是专利审查的基础和依据。在申请专利应当提交的文件中，最重要的文件是发明和实用新型专利申请的说明书和权利要求书，这两部分内容撰写质量的好坏，将直接关系到该专利申请能否获得授权，以及获得授权的保护范围的大小和权利的稳定性。

为控制专利申请文件的撰写质量，企业专利管理者需要掌握客观评价申请文件质量的方法。本节介绍一种以评分方式进行的定量评价方法。

一、评价方案

将每一申请文件满分定为100分，对其中每一质量问题分别扣分，减去所有扣分后的得分即是该申请的质量得分。依据该质量得分确定该申请的质量级别，具体如表3-1所示。

表3-1　质量得分

质量得分	100~90分	89~80分	79~70分	69~60分	59分以下
质量级别	优	良	中	及格	不及格

将各种质量问题，按问题的严重程度分成五个类别（Ⅰ至Ⅴ类），并分别

扣分。各类别问题的扣分标准如表3-2所示。

表3-2 问题类别

问题类别	Ⅰ类	Ⅱ类	Ⅲ类	Ⅳ类	Ⅴ类
扣分	45分	30分	15分	10分	5分

同一个质量问题在申请文件中多次出现时，不重复扣分。

二、质量问题类别

（一）说明书

1. 名称和技术领域（见表3-3）

表3-3 名称和技术领域质量问题类别

质量问题	类别
名称与权利要求技术方案的主题名称和类型不一致	Ⅳ
名称中包含区别技术特征	Ⅳ
未使用该领域的通用技术术语或使用了杜撰的名称	Ⅲ
名称中出现人名、地名、商标或者商品型号等词汇	Ⅳ
名称超过25个字（非化学领域专利申请）	Ⅳ
将技术领域写成了广义技术领域	Ⅴ
将所属技术领域写成了发明或者实用新型本身	Ⅴ

2 背景技术（见表3-4）

表3-4 背景技术质量问题类别

质量问题	类别
对现有技术的现状描述过于简单，或者仅给出了现有技术的出处，而没有对现有技术的内容进行简明扼要的描述	Ⅲ
背景技术部分过于复杂冗长，不仅写入了具有参考作用的现有技术，还写入了与该发明相差较远的技术	Ⅳ
背景技术部分包含了没有公开的专利申请或者技术资料，或者包含了该发明也不能解决的技术问题	Ⅲ
现有技术的描述不客观或者不准确	Ⅳ

3. 发明创造内容（见表 3-5）

表 3-5　发明创造内容质量问题类别

质量问题	类别
技术方案描述不完整，甚至缺少部分必要内容	I
未使用该领域的通用技术术语或使用了杜撰的术语	II
未直接、具体地写明所要解决的技术问题，或者仅概略地说明了要解决的技术问题，但未反映所要解决的具体技术问题	III
未明确写明或写完整发明创造所能够带来的有益效果，或者对发明创造的有益效果仅给出断言，未作具体分析	III
对发明创造的有益效果不实事求是地描述，夸大其辞，甚至采用广告性语言	IV
出现"如权利要求……所述……"或者"其特征在于……"等类似用语	V

4. 附图说明（见表 3-6）

表 3-6　附图说明质量问题类别

质量问题	类别
有附图的情况下，在说明书文字描述部分未集中给出附图说明，或者没有清楚说明附图是现有技术的附图还是该发明的附图	III

5. 具体实施方式（见表 3-7）

表 3-7　具体实施方式质量问题类别

质量问题	类别
具体实施方式过于简单或者不清楚或不完整，导致说明书公开不充分	I
在权利要求的描述比较概括或者上位的情况下，实施例仅有一个或者过少，不足以支持权利要求的技术方案	II
没有将有助于理解该发明的现有技术或者必不可少的现有技术写入实施方式中	III
具体实施方式与权利要求书中的技术内容不相对应	II

6. 摘要和附图（见表 3-8）

表 3-8　摘要和附图质量问题类别

质量问题	类别
缺少技术方案的要点	IV
包含了广告性宣传用语	IV

续表

质量问题	类别
超过300个字	Ⅳ
没有对各附图的附图标记统一编号,或者对不同的部件使用了相同的附图标记或相同的部件使用了不同的附图标记	Ⅲ
在流程图、电路框图或程序框图中使用附图标记来代替必要的文字说明,或者在附图中出现了不必要的文字说明	Ⅲ
具体实施方式中所提及的附图标记在所有附图中均没有出现	Ⅲ

(二) 权利要求书

1. 清楚和完整 (见表3-9)

表3-9 权利要求书质量问题类别 (一)

质量问题	类别
权利要求的主题名称没有清楚地表明该权利要求的类型是产品权利要求还是方法权利要求	Ⅱ
采用了模糊不清的主题名称,或者权利要求的主题名称没有与权利要求的技术内容相适应,或者在一项权利要求的主题名称中既包含产品又包含方法	Ⅱ
对产品仅给出了各个部件的名称,而没有给出各个部件(功能模块)之间的连接关系、信号传送关系或者相互作用关系	Ⅱ
对于单个独立权利要求,要解决的技术问题太多或者太具体,进而不能被所对应的独立权利要求中的技术方案实现或者只是部分地实现	Ⅱ
对于从属权利要求而言,该附加技术特征既未从其引用的权利要求的技术特征出发来限定,也未给出增加的附加技术特征与引用权利要求中的技术特征之间的关系	Ⅲ
权利要求中使用的词语的含义不清楚(分可修改及不可修改两种情况)	Ⅱ或Ⅲ
从属权利要求的保护范围没有在其直接或者间接引用的权利要求保护范围之内	Ⅲ
从属权利要求所要求保护的技术方案的主题名称与其所引用的权利要求所要求保护的技术方案的主题名称不一致	Ⅳ

2. 不具备新颖性（见表-10）

表 3-10　权利要求书质量问题类别（二）

质量问题	类别
独立权利要求中的技术特征仅仅是说明书背景技术部分的内容，而未涉及本发明的发明点	Ⅱ

3. 未得到说明书支持（见表 3-11）

表 3-11　权利要求书质量问题类别（三）

质量问题	类别
权利要求的上位概念概括不合理或者权利要求的技术特征没有全部在说明书中记载或者反映	Ⅱ

4. 不具备单一性（见表 3-12）

表 3-12　权利要求书质量问题类别（四）

质量问题	类别
同一申请案中的几项发明或者实用新型虽然是对同一技术点进行改进，但它们之间没有对现有技术作出贡献的相同或者相应的特定技术特征	Ⅲ
同一申请案中几项描述不同类型的发明的独立权利要求，从形式上看具有一定的关联，但实质上却没有对现有技术作出贡献的相同或者相应的特定技术特征	Ⅲ

5. 不具有合理范围（见表 3-13）

表 3-13　权利要求书质量问题类别（五）

质量问题	类别
独立权利要求未记载解决发明或者实用新型技术问题的全部必要技术特征	Ⅱ
独立权利要求中除记载必要技术特征以外，还写入了非必要技术特征	Ⅱ
独立权利要求未采用概括性描述来表述发明或者实用新型的技术特征，而只局限于具体实施方式的技术特征	Ⅱ
权利要求中不适当地对应用领域或用途进行了限制或者不适当地用特定领域或用途的名称造成了事实上的领域或用途限制而导致保护范围缩小	Ⅱ
从属权利要求包含了与实现其有益效果无关的不必要的技术特征	Ⅳ
从属权利要求的引用关系不合理	Ⅳ

第五节　质量问题案例评析

本节以实例的方式，具体说明如何认定发明和实用新型专利申请文件的撰写质量问题。

一、说明书

（一）发明名称

【案例一】专利申请的发明名称为"高环保型抗静电贴面"。

【评析】发明名称中使用的"高环保型"，属于商业性宣传用语，不符合发明名称用词规范，应当删除。

【案例二】专利申请涉及饮料生产装置，其发明名称为"静态混合器在含气饮料碳化过程中的应用"。独立权利要求为："由水泵、脱氧与碳化罐、糖浆罐、换热器、碳化器、稳定－储存罐、冷却器所构成的含气饮料生产装置，其特征在于碳化器是采用静态混合器。"

【评析】该申请发明名称的主题是应用，而权利要求所要保护的主题是装置，名称与权利要求技术方案的主题名称和类型不一致。此外，该发明名称还含有该发明的区别技术特征，这些均不符合发明名称的撰写规范。

正确的发明名称应为"一种含气饮料的生产装置"。

【案例三】专利申请涉及一种宽带业务的使用认证方法与装置，其发明名称为"一种××××公司的宽带业务的使用认证方法与装置"。

【评析】发明名称中不得出现人名、公司名、地名、商标或者商品型号等词汇，应当删除其中出现的公司名称。

（二）技术领域

【案例一】专利申请涉及复配杀虫剂，其发明点在于将绿僵菌素与阿维菌素进行复配，该申请的技术领域描述为"本发明涉及绿僵菌素与阿维菌素的复配杀虫剂"。

【评析】这种描述的技术领域实际上是发明本身，是不恰当的。应当描述为"本发明涉及一种杀虫剂"。

【案例二】发明公开了一种获取媒质接入控制地址的方法，其说明书技术领域部分描述为"本发明涉及一种获取媒质接入控制地址的方法和系统"。

【评析】这种描述同样是将所属技术领域写成了发明本身，是不恰当的。应当修改为"本发明涉及网络通信领域，特别是涉及一种获取媒质接入控制地址的方法和系统"。

【案例三】专利申请涉及一种防止垃圾邮件的方法，其说明书撰写的技术领域是"与电子信息有关，特别是一种防止未经请求的商业邮件，或垃圾邮件的方法"。

【评析】将技术领域描述为"电子信息"太过上位，改为"本发明属于计算机网络技术领域，尤其涉及一种邮件处理方法"更为妥当。

（三）背景技术

【案例一】专利申请涉及黄酮提取方法，其背景技术中某处描述为"申请号为×××的专利申请公开的黄酮提取方法，其步骤繁琐，成本高，且易造成环境污染"。

【评析】这种描述方式未具体说明所述专利技术的具体步骤或条件上存在的问题，而仅仅笼统地认为他人专利存在不足，缺乏说服力，而且无法使审查员根据对比文件寻找到本专利申请的技术创新之处，因此，这种描述方式是不恰当的。

【案例二】专利申请涉及一种短消息自动重发方法，其说明书背景技术中某处描述为"也不能通过短消息实现手机的自动报警和防盗"。

【评析】背景技术部分包括了该发明也不能解决的技术问题，这是不恰当的。

【案例三】发明与计算机网络技术有关，特别是一种防止未经请求的商业邮件或垃圾邮件的方法。其背景技术描述为：

全世界的电子邮件的使用者受到垃圾邮件的骚扰已经有许多年了。随着国际互联网的高速发展，垃圾邮件以不可控制的势头发展成为网络上的一大公害。人们设计了多种方法来阻止垃圾邮件的传播，但均被垃圾邮件发送者一一绕过。目前没有一种方法能够完全令人满意。

何为垃圾邮件？垃圾邮件本身比较难以定义。这决定了众多防垃圾邮件工具的效率和准确率不会很高。因为对于某一个用户是垃圾的内容对于另一个用户却不一定是垃圾。目前计算机的人工智能技术还不足以精确地对文字的内容及其含义作出判断。出现漏过或误判在所难免。在设计该发明所描述的方法和系统的时候，发明人使用了目前国际上受到广泛认可的一种定义。这种定义也被中国互联网协会所采纳。即满足下列四个条件中任何一条的可以被称为垃圾邮件：

一是收件人事先没有提出要求或者同意接收的广告、电子刊物、各种形式的宣传品等宣传性质的电子邮件；

二是收件人无法拒收的电子邮件；

三是隐藏发件人身份、地址、标题等信息的电子邮件；

四是含有虚假的信息源、发件人、路由等信息的电子邮件。

按上述定义，垃圾邮件的本质就是接收者不愿意接收而发送者强行发送到接收者邮箱的邮件。这个定义避免了主观性强、比较有争议的对邮件内容的判断。

大多数电子邮件用户受到垃圾邮件骚扰的原因是有意或无意地泄露了邮件地址。在互联网发展的早期，一批不道德的网络服务提供商或网站的拥有者出卖用户或第三方的电子邮件地址列表以谋取利益。这些电子邮件地址列表被卖给垃圾邮件发送者以发送垃圾邮件。今天，垃圾邮件发送者仍然使用这种"黑名单"。但他们的技术手段已经发展到不需要依靠这种黑名单了。他们可以通过程序自动从万维网网页上获取邮件地址，用于垃圾邮件的发送。因此，用户在任何网站上注册用户、发表文章，甚至在留言板上提出问题等都有可能不经意地泄露自己的邮件地址而成为垃圾邮件的受害者。更有甚者，很多垃圾邮件的发送者根本不需要知道受害者的邮件地址。他们通过排列组合的方法生成上百万个甚至更多个英文字符串作为用户名发送垃圾。虽然绝大多数如此生成的用户名并不存在，但他们总是有机会将垃圾邮件发送到一大批用户的邮箱中。这么做不仅骚扰邮件用户，而且会极大地占用网络服务提供商的带宽，影响它们的服务质量，带来重大损失。

【评析】上述背景技术的内容过于侧重商业应用、用户体验等方面的介绍，而忽略了对造成这种情况的技术分析。实际上，技术缺陷才是背景技术最需要体现的内容，即对邮件服务器系统的邮件处理方法的客观分析，因此，此处应当加入对当前邮件服务器系统的邮件处理方法的介绍，并对该方法存在的缺陷进行客观说明。

(四) 发明内容

【案例一】专利申请涉及一种短消息自动重发方法，其所要解决的技术问题描述为："该发明要解决的问题是提供一种短消息自动重发方法，以克服现有技术在移动终端环境中不支持短消息自动重发的缺陷。"

【评析】所要解决的技术问题撰写得不恰当。这种描述过于概略，未直接、具体地写明所要解决的技术问题。

【案例二】专利申请涉及微量贵金属的回收方法，其发明内容描述如下：

本发明的目的是提供一种利用细菌从低浓度金离子水溶液中吸附回收 Au^{3+} 并将其还原成 Au^{0} 的方法。

本发明所采用的细菌为自行分离筛选的菌株 A08，经鉴定为巨大芽孢杆菌（Bacillus megaterium），该菌已在中国微生物菌种保藏管理委员会普通微生物中心保藏，登记入册的编号为 CGMCCNo. 1601。

本发明所提供的从低含量 Au^{3+} 水溶液中，用细菌吸附并还原金离子的方法，按照如下操作程序进行：

首先将 Au^{3+} 水溶液和 A08 菌悬液按 Au^{3+} 浓度与菌体浓度之比为（1.43:100）~（140:100），最好为（30.5:100）~（80:100）的比例配制成 Au^{3+}-菌体作用液，于 1~70℃，最好是 25~35℃ 的恒定温度下，调 pH 为 2.0~7.0，最好是 3.0~3.5，振荡 5 min~2.5 h，最好是 0.5 h，其振荡频率为 130 次/min，以促进菌体和 Au^{3+} 相互作用。然后用孔径为 0.22 μm 的滤膜过滤 Au^{3+}-菌体作用液，获得吸附 Au^{0} 的 A08 菌渣和过滤清液。菌渣在空气中经高温灼烧等方法，即得回收的 Au^{0}。

用透射电子显微镜观察显示，A08 吸附 Au^{3+} 之后，在细胞壁和作用液中存在金微粒，而且这现象在很短时间内即产生。X 光衍射及 X 光电子能谱检测亦证明 A08 能将 Au^{3+} 还原为 Au^{0}。本发明提供的方法步骤简便，成本低，且 Au^{3+} 的吸附率可高达 99.7%。

【评析】该专利申请技术方案撰写不恰当。该申请在技术方案中描述了筛选得到的菌株 A08，以及用细菌吸附并还原金粒子的具体方法。但是，并没有指出该技术方案的要点，该领域技术人员无从知晓 A08 是否为实现该技术方案的必需菌株。在这种情况下，该领域技术人员的理解应当是将这两个特征相结合才能实现该发明的目的。但是，对于具体菌株或者具体方法而言，两者可能都体现了创造性，而不一定必须是两者的结合。这种不说明解决技术问题的关键技术，势必会造成撰写权利要求的保护范围变小。

【案例三】专利申请涉及一种获取媒质接入控制地址的方法，其说明书技术方案描述为："为达到上述目的，一方面，本发明实施例的技术方案提供了一种获取媒质接入控制地址的方法。"

【评析】技术方案描述不完整，甚至缺少一部分内容。须增加对该发明技术方案的完整描述。

（五）具体实施方式

【案例一】专利申请涉及一种洗涤剂，其具体实施方式的描述如下。

下面结合扩增精液 cDNA 为例对本发明作进一步说明。

1.1 裂解液：220 mmol/L KOH 加入 500 mmol/L DTT，混合比例 9∶1

1.2 中和缓冲液：200 mmol/L HCl，900 mmol/L Tris – HCl（PH = 8.3）

1.3 步骤：

①20 μl（精液）加入 100 μl 裂解液 60 ℃ 10 min。

②加 100 μl 中和缓冲液。

③乙醇沉淀，沉淀样做 PCR。

注：①不同的样品可用不同的裂解液，或用其他样品制备方法。

②若用裂解液直接用做 PCR，注意 K^+ 离子浓度影响扩增。

2. 扩增

2.1 溶液：

①10 × PCR 缓冲液

100 mmol/L Tris – HCl（PH8.3）

500 mmol/L　KCl

20 mmol/L　MgCl$_2$

100 μg/mL

②900 mmol/L　Tris－HCl（PH8.3）

2.2 三步扩增法

2.2.1 逆转录和初始扩增

①样品中加入反应体系

1×PCR 缓冲液

90 mmol/L　Tris－HCl（PH8.3）

100 mmol/L dNTP

0.005 μmol/L R 和 RT 引物

Rnasin 和逆转录酶（视具体情况确定用量）

②PCR 循环前43℃温育40 min（逆转录过程），95℃变性2 min，然后 PCR 循环30周期，条件为95℃ 30 s，55℃ 30 s，72℃ 1 min。

2.2.2 第二次扩增

取第一次扩增产物1.5 μl，加入反应体系（不含逆转录酶，R、RT 引物）①中，另加入等浓度的 T 和 N 引物，含0.025 μmol/L 的 T 引物的 RT 引物，扩增条件同②，循环10周期。

2.2.3 第三次扩增

取第二次扩增产物1.5 μl，加入反应体系（不含逆转录酶和 PCR 引物）及0.2 μl 的 T 引物，扩增条件同②，扩增32循环。

2.3 二次循环法

反应体系和扩增条件同2.2，第一循环引物为各0.005 μmol/L，N 和 RT 引物，扩增25循环，第二循环引物为0.1～0.3 μmol/L，T 引物，扩增32循环。

2.4 一次扩增

反应体系和扩增条件同2.3，引物 N 和 RT 各为0.005 μmol/L，T 为0.1～0.3 μmol/L，扩增35～45循环。

反应体系、扩增条件可根据不同样品作相应改变。

【评析】该实施例存在以下问题：①未给出具体是何种精液；②在 2.1 溶液中未具体给出 100 μg/mL 具体是何溶液；③"PH"写法不当，应当写作"pH"；④未给出具体的扩增引物；⑤在 2.3 二次循环法和 2.4 一次扩增中给出的条件不是具体的点值；⑥未给出对扩增结果的检测实验。

存在 1、2、4 或 6 中的任一种缺陷，均使得本领域技术人员无法重复该具体实施例。因此，虽然该申请给出了实施方式，但是这种实施方式是不具体的，不是对发明技术方案的详细描述。这样的实施例是不符合要求的，并且极易造成公开不充分的缺陷。

【案例二】发明涉及一种实现网络日志服务的系统、装置及实现网络日志服务的方法，其说明书中实施例的方法部分描述为：

步骤 s401，用户终端 11 呼叫服务器 16，发起通话内容上传请求。

步骤 s402，建立用户终端 11 和用户终端 12 之间的 IMS 会话。

步骤 s403，服务器 16 向用户终端 12 发送通话内容上传请求。

步骤 s404，用户终端 12 判断是否同意通话内容上传，如果是，则转步骤 s405，否则结束。

步骤 s405，服务器 16 对用户终端 11 的请求进行处理，保存上传的通话内容。

【评析】该技术方案的实施例对技术方案实施过程的描述过于概括，极可能导致本领域普通技术人员无法实施，造成公开不充分。

【案例三】发明公开了一种获取媒质接入控制地址的方法，涉及网络通信领域。其实施方式某处撰写为"步骤 S26，L2TP 用户终端通过认证上线后，LNS 根据获取的 MAC 地址对 L2TP 用户终端发送来的 IP 数据报文进行绑定检查"。

【评析】没有将有助于理解该发明的现有技术或者必不可少的现有技术写入实施方式中。该处至少应增加："LNS 可以将 MAC 地址与 L2TP 用户终端的 IP 地址、端口号、虚拟专用网 VLAN 中的一项或多项进行绑定，作为比较对象，与 L2TP 用户终端发送的 IP 数据报文包含 MAC 地址、IP 地址、端口号和 VLAN 进行比较，如果 L2TP 用户终端发送的 IP 数据报文包含信息与比较对象包含的信息不一致，则认为是非法报文，进行丢弃，从而防止了恶意攻击。"

【案例四】发明是一种防止垃圾邮件的方法，其具体的实施方案撰写为：
……

综上所述，可以归纳出本发明防止垃圾邮件方法的优点：

1. 结构简单，只需要 SMPT 服务器上增加一个按规定程序处理邮件的模块（程序块）；

2. 标签由邮件地址的拥有者随意创造而不需事先在邮件服务器上设定，服务器的工作只记录标签，判别过滤垃圾邮件；

3. 邮件服务器通过规定程序处理邮件，可极大地减少由于邮件地址被泄露或遭受大规模散发而收到的垃圾邮件。

【评析】上述实施方案中描述的实质上都是"有益效果"，而说明书的具体实施方式部分并不需要再对有益效果进行描述，该部分内容应当删除。

具体实施方式部分应当专注于对技术方案本身的原理、过程、动作、流程等方面进行举例说明。

(六) 摘要

【案例一】发明公开了一种服务器，其说明书摘要中某处描述为："本发明能够非常好地向您和您的朋友提供网络日志服务，欢迎大家使用。"

【评析】说明书摘要中包括了广告性宣传用语。

【案例二】发明公开了一种短消息自动重发方法，涉及无线通信技术领域，解决现有技术在移动终端环境中不支持短消息自动重发的缺陷。其说明书摘要中描述为："本发明首先发送短消息，然后判断该短消息是否发送成功；如果是，则提示用户发送成功并结束；否则再判断短消息重发次数是否达到规定次数；如果是，则提示用户发送失败并结束；否则重新发送短消息。"

【评析】摘要中缺少对发明技术方案的描述，不能提供有用的技术信息。

二、权利要求书

(一) 不清楚

【案例一】专利申请涉及细胞培养，其权利要求 1 的描述为：

一种造血干/祖细胞体外分阶段共培养扩增技术及培养装置，采用已建系的骨髓间充质干细胞（CD45－CD34－SH2＋SH4＋CD90＋）为培养体系的滋养细胞，其特征是：滋养细胞与造血干细胞共培养，结合体外分阶段扩增程序进行。

【评析】发明类型不清楚。权利要求的主题是"一种造血干/祖细胞体外分阶段共培养扩增技术及培养装置"，其中"技术"是涉及产品和/或方法的笼统描述，造成了权利要求的主题含糊不清。

该权利要求出现"技术"与"装置"两个主题，从而导致主题类型不清楚。

应当将权利要求主题修改为"一种造血干/祖细胞体外分阶段共培养扩增方法"。

【案例二】发明公开了一种宽带业务的使用认证方法，其权利要求的主题写为："一种宽带业务的使用认证技术"。

【评析】权利要求类型不清楚，权利要求的主题名称没有清楚地表明该权利要求的类型是产品权利要求还是方法权利要求。

【案例三】专利申请涉及乙烯与一氧化碳的共聚方法，其部分权利要求描述如下：……

2. 根据权利要求1的方法，其特征在于a）是一种羧酸的钯盐，最好是乙酸钯。

3. 根据权利要求1或2的方法，其特征在于b）是一种磺酸的阴离子，例如对甲苯磺酸，或一种羧酸的阴离子，例如三氟乙酸。

【评析】用词不准确。在该申请的权利要求2中出现"最好是"一词，权利要求3中出现"例如"一词，使得一个权利要求界定出两个不同的范围，从而导致权利要求保护范围不清楚。

【案例四】发明公开了一种服务器，其权利要求书某处表述为："如权利要求1所述的服务器，其特征在于，所述提供的网络日志服务可以包括以下一种或多种，例如：日志内容上传、日志内容下载、网络日志交互、日志内容转发等。"

【评析】权利要求中出现"可以""例如"和"等"词语，这种不清楚的措辞，造成保护范围不清楚。

【案例五】专利申请涉及油/水乳液，其部分权利要求的描述为：

1. 一种乳液油/水乳液，其是按照PIT-方法制造，且其液滴大小为50~400 nm。

2. 如权利要求1所述的乳液，其特征在于，所述液滴的大小为30~300 nm。

【评析】从属权利要求超出了其所引用的权利要求的范围。在权利要求2中，液滴的大小为30~300 nm，超出了权利要求1的50~400 nm的范围，这与权利要求1的范围相矛盾，导致了所要保护的范围不清楚。

【案例六】专利申请涉及糖料作物增稠剂的生产方法，其部分权利要求的描述为：……

5. 根据权利要求2所述的利用特定微生物生产糖料作物增糖剂的方法，其特征是水溶性代谢物的生产工艺包括步骤：a……；b……；c……；d……。

6. 根据权利要求5所述的水溶性代谢物的生产工艺，其特征是所述步骤a包括：（1）……；（2）……；（3）……。

【评析】主题不一致。在该申请中，权利要求5的主题是"利用特定微生物生产糖料作物增稠剂的方法"，而权利要求6的主题是"水溶性代谢产物的生产工艺"，显然，权利要求6与其所引用的权利要求5的主题并不一致，这导致权利要求所要保护的范围不清楚。

【案例七】发明公开了一种服务器，其部分权利要求书的记载为：

1. 一种服务器，其特征在于，包括……

2. 如权利要求1所述的通信接口单元，其特征在于，所述通信接口单元包括……

【评析】从属权利要求所要求保护的技术方案的主题与其所引用的权利要求所要求保护的技术方案主题不一致。从属权利要求与其引用的权利要求是一项发明，所要求保护的技术方案的主题名称应当是同一个主题名称。

（二）不简要

【案例一】专利申请涉及化妆品，其权利要求1的描述为：

一种护肤并具有多种防汗除臭功效的化妆品，其特征在于：用冰片、双氯苯双胍己烷、大黄、红花、藿香或麝香、蛇床子、乙醇按一定配方比、一定的操作工艺配制而成，能够防汗、爽体润肤并立即除狐臭、脚臭、口臭和鼻臭，连续使用可根除狐臭和脚臭。

【评析】 该申请权利要求中记载的"能够防汗、爽体润肤并立即除狐臭、脚臭、口臭和鼻臭，连续使用可根除狐臭和脚臭"是对该化妆品功能的描述，而不是对产品结构或组成的描述，对产品本身起不到限定作用，因此，这种描述造成了权利要求的不简要。

此外，该申请权利要求描述化妆品按"一定配方比、一定的操作工艺配制而成"，而没有具体记载其配方以及操作工艺，因此，存在缺少必要技术特征的问题。

【案例二】 专利申请涉及中药组合物，其部分权利要求为：

1. 一种中药组合物，其中含有银花和黄连，该银花和黄连的重量比为 2~3：2~3。

2. 如权利要求1所述的中药组合物，其特征在于还含有连翘、黄芩、黄柏、栀子、桔梗、元参、生地和陈皮中的一种或多种，其重量比为：

银花 2~3　黄连 2~3
连翘 2~3　黄芩 2~3
黄柏 2~3　栀子 1~2
桔梗 1~2　元参 1~2
生地 1~2　陈皮 1~2。

3. 如权利要求2所述的中药组合物，其特征在于所述的中药组合物含有银花、黄连、黄芩、黄柏、栀子和连翘，其重量比为：

银花 2~3　黄连 2~3
连翘 2~3　黄芩 2~3
黄柏 2~3　栀子 1~2。

【评析】 权利要求3引用权利要求2，具体限定银花、黄连、黄芩、黄柏、栀子和连翘的重量比，然而，在权利要求2中已经限定了与之相同的重量比，因此，权利要求3的范围与权利要求2的范围实质上是相同的，这就使得权利要求的描述不满足简要的要求。

【案例三】发明涉及一种防止垃圾邮件的方法，其权利要求书某处描述为："没有标签，则按收件人设定的其他过滤规则处理，或直接将该邮件送达收件人邮箱。"

【评析】该权利要求可以写成"没有标签时，则按照常规处理方式处理"，这样包含范围更大，也更简洁。

（三）不完整

【案例一】专利申请涉及单克隆抗体，其权利要求1的描述为："一种抗稻瘟病菌的单克隆抗体，其特征在于，4A1、2B4、2H4、1D1能与稻瘟病病菌有特异性免疫反应。"

【评析】对于单克隆抗体的描述，应当描述其结构特征，例如其氨基酸序列。在不能清楚描述其结构特征的时候，应当用获得该单克隆抗体的方法进行限定。"4A1、2B4、2H4、1D1"描述了4种单克隆抗体的名称，"能与稻瘟病病菌有特异性免疫反应"只能说明该单克隆抗体的特性。显然，该领域技术人员通过该权利要求公开的内容无法确定该权利要求所要保护的技术方案，更无法实施该方案。因此，这种权利要求的描述是不完整的，缺少实现该发明的必要技术特征。

【案例二】发明公开了一种服务器，其权利要求表述为：

一种服务器，其特征在于，包括：

通信接口单元，用于与多媒体子系统的能力开放网关进行通信，建立与用户终端的媒体流通道；

网络日志功能单元，用于为用户终端提供网络日志服务。

【评析】产品权利要求仅仅给出了各个部件的名称，而没有给出各个部件（功能模块）之间的连接关系、信号传送关系或者相互作用关系，导致该权利要求的描述不完整，缺少实现发明的必要技术特征。

（四）不具备新颖性

【案例】专利申请涉及生物保活剂，其部分权利要求如下。

2. 一种生物保活剂的用途，是在生物制剂及药品、生化制品及药品、冷冻食品、冷却食品、果蔬花卉保鲜保活上的应用。

【评析】权利要求 2 要求保护生物保活剂的用途,并限定"在生物制剂及药品、生化制品及药品、冷冻食品、冷却食品、果蔬花卉保鲜保活上的应用"。然而,生物保活剂是一个很宽泛的范围,本领域技术人员均知道,生物保活剂能够在多领域进行应用,包括冷冻食品或者冷却食品等,因而这样的权利要求明显不具备新颖性。

(五)得不到说明书支持

【案例】专利申请涉及猴腿蹄盖蕨组织培养方法,其权利要求的描述如下。

1. 一种以孢子为外植体的猴腿蹄盖蕨组织培养方法,其特征在于筛选出系列培养基配方,具体配方如下:

a. 播种培养基:$1/2MS + 6-BA 0.5 \sim 1 \ mg \cdot L^{-1}$(单位下同)+ $NAA 0.1 + 0 \sim 3 \ g \cdot L^{-1}$活性炭;

b. 原叶体增殖培养基:$1/2MS + 6-BA 0.5 \sim 1 + NAA 0.1 \sim 0.5 + 0 \sim 3 \ g \cdot L^{-1}$活性炭;

c. 孢子体诱导培养基:$1/2MS + GA_3 5 \sim 20 + NAA 0.1 \sim 0.5 + 0 \sim 3 \ g \cdot L^{-1}$活性炭;

d. 孢子体继代培养基:$1/2MS + NAA 0.1 \sim 1 + 0 \sim 3 \ g \cdot L^{-1}$活性炭;

e. 生根培养基 $1/2MS + NAA 0.1 \sim 0.5$;

以上培养基均附加 3% 白糖,0.65% 琼脂;pH 5.5~5.8。

【评析】该申请在实施例中,仅给出了组织培养的操作步骤,并没有给出使用上述范围中不同培养基进行组织培养的实验数据,因而,本领域技术人员无法预料采用上述范围的培养基进行组织培养均能够实现该发明的目的。因此,该权利要求所要保护的技术方案得不到说明书的支持。

(六)不具备单一性

【案例】专利申请涉及生物保活剂,其权利要求如下。

1. 一种生物保活剂,其特征在于它是由以下述重量百分比的原料制成:海藻酸 1%~5%、海藻糖 95%~99%。

2. 一种生物保活剂的用途，是在生物制剂及药品、生化制品及药品、冷冻食品、冷却食品、果蔬花卉保鲜保活上的应用。

【评析】权利要求 1 要求保护"一种生物保活剂"，权利要求 2 要求保护"一种生物保活剂的用途"，然而，权利要求 1 和权利要求 2 之间并不包含使它们在技术上相互关联的一个或多个相同或相应的技术特征，因而不具备单一性。要使这两个权利要求之间具备单一性，应当将权利要求 2 修改为"权利要求 1 所述生物保活剂在制备生物制剂及药品、生化制品及药品、冷冻食品、冷却食品、果蔬花卉保鲜保活剂上的应用"。

（七）保护范围不合理

【案例一】专利申请涉及防霉橡胶，其权利要求的描述为：

1. 一种防霉橡胶，其特征在于：由氯丁橡胶、烟片 1#橡胶、氧化锌、促进剂 DM、促进剂 TMTD、防老剂 D、高耐磨炭黑、硬脂酸、碳酸钙、石蜡、陶土粉、水杨酰苯胺、20#机油组成，各成分重量百分比配比如下：

氯丁橡胶	28%
烟片 1#橡胶	12%
氧化锌	3.2%
促进剂 DM	0.8%
促进剂 TMTD	0.48%
防老剂 D	0.8%
高耐磨炭黑	12%
硬脂酸	1.2%
碳酸钙	12.52%
石蜡	2%
陶土粉	20%
水杨酰苯胺	5%
20#机油	2%

。

【评析】该申请限定了防霉橡胶的具体组成，使得保护的范围非常小，达不到应有的保护目的，因此，这样的保护范围是不恰当的。较好的做法是将独立权利要求概括成一个能够实现发明目的的范围，然后在从属权利要求中再对较佳的实施方式作进一步限定。

【案例二】发明公开了一种短消息自动重发方法，其独立权利要求中描述为：

……；D. 当手机关机时存储处于自动重发状态的短消息；当手机重开机后读取所存储的短消息并进行发送；所述短消息发送成功后，清空该短消息数据并释放相应的存储空间。

【评析】独立权利要求中写入了非必要技术特征"所述短消息发送成功后，清空该短消息数据并释放相应的存储空间"，导致发明专利权利要求的保护范围过窄。

【案例三】发明涉及一种防止垃圾邮件的方法，其部分权利要求描述为：

1. 一种防止垃圾邮件的方法，其特征在于：
（1）在邮件地址上添加一个标签；
（2）含有标签的邮件地址由邮件服务器存储在其存储设备上；
（3）邮件服务器增加了按规定程序处理邮件的系统；
（4）该系统处理邮件的规定程序是……

【评析】权利要求应当尽量争取大的保护范围，"在邮件地址上增加一个标签"与"设置一个与邮件地址相关联的标签"相比，后者的保护范围更大。"邮件服务器增加了按规定程序处理邮件的系统"显然不如"邮件服务器上设置了邮件处理系统"更清楚，接下来应当表述为"邮件处理系统按照如下方式对邮件进行处理"，因为"规定程序"从字面意思上可能会限制范围。

第四章

专利申请与专利代理

企业在技术创新过程中,会产生很多发明创造成果。采用何种方式对它们进行保护,使其为企业创造更多的价值,是需要仔细衡量的。只有在将这些发明创造成果申请专利,并进行科学决策和有效管理,才能最大限度地发挥它们在保护企业合法权益和提升企业竞争力方面的重要作用。

第一节 专利申请决策

企业在完成发明创造后,需要对是否申请专利、申请何种专利、何时申请专利、在哪些国家或地区申请专利,以及是否提前公布等作出决策。本节将围绕这几个方面展开论述。

一、申请与否决策

对于企业的发明创造,可以申请专利保护,也可以采用商业秘密保护,或利用主动放弃保护的方式将其公之于众。对于不适合放弃保护的技术,就需要在专利保护和商业秘密保护这二者之间进行选择。

(一)保护方式的比较

专利保护和商业秘密保护,二者各有特点,其差异主要体现在以下四个方面。

1. 保护程序不同

专利权的取得必须向专利局提出申请,并且要在经历一定的期限,缴纳一定的费用和经过一定的审查程序后才能获得;而商业秘密保护则没有这样的申请程序，仅仅需要在企业内部采取一定的保密措施即可。

2. 保护对象不同

专利保护的是新的技术方案或新的设计；而商业秘密保护的对象是不为公众所知悉、具有商业价值，并经权利人采取保密措施的技术信息和经营信息，显然，商业秘密的保护对象更加广泛。

3. 保护效果不同

专利权是一种排他性的垄断权，同样的发明创造只能授予一项专利权，但要求申请人公开发明创造的内容，保护期限有限制；商业秘密的垄断性则比较弱，不需要公开发明创造的内容，保护期限不受限制，但它不能排除他人拥有同样的发明创造，或者进一步申请专利，在他人专利申请获得授权后，自己也不能实施通过商业秘密保护的发明创造。另外，只要泄密，商业秘密保护也就随之终止。

4. 保护成本不同

为取得专利权必须向专利局缴纳费用，同时为了维持专利权还必须每年缴纳一定的年费；商业秘密的维持不需要向外支付费用，但维持商业秘密保密状态的成本可能会很高。

（二）保护方式的选择

企业的发明创造是选择申请专利还是作为商业秘密，要综合考虑以下五个方面的因素。

1. 获得专利权的可能性

首先，专利法明确了一些不能授予专利权的主题；其次，专利法规定了授权条件，例如发明和实用新型专利必须具备新颖性、创造性和实用性等。某些只是对现有技术作出微小改进的发明创造，申请专利很可能最终不能获得授权，但发明内容会被公开成为公有领域的技术。因此，企业作出发明创造后，首先应就其获得专利权的可能性进行评估。对于授权可能性大的，可以申请专利保护；授权可能性较低的，则可以考虑用商业秘密保护，或者不采取保护措施。

2. 技术解析的难易程度

通过反向工程等对他人上市的产品进行解构和分析，往往可以获知该产品的成分、结构或其制备工艺。因此，如果企业的发明创造容易被他人解析，就应尽量申请专利保护，否则可考虑用商业秘密保护。

3. 技术的生命周期长短

不同技术的生命周期长短不同，由此产生经济价值的期限也不同。一般来说，技术生命周期过短或者过长的技术，都不适宜申请专利保护。技术生命周期过短，很可能申请专利还未获得授权，该技术就已被淘汰，失去了专利保护的价值；技术生命周期过长，则在该技术还具有很高经济价值的时候，因专利到期被迫进入公有领域，成为公众都可以使用的技术。因此，这两种情况都适宜优先采用商业秘密保护。

4. 技术的经济价值高低

专利保护是需要经济成本的，专利从申请到授权后的维持都需要缴纳一定的费用，而且保护时间越长，需要缴纳的年费数额越高。因此企业应对发明创造应用后可能产生的经济价值进行评估，如果大大高于申请和维持专利的成本，则选择专利保护；如果技术的经济价值有限或很不明确，则考虑先用商业秘密保护。

5. 专利维权的难易程度

越是经济价值高的技术，申请专利被公开后，越可能出现专利侵权行为。制止专利侵权行为，例如向法院提起诉讼等，需要花费大量的财力和精力。因此，企业在作出发明创造后，也要对该技术申请专利后被侵权的可能性以及维权的难易程度进行评估。如果被侵权的可能性大，专利维权的成本又远远高于商业秘密的保密成本，则适宜选择采用商业秘密保护。

（三）主动放弃保护

有的时候，企业会发现自己的发明创造既不适宜用商业秘密保护，也没有必要申请专利保护，但是如果他人将同样的技术申请专利后，却有可能对自己造成障碍，此时可以主动放弃保护，将该技术公之于众。

所谓主动放弃保护，就是主动将该技术披露给公众，这样一来，虽然企业失去了将该技术申请专利或者作为商业秘密保护的机会，但是同时，也避免了竞争者将其申请专利的可能性。可以说，这是一种巧妙保护自身的手段。

二、申请类型决策

在我国，专利分为发明、实用新型和外观设计三种。当对某一发明创造明确作出要申请专利的决策之后，接下来应考虑的就是申请何种专利。

（一）专利类型的差别

发明、实用新型和外观设计三种类型专利的差别主要表现在以下方面。

1. 保护对象不同

发明专利保护对产品、方法或者其改进所提出的新的技术方案。

实用新型专利保护对产品的形状、构造或者其结合所提出的适于实用的新的技术方案，不保护方法及其改进的新的技术方案。

外观设计专利保护对产品的形状、图案或者其结合以及色彩与形状、图案的结合所作出的富有美感并适于工业应用的新设计，不保护技术方案。

2. 授权条件不同

发明专利要求具备新颖性、创造性和实用性，其中创造性的要求是与现有技术相比具有突出的实质性特点和显著的进步。

实用新型专利同样要求具备新颖性、创造性和实用性，但是创造性的要求没有发明专利那么高，与现有技术相比需要具有实质性特点和进步。

外观设计专利则要求与现有技术不相同和不相近似，并且不得与他人在先取得的合法权利相冲突。

3. 审查方式不同

发明专利要经过实质性审查，从提出申请到获得授权经历的时间比较长，未办理加快审查的发明专利申请一般需要 1.5~3 年；而实用新型和外观设计专利仅经过初步审查后即可获得授权，从提出申请到获得授权的时间较发明专利短，一般在半年左右。

加快审查方式包括专利快速预审、专利优先审查、专利审查高速路（PPH）。

（1）专利快速预审

专利快速预审是指知识产权保护中心为备案的申请主体提供专利申请预先审查服务。知识产权保护中心是国家知识产权局批准设立的，用于快速预审、快速确权、快速维权、知识产权保护协作等服务的平台。截至 2022 年 8 月，全国共建设知识产权保护中心 58 家。

预审合格且被知识产权保护中心进行"加快"标注后的专利申请，将进入国家知识产权局快速审查通道。

（2）专利优先审查

专利优先审查是指经国家知识产权局依据申请人的请求对符合条件的专利申请，依据国家知识产权局《专利优先审查管理办法》为专利申请提供优先审查。

但是，同一申请人同日（仅指申请日）对同样的发明创造既申请实用新型又申请发明的，对于其中的发明专利申请一般不予优先审查。

（3）专利审查高速路（PPH）

PPH 是专利审查机构之间开展审查结果共享的业务合作，旨在帮助申请人的海外申请早日获得专利权。具体是指当申请人在首次申请受理局（OFF）提交的专利申请中所包含的至少一项或多项权利要求被确定为可授权时，便可以此为基础向后续申请受理局（OSF）提出加快审查请求。

4. 申请费用不同

发明专利的申请费用比实用新型和外观设计专利的申请费用高。发明专利申请和实质审查费为 3450 元，实用新型和外观设计申请费为 500 元。

5. 保护期限不同

发明专利的保护期限是自申请日起 20 年，实用新型专利的保护期限是自申请日起 10 年，外观设计专利的保护期限是自申请日起 15 年。

（二）专利类型的选择

企业在考虑申请何种类型专利时，要结合发明创造的具体内容以及不同类型专利的要求综合考虑。

1. 属于何种类型专利的保护对象

上文中提到，发明、实用新型和外观设计专利的保护对象是不一样的，例如，有关方法的发明创造不可以申请实用新型专利；如果想保护产品的形状、图案或色彩与形状、图案的结合等，则需要申请外观设计专利。因此，确定将企业的发明创造成果申请何种专利时，首先要考虑发明创造的具体内容属于哪种类型专利保护的对象，从而明确发明创造可以申请的专利类型。

2. 是否有利于获得最大的保护力度

发明专利保护时间长，权利较为稳定，对于创造性较高的技术方案，首先应考虑申请发明专利保护。

当某项发明创造既有可以用发明或者实用新型专利保护的内容，也有可以用外观设计专利保护的内容时，可以考虑同时申请几种不同类型专利的多重保护。比如，对一件新产品，不仅要将产品本身申请发明或实用新型专利，还要考虑将产品外包装的形状、图案和色彩申请外观设计专利。

3. 是否有利于获得授权

如果某项发明创造，既可以申请发明专利，又可以申请实用新型专利，则可以充分运用国内优先权制度，在发明专利申请和实用新型专利申请之间进行转换，最终选定最适合的专利类型。

比如，为了获得较早的申请日，首先提交了发明专利申请，之后通过对相关现有技术进行检索，发现其创造性不够高，获得发明专利授权有困难时，为了避免被驳回，可以在优先权期限内撤回发明专利申请，而就相同主题重新提交实用新型专利申请，并要求之前发明专利申请的优先权。

三、申请时机决策

企业决定申请专利，并且决定申请的专利类型之后，进一步需要考虑的就是申请专利的时机。

绝大多数国家实行的是先申请制，即相同的发明创造授予最先提出申请的人。从这一点来说，一旦有了发明创造，就应该尽早提出专利申请，以避免竞争者作出相同的发明创造后抢先申请专利，也防止发明创造丧失新颖性。然而，从某些方面考虑，并非越早申请专利越好。具体何时提出申请，必须根据具体情况作出恰当的选择。

（一）过早申请的缺点

首先，由于专利权保护期限一般从申请日起算，过早申请专利，会使专利权提早到期。

其次，过早申请专利，会让竞争者过早知悉发明创造的内容。因为专利申请会在一定的时间内公开或公告，所以，过早申请专利就意味着过早公开发明创造的内容，使得竞争者能够过早获悉发明创造的思路和内容，过早涉足相关主题的研发，从而阻碍企业的进一步技术研发和专利实施。

最后，过早申请专利有可能导致出现难以弥补的后果。例如，申请文件撰写不当，公开不充分或公开了不该公开的内容，或者权利要求拟定得不周全，给竞争者留下了攻击的漏洞等。

（二）恰当的申请时机

企业申请专利必须选择恰当的申请时机，不能过早，也不能太迟。一般而言，在技术方案已基本完善，有了确定的效果和能够说明问题的实验数据或者在设计完成并制作成原型样品后，进入商品化之前这段时间提出专利申请，是比较恰当的申请时机。

在竞争者多、竞争者与企业研发实力相当、产品市场需求强或者技术容易被模仿的情况下，一旦有了完整的技术方案和能够说明问题的效果证据，就应当抓紧时间，及早提出专利申请。

如果竞争者没有足够与企业抗衡的研发能力，则可以抓紧进行外围技术研发，等外围技术研发出来之后一并申请专利。对于企业依赖的不易被研发出来的技术，可以在竞争者快要赶上时再申请专利。

当出现以下情况时，可以考虑适当延后提出申请：①市场前景不明朗，并且也无他人申请专利的迹象；②研发前景不明朗，甚至有放弃研发的可能；③不利于进一步研发的其他情况。

申请人可以对发明和外观设计专利申请提出延迟审查请求。发明专利延迟审查请求，应当由申请人在提出实质审查请求的同时提出，但发明专利申请延迟审查请求自实质审查请求生效之日起生效；外观设计延迟审查请求，应当由申请人在提交外观设计申请的同时提出。延迟期限为自提出延迟审查请求生效之日起1年、2年或3年。延迟期限届满后，该申请将按顺序待审。必要时，国家知识产权局可以自行启动审查程序并通知申请人，申请人请求的延迟审查期限终止。

四、海外申请决策

向国外或境外申请专利面临复杂的申请程序，且要支付一笔不小的费用。企业通常没有必要在世界上所有的国家或地区都申请专利，因此在决定向海外申请专利之前，需要对其可行性进行评估，以选择合适的申请地域、申请时机和申请途径。

（一）海外申请的地域

一般来说，企业应选择在企业所在地、产品生产地、目标市场地和竞争者所在地申请专利保护。

企业所在地往往也是产品的生产地，在生产地申请专利保护可以从源头上有效遏制专利侵权产品的生产。

目标市场地是企业产品市场的重要组成部分，通过在目标市场申请专利来保护相关市场，可以有效防止竞争者的进入，提高市场占有率。从占领竞争者市场的角度看，对开拓性发明创造，通常选择市场前景好的国家或地区申请，选择的国家或地区应尽可能多；对一般性发明创造，通常选择市场较大且研发实力较强的国家或地区优先申请，如美国、欧洲、日本和韩国等。

竞争者所在地常常是潜在的侵权产品生产地或销售地，在竞争者所在地申请专利保护，通过专利布局限制竞争者，有利于企业的后续发展，也为竞争者的发展设置阻碍。如竞争者较多且散布于不同国家或地区，则可以在这些竞争者的主要市场国家或地区申请专利。

（二）海外申请的时机

世界上绝大多数国家或地区的专利审查制度实行先申请原则，即若两申请人就相同的发明提出专利申请时，专利权授予先提出申请的一方，因此，海外申请专利的一般原则是宜早不宜迟。

对于享有优先权的专利申请，应当在优先权期限内向海外国家或地区提出。

(三) 海外申请的途径

申请国外专利可以依据《巴黎公约》直接向目标国或地区提出专利申请，也可以通过 PCT（Patent Cooperation Treaty，专利合作条约）途径进入目标国或地区。

从申请的费用成本考虑，通常在仅需向一个或者少数几个国家或地区申请专利时，适宜利用《巴黎公约》途径；而在需要向多个国家或地区（一般在 5 个以上）申请专利时，则利用 PCT 途径更加合适。

《巴黎公约》途径具有迅速快捷、申请国家少时费用较低等优点，PCT 途径则在以下四个方面具有《巴黎公约》途径无法比拟的优点：

（1）仅需向国家知识产权局专利局提出一份国际申请，免除了分别向每一个国家或地区提出国家申请的麻烦；

（2）申请人仅需用中文（或英文）向国家知识产权局专利局递交一套申请文件即可确定该申请的申请日，并被认为是同一天在各成员国提出了申请；

（3）在进入各成员国之前，申请人可以得到国际检索报告和国际初步审查报告，并可通过这两个报告初步判断该申请在各成员国专利局被授予专利权的前景，从而决定是否有必要继续进入具体的国家或地区；

（4）推迟了进入国家阶段的时间，使申请人可以根据市场前景和技术进步情况决定是否有必要进入指定的国家，也为申请人筹措申请费用提供了足够的时间。

(四) 涉及港、澳地区的申请

我国港、澳地区的专利制度有其特殊之处，如果需要在这些地区获得专利保护，则要相应办理相关手续。

1. 香港特区专利申请

（1）专利申请概述

香港特区专利有两类：标准专利和短期专利。

标准专利是指由指定专利局审查授权后，再在香港特区注册并授予的发明专利，有效期从在指定专利局的申请日开始计算 20 年，生效日期从香港特区政府公报刊登公告之日起开始，需每年续展一次。

短期专利申请的目的是使商业价值小，寿命较短的发明创造能够尽快获得专利保护。与中国内地的实用新型专利类似，不同之处在于其保护对象包括方法。保护期限为自申请日或优先权日起 4 年，并可续展 4 年，即最长保护期限为 8 年。

香港特区专利的审批机构为香港特区知识产权署。在香港特区申请标准专利，必须首先在指定的专利局（国家知识产权局、欧洲专利局或英国知识产权局）申请专利。

（2）专利申请程序

①标准专利

香港标准专利实行注册指定国家专利的制度，注册程序分为两个阶段：

第一阶段是请求对指定专利申请进行登记。申请人在中国、英国或者欧洲（指定英国）的专利申请在公告之日起 6 个月内的任何时间，应向香港特区知识产权署提出登记请求（申请标准专利）。

第二阶段是请求对指定专利申请进行注册并对其授予专利权。该请求应在专利申请被指定专利局授权之后 6 个月内或者该专利的记录请求书在香港特区公开之日起 6 个月内提出，以在后的日期为准。

香港特区知识产权署专利注册处对该申请经过形式审查合格即准予注册并授予香港特区标准专利，并在香港特区政府公告上刊登授权公告。

②短期专利

任何产品发明和方法发明都可以在香港特区申请短期专利。短期专利由香港特区知识产权署直接受理，但申请短期专利时必须递交一份由指定专利局出具的检索报告。指定的专利局包括中国、欧洲、澳大利亚、奥地利、日本、美国、瑞士、俄罗斯及西班牙的专利局。短期专利可以享受在先申请的优先权。香港特区知识产权署对短期专利只进行形式审查而不进行实质审查。只要该申请在形式上符合要求，即可被授予专利权并公告。

以国际申请为基础的短期专利申请，需在已进入中国国家阶段后 6 个月内，或在国家知识产权局发出国家申请受理通知书后 6 个月内，提出短期专利申请，以后到日为准。

(3) 申请所需文件

对于标准专利，申请人必须依据一份在中国、欧洲或英国的在先专利申请，并于申请公开后的 6 个月内提出。

提出申请时需准备：第一阶段，申请人名称和地址；发明人的名称；发明的中文和英文名称；摘要的英文翻译；指定专利局公开指定专利申请的全份文件副本［包括公开首页（和摘要）、权利要求书、说明书、说明书附图］；指定专利申请的申请号、申请日、公开号及公开日期；优先权信息（如果有）。第二阶段，指定局公开指定专利注册的全份文件副本；指定专利注册的授予日期、公开号及公开日期；香港专利申请号（如果第一阶段和第二阶段代理事务所不一样）。

对于短期专利，申请人需准备：专利申请文件全份；申请人中文或英文名称和地址；发明人的中文或英文名称和地址；申请人和发明人的关系（如果申请人和发明人不一致）；优先权证明文件（如果有）；由一指定当局（包括国家知识产权局）出具的专利检索报告；优先权信息（如果有）。

2. 澳门特区专利申请

(1) 专利申请概述

澳门专利有发明、实用专利和设计/新型三类，保护期分别为 20 年、10 年和 25 年。

澳门专利的审批机构为澳门特区经济及科技发展局，其为澳门特区政府部门，负责协助制订和执行经济活动、科技发展、知识产权以及其他法律规定属其范畴的经济政策。

澳门专利申请应用中文或葡萄牙文提交。

国家知识产权局授予的发明专利可延伸到澳门特区生效。

(2) 专利申请程序

①发明专利

发明专利注册申请流程如图 4-1 所示。

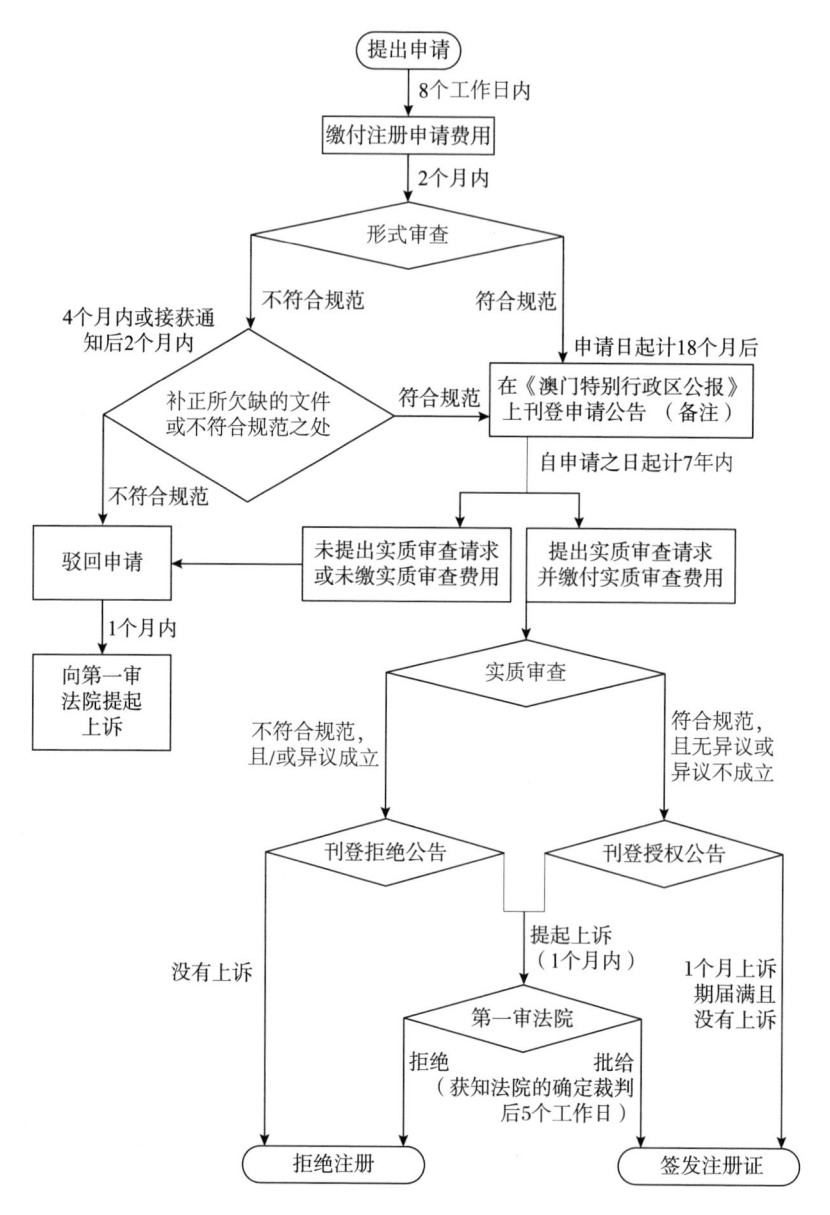

图 4-1　澳门特区发明专利注册申请流程

备注：自公告之日起至授权日任何第三人均可提出异议。

实用专利注册申请流程与发明专利的注册申请流程基本相同，仅有以下差异：

自申请日起 4 年内提出实质审查请求，如在该期限内未提起实质审查请求，将导致被驳回。

②设计/新型专利

设计/新型注册申请流程与发明专利的注册申请流程也基本相同，两者不同之处在于：

a. 缴纳注册费用后 1 个月内进入形式审查程序。

b. 在形式审查后 3 个月内或接获通知书 2 个月内补正所欠缺的文件或不符合规范之处。

c. 申请日起 12 个月后在《澳门特别行政区公报》上刊登申请公告。

d. 自申请日起 30 个月内提出审查请求（非实质审查请求），如在该期限内未提起审查请求，将导致被驳回。

（3）申请所需文件

对于发明专利，申请人需准备：发明专利登记申请表；发明专利摘要（不超过 150 个字或 400 个字符）；发明专利说明书；描述性的附图；权利要求书；适当时应附有委托、证明优先权要求的文件以及如果文件和/或证书是以非中文或非葡萄牙文书写的，应提交翻译件。

对于实用专利，申请人需准备：实用专利登记申请表；摘要表格；摘要（不应超过 150 个字或 400 个字符）；实用专利说明书；说明书附图；权利要求书；补充文件包括授权书及优先权文件等。申请人要求中国国家知识产权局制作审查报告时，若提交的所需文件（包括"摘要"，说明书，说明书附图及权利要求书等）并非以中文撰写，应递交中文译本；对于以非澳门特区正式语言作出的授权书，应递交任一正式语言（中文或葡萄牙文）的译本。

对于设计/新型，申请人需准备：设计或新型注册申请书；新型专利摘要（不超过 150 个字或 400 个字符）；附图或照片；适当时，附有委托书；证明优先权要求的文件；如果文件和/或证书是非以中文或非葡萄牙文书写的，应提交翻译件。

五、提前公布决策

我国《专利法》规定，国务院专利行政部门收到发明专利申请后，经初步审查合格，自申请日起满 18 个月，即行公布。此外，申请人也可以提出早日公布其申请的请求。因此，如果是在我国提出发明专利申请，还应就是否提出提前公布的请求进行决策。

（一）提前公布的利弊

早日公布发明专利申请的好处是：第一，根据专利法规定，发明专利申请公布后授权前的这段时间内，申请人可以要求实施其发明的单位或者个人支付适当的费用，也就是获得所谓的"临时保护"。早日公布申请，申请人可以尽早获得专利法所规定的临时保护。第二，一般情况下，提前公布的发明专利申请会更早进入实质审查程序，从而更快获得专利授权。

提前公布也存在不利因素，主要是：过早公开申请内容，他人就可以获知并实施该专利申请的技术内容，或者对其进行改进后，申请新的专利，这可能会加大企业专利权的维权风险和不确定性。另外，对那些主动撤回的专利申请，公开和未公开的后果是完全不一样的，如申请内容尚未公开，该技术还可以作为一项商业秘密由申请人拥有，并且日后还可重新提出专利申请；但是一旦公开，则意味着该技术进入了公知技术领域，申请人就不能再就相同内容获得专利保护了。

（二）提前公布的考虑因素

企业应当在充分考虑提前公布的利弊后，结合发明专利申请的技术内容、市场预期和竞争策略等多方面因素，综合考虑每项发明专利申请的提前公布决策问题，主要可从以下三个方面进行考虑。

1. 技术的成熟度

对于较为成熟的技术进行实质性改进，并申请改进型发明的可能性往往较小，因此，一旦有了专利申请，尽快获得专利权以获得市场竞争优势就会变成最重要的考虑因素，此时，应当采取提前公布的方式，以尽快获得专利权。相反，对于那些尚不太成熟的技术来说，申请人则需要多方权衡是否要提前公布，因为竞争对手完全有可能在此基础上作出更好的改进并获得专利。

2. 技术被模仿或解析的难易度

某些时候，在提出一项专利申请时，限于当时的技术水平，该技术可能很难被模仿或解析。在这种情形下，该技术方案是适合用商业秘密的方式保护的，但是必须考虑未来几年内技术水平的提高导致其被模仿和解析的可能，因此，这时可以先提出专利申请，但不要求提前公布，这样能先抢占专利申请日，然后，申请人再在一年半的时间内酌情决定是否要在专利申请公布前撤回该专利申请，或者继续申请程序。

3. 企业的产品和市场策略

一家企业的专利申请情况，通常能反映该企业的技术研发动向，并从一定程度上映射出其产品和市场策略。对于竞争对手来说，这也是一种重要的竞争情报。因此，若企业不希望过早暴露自己的某些重要的产品和市场策略时，可以在提出专利申请时，对有关专利申请不进行提前公布，这样，能够在一定程度上防止竞争对手提前作出应对策略，从而影响企业自己未来的市场优势。

第二节 专利申请管理

企业专利申请管理工作主要包括申请决策管理、申请程序管理和代理机构管理。下面将对它们分别加以阐述。

一、申请决策管理

专利申请决策管理的重点在于企业内部专利申请提交流程的设计与管理。企业在完成一项发明创造后，对于是否申请专利、申请类型、申请时间、申请地域等需要有一套完整的决策管理流程。

企业专利申请决策管理包括以下工作内容。

组织挖掘研发中的各创新点，帮助研发人员找出申请素材和进行查新检索；在此基础上，指导研发人员撰写技术交底书，准备专利申请申报书和查新检索报告等企业内部申报文件；此后组织对申报文件进行审核；审核通过后，启动企业内部专利申请的相关工作。

申报文件的审核，可以采取初审和评审两段式审核方式，两阶段审核内容如下。

（一）初审

初审指在评审会前针对技术交底书等申报文件进行的评审活动。初审通常由熟知专利申请知识的企业专利工作者进行。

在初审中，初审人员要判断技术交底书的背景技术、技术问题、技术内容、技术效果各部分是否清楚完整,技术主题是否具备可专利性,技术方案是否明显存在新颖性或创造性问题等,最后出具初审意见。

初审前,专利管理人员应与发明人充分沟通,帮助他们找出发明点,指导他们进行查新检索,协助他们完善技术交底书和备齐企业内部申报文件。

初审后,对不合格的技术交底书,专利管理人员应帮助发明人重新整理,以便再次参加初审。对存在实质性问题的技术交底书应明确告知发明人放弃再次参加初审。

(二)评审

评审指通过评审会针对通过初审的申报文件进行的评审活动。评审通常由技术、法律和管理专家共同组成的专家组进行。

评审专家根据评审标准进行评分,决定某一技术方案是否可以提交专利申请、提交何种类型的专利申请以及提交专利申请的时间和地域,同时对该发明创造的重要程度进行评级,最后出具评审意见。

通常,企业应根据自身所处行业的技术发展状况、市场竞争环境以及企业的经营理念等,设计具体的评审标准。不同技术领域不同企业所处的竞争环境不同,因此评审标准之指标的选取以及各指标的权重也会有所差别。指标通常可以分为技术指标和法律指标两类,其中技术指标可以包括创新水平、可替代性和对企业的重要性,法律指标可以包括新颖性、创造性和侵权取证难度等。

评审前,专利管理人员需要准备评审会相关材料,包括专利申请申报书、查新检索报告、技术交底书和初审意见等。

评审后,专利管理人员要汇总各专家意见,给出最终评审结论,对通过评审的项目安排后续事项。对于核心技术或对企业发展有重大意义的技术,应将专家组评审意见提交企业管理层会议。

二、申请程序管理

一般说来,企业专利申请程序管理工作主要包括载体管理、时限管理和费用管理三个方面。

(一)载体管理

载体管理包括对各种技术文档、申请文件、相关文献、与代理机构的往来函件、审查程序中产生的各种文件的传送、整理及保存。

（二）时限管理

时限管理包括对申请程序中各种时限的监控，按时办理相关手续。申请量大的企业应该建立专门的电子时限管理系统，由专人负责对申请程序中的各种期限进行监控。

（三）费用管理

费用管理包括对申请程序中各种费用的监控，按时足额交纳相关费用。同样，申请量大的企业也应该建立专门的费用电子管理系统，由专人负责监控。

三、代理机构管理

企业委托专业的代理机构办理专利申请事务非常普遍，代理机构的管理也就成为专利申请管理必然的工作内容。代理机构管理包括选择代理机构、协商合作事宜、配合代理事宜、评价代理质量和支付代理费用等工作。

（一）选择代理机构

我国已有数千家专利代理机构和数万名执业专利代理师。企业应当根据调查走访的结果，从各代理机构的资质、规模、特长和收费标准等方面，依据专利代理师的专业、水平、能力和经验等综合权衡，从这些代理机构和专利代理师中挑选出最适合企业现实需要的代理机构和专利代理师。除通过调查走访选择代理机构外，目前也有一些企业采用公开招标或一定范围内邀标的方式选择代理机构。有关委托代理的技巧，在本章第四节中有详细阐述。

（二）协商代理事宜

在确定代理机构后，企业需要就双方的合作事宜与代理机构进行磋商，主要包括委托事项、委托价格、付款方式、衔接程序、质量要求、培训指导、竞业禁止和违约责任等。在充分协商的基础上，签订委托代理合同，以确立双方后续合作的准则。

（三）配合代理事务

在委托代理的过程中，需要配合代理机构做好以下事项。

（1）按代理机构的要求，填写专利代理委托书和指示函表，向代理机构提供委托代理所需的详细技术资料和证明文件。

（2）在代理机构整理申请文件的过程中，及时按要求补充必要的资料。

（3）在接到代理机构传送的申请文件，确认申请文件没有技术上的错误，并且真实详尽后，尽快将确认意见和申请文件返回代理机构。

（4）在接到代理机构传送的审查意见通知书后，按要求的时限陈述己方的意见，并在代理机构传送意见陈述书和修改文件后，按要求的时限给出确认意见。

（四）评价代理质量

代理机构的代理质量包括专利申请文件撰写质量和审查意见通知书答复质量，对其要依据专利法对专利申请文件的相关要求进行评价。对评价结果连续较好的代理机构和专利代理师可以增加案件量或者给予适当的鼓励；对评判结果连续较差的代理机构和专利代理师可以给予提示，减少案件量甚至撤换。质量评价应该由企业内部对专利申请文件撰写有一定经验的人员来进行，而且最好进行量化。有关申请文件质量评价的原则和方法，在第三章已有详细阐述。

（五）支付代理费用

委托代理后，企业需要按时足额向代理机构支付代理费。有大量申请案委托代理时，可以采取定期支付或定量支付的方式，即采取一段时间支付一次或者在代理案达到一定数量时支付一次的方式。按时足额支付代理费对提高代理机构和专利代理师的积极性，保证专利代理质量将起到积极作用。

第三节　专利代理管理

企业委托专业的代理机构来办理专利申请等法律事务是非常普遍的。本节重点阐述专利委托代理的概念、作用和任务。

一、委托代理的概念

（一）专利委托代理的含义

专利委托代理指具有代理资格的代理机构（专利代理师）根据委托人的

授权，以委托人的名义，向有关机关依法办理专利申请和其他有关事务，且后果由委托人承担的法律行为。

一般专利委托代理的事项有申请、复审、无效和诉讼等程序中的相关事宜，而专利申请的委托代理最常见。

(二) 专利委托代理的特征

专利委托代理具有以下特征。

1. 专利代理师以委托人的名义进行法律活动

专利代理师以委托人的名义办理专利事务，这是构成委托代理的前提条件。如果以专利代理师自己名义办理有关专利事务，就不能称为委托代理了。

2. 委托代理行为具有法律意义

委托代理能够在委托人和专利审批机关之间确立、变更或者终止因专利的申请、审批、获权、维持所产生的权利与义务关系，因而是有法律效力的。若其行为不产生法律效力，就不能称为委托代理。例如，查找收集资料、翻译等工作尽管也可委托专利代理师完成，但不能称为委托代理。

3. 专利代理师在授权范围内独立地表示自己的意志

专利代理师在委托人授权的范围内，独立地表示自己的意志。例如，专利代理师办理专利申请时，都是运用自己的知识和经验独立地与专利局打交道，并且以自己独立的意志办理各种手续。但是专利代理师的行为，不能超越委托人授权的范围。例如，在没有征得委托人同意的情况下，不能自作主张地撤回专利申请。

4. 委托代理行为的法律后果直接由委托人承担

专利代理师以委托人的名义，在授权代理的范围内所实施的行为视为委托人自己所实施的行为。也就是说，委托人实际上是通过专利代理师来实施自己所要实施的法律法规所规定的行为，行使权利或者承担义务。因此，由这一委托代理行为所产生的法律后果，应该由委托人承担。例如，专利代理师受委托人委托办理的专利申请被授权后，该专利权属于委托人所有，由此而产生的权利和义务也由委托人享有或者承担。

二、委托代理的作用

委托代理是整个专利保护体系中不可缺少的重要一环，代理机构（专利代理师）是申请人与审批机关之间的"桥梁",也是技术和法律、科学家和企业家之间的桥梁。

专利委托代理的作用,归纳起来大体有以下四个方面。

(一) 提高专利含金量

要增加专利的含金量,撰写好的申请文件是基础。专利申请文件是技术性很强的法律文件,或者说专利申请文件既是技术文件,又是法律文件,好的申请文件既能做到充分公开,又能保留技术诀窍(Know-how),该说的不少说,不该说的不多说。好的申请文件不仅能够最大限度地获得保护范围,而且能够经得起无效诉讼的考验;既符合技术上的要求,又符合法律法规的规定。因此,撰写好申请文件,要求撰写者既要对发明创造有深刻的理解,又要对专利文件的特殊法律语言有较强的组织表达能力,更要有丰富的经验。

称职的专利代理师具有良好的专业背景,又受过严格的法律法规训练。他们身经百战,有很好的技巧,他们在撰写专利申请文件时往往会从将来打赢官司的角度考虑申请文件,对委托人能够起到技术专家兼法律顾问的双重作用,能够保证撰写出高水平的专利申请文件。

(二) 加快审批进程

专利申请工作,从准备到申请,从申请到授权,要经过一个复杂的法律程序,这个过程是通过文件在申请人与专利审批机关之间多次往返完成的。

申请文件的撰写水平,会直接影响审批机关审查的工作效率。一份不符合要求的申请文件会导致多次补正或审查意见答复,耗时费力,影响审批速度与质量。在各个环节中的委托代理显然能够加快审批进程。

(三) 维护当事人合法权益

专利工作是一项技术与法律兼具的工作,当事人往往难于掌握这诸多环节的复杂过程。无论是哪一个环节出了问题,都会直接影响当事人的权益。

依靠专利代理师的专业技能,当事人能够在专利的开发价值、是否申请、何时申请、何地申请以及获得专利后如何维权、如何实施、怎样获得最佳的经济效益等方面得到专业的咨询意见,有利于维护当事人的合法权益。

(四) 维护国家正常法律秩序

专利代理师在办理各种专利事务时,懂得如何更好地满足有关法律法规的各项要求，可以避免和减少各种不必要的法律纠纷，从而维护国家的正常法律秩序。

三、委托代理的任务

按照专利申请、获权、实施及维护等程序，委托专利代理师有以下四项任务。

（一）提供申请前咨询

申请人完成一项发明创造后，接下来要考虑的问题是：要不要申请专利，有没有可能取得专利，申请什么类型的专利，何时申请专利，向哪些国家或地区申请专利，怎样撰写和提交申请文件等。专利代理师会就这些问题给出中肯的咨询意见。

1. 申请与否的决策

一般来说，申请人为使发明创造获得专利保护，需要将发明技术内容写入申请文件并进行公布。但是公开的后果如何，还需花费一定的精力和费用，让专利代理师与申请人一道深入细致地考虑这一系列问题，权衡利弊，进行战略决策。专利代理师会从商业价值和被仿造假冒的难易度等方面提出参考意见。

比如对于市场需求量大的、能够占领市场并且畅销的产品，专利代理师会建议委托人申请专利，它可以获得较大的利润；反之，对于应用范围很窄，只能在较小范围内应用的发明创造，专利代理师就会建议委托人放弃申请，因为即使获得了专利权，也不能取得经济效益。一般来讲，对容易被他人模仿的技术申请专利较为有利。

2. 获权可能性的分析

一项发明创造成果要取得专利权，必须具备法律法规所规定的授权条件，因此往往要对获权的可能性进行分析。专利代理师会通过检索、查询和分析给出基本评判。

专利代理师还会根据授权条件帮助申请人挖掘申请素材。例如，如果知道或者通过检索确认所述的技术成果是在现有技术中没有的，只要该项成果区别于现有技术，具有较好的效果和一定的优点，并且能在产业上应用，就可申请专利。

3. 申请类型的确定

申请专利还要确定申请类型。发明审批程序复杂、费用较高，但保护期长。相反，实用新型和外观设计审批程序简单、费用较低，但保护期短。如果将重要的发明申请实用新型，会大大降低技术的价值。专利代理师要根据自己的经验提出建议。

4. 申请时机的把握

当决定提出专利申请时，就应该考虑申请时机。时机成熟应及时申请。而一项成果到什么程度才算完成，才可以申请专利，这对一般的科技工作者来说，是很难把握的。专利代理师要有评判的尺度。

5. 海外申请的建议

申请获得国外专利权会带来很大的益处，但手续繁杂，费用较高，申请前需要搞清楚许多问题，同样存在要不要申请、到哪里申请、采用什么途径申请等问题，例如是通过PCT途径申请，还是通过《巴黎公约》途径申请，专利代理师会就这类问题提供良好的帮助。

（二）提供申请阶段服务

撰写专利申请文件，向专利审批机关提交专利申请，办理专利申请手续是专利代理师极为重要的几项任务。

1. 撰写专利申请文件

专利申请文件不仅要符合法律规定的格式和要求，而且要符合技术上的逻辑关系和技术惯例。专利申请一旦提出，将不能再作实质性的修改，申请文件撰写得不好将成为无法补救的缺陷，这一点不同于申报课题。因此，撰写专利申请文件是一项十分细致、严谨的工作，因此，需要专利代理师和委托人很好地配合与工作。

有经验的专利代理师能够很好地以再创造的形式组织发明创造的内容，拓展专利保护的范围。

2. 提出专利申请

专利代理师准备好申请文件，经委托人同意后，会适时地向专利审批机关提出申请。经专利审批机关受理后，确定申请日。在办理申请手续的过程中，专利代理师还会按时缴纳申请费，因为逾期不缴的，将被视为自动撤回申请。

及时地提出专利申请，具有十分重要的意义。因为我国和世界上大多数国家或地区一样采用的都是先申请原则，即专利权授予最先申请的人，而不是最先完成的人，因此，不能贻误申请时机，否则会造成无法弥补的损失。

(三) 提供审批阶段服务

在专利审批阶段，代理机构（专利代理师）会为委托人最终获得专利权提供服务。专利申请进入审批阶段后，专利代理师会为委托人最终获得专利权提供以下三项服务。

1. 提出实质审查请求

进入审批阶段后，专利代理师要在法定期限内提出实质审查请求，避免专利申请错过请求实质审查的期限，进而导致权利的丧失。

2. 对申请文件进行必要的修改

在专利审批机关的审查过程中，专利代理师可以根据规定，按照申请人的要求，对专利申请文件进行主动修改或者被动修改。对专利申请文件的主动修改是申请人可以视需要选择的一项手续（不是必经程序）。发明专利申请人只允许在提出实质审查请求时以及收到专利局发出的发明专利申请进入实质审查阶段通知书之日起3个月内，对发明专利申请文件主动提出修改。实用新型和外观设计专利申请人只允许自申请日起2个月内，对实用新型或者外观设计专利申请主动提出修改。被动修改指专利审批机关对专利申请进行审查后，认为申请文件存在缺陷而不符合规定，要求申请人在其指定的期限内陈述意见，为克服存在的缺陷而对申请文件进行的修改。

当收到审查员所提出的审查意见通知书后，专利代理师会认真地研究审查意见，对于确实不符合相关法律法规所规定之处，进行恰当的修改。对审查员提出的某些因理解上的差异出现的问题，专利代理师可以依据事实进行反驳或与审查员讨论；对于一些复杂的问题，难以书面回答或书面表述不清楚的，专利代理师会请求与审查员会晤，用口头方式来讨论有关的问题。有时，也会受到审查员的主动邀请，专利代理师与审查员会晤解决申请案中的疑难问题。

3. 对驳回决定陈述意见

专利申请经申请人陈述意见或者进行修改后，审批机关仍然认为不符合规定的将予以驳回，若对审批机关驳回申请的决定不服的，专利代理师经委托人同意后，可以自收到驳回决定之日起 3 个月内，向专利局复审和无效审理部请求复审。与此同时，专利代理师会写出符合规定的意见陈述书，陈述对所提出的驳回理由的不同意见，或者通过修改申请文件克服存在的缺陷，等待专利局复审和无效审理部再次审理（与审批阶段的审查不一样，由 3 人组成的合议组审查）。如果对专利局复审和无效审理部的复审决定仍然不服，可以自收到复审决定之日起 3 个月内向人民法院起诉，专利局代理师可以为委托人起草起诉状。

（四）提供授权后服务

在获得专利权之后，专利代理师仍可以为委托人就如何维持专利权、如何维护专利权以及如何利用专利权等问题提供咨询和服务。

1. 维持专利权的有效性

专利权的获得来之不易，专利代理师会努力协助委托人维持专利权的有效性。为维持专利权的有效性，专利代理师会尽到以下职责：第一，及时提醒专利权人按时缴纳年费，若错过了缴纳年费的期限，虽给予一定的宽限期，但需缴付滞纳金。如果错过了宽限期，将导致专利权的丧失；第二，在他人提出无效宣告请求，专利局复审和无效审理部启动无效宣告请求程序后，专利代理师在受委托人委托的情况下，会极力维护专利权人的专利权。为此专利代理师会做大量的调查研究，认真分析，以足够的事实根据，依法书面陈述意见，对所提出的无效宣告理由予以一一反驳，并出席开庭口审。

2. 为专利实施和专利经营提供咨询服务

申请专利的目的是更好地实施专利技术和转化专利成果。取得专利权后，专利代理师会就如何实施和经营专利向权利人提供咨询服务。例如，自己实施还是许可他人实施，或者干脆将专利权通过买卖的方式转让给他人。

在大多数的情况下，专利权人是通过实施许可的方式进行专利成果的转化。在进行实施许可时，专利代理师会运用自己的知识和经验，根据市场的需求、技术受让方的技术水平和生产能力等因素，帮助专利权人确定许可实施条件，并可代理专利权人参加谈判、起草和签订许可合同。

3. 代理专利诉讼事务

在发生无效诉讼或者侵权诉讼时，专利代理师可以充当委托人的诉讼代理师。无论是无效诉讼还是侵权诉讼，都将对委托人的利益产生重大影响。专利代理师可以为当事人做大量深入的调查、取证工作，在获得足够证据的基础上，以事实为依据，以法律为准绳，起草起诉书、申诉书或者答辩书等，并代表当事人进行起诉或应诉活动，为权利人争取最大的利益。

第四节　专利委托代理技巧

迄今，我国已有数千家专利代理机构，数万名执业专利代理师。企业在进行专利委托代理时，应当从选择代理机构和选择专利代理师两方面加以衡量，确定最适合企业现实需要的，以保证委托代理获得最佳的效果。

一、选择代理机构

挑选代理机构时，要考虑代理机构的资质、规模、特长和收费等因素。

（一）代理机构资质

在我国，专利代理实行资格指定制度。代理机构有的叫事务所，有的叫代理有限公司。有一类咨询公司自身没有代理资格，接到委托后交给有资质的机构进行代理。有些实力较差的咨询公司很难保证在专利的有效期内能够一直为委托人提供连续可靠的服务。因此，委托人一定要选择资质好的代理机构。

（二）代理机构规模

代理机构有大有小，大到几百人，小到几个人。委托人挑选代理机构时，可以考察代理机构的规模和专业覆盖面，通常可以选择一些与企业相关领域的专利代理师人数较多的代理机构。

（三）代理机构特长

不同的代理机构专业特长不同。比如，有的机构偏重机械、有的机构偏重电子、有的机构偏重生物；有的机构偏重国外申请代理，有的机构偏重国内申请代理。委托人应根据自身的实际情况，挑选最适宜的代理机构。

（四）代理机构收费

专利代理费全国各地高低不等，服务质量和服务水平差异较大，委托人要挑选符合自己情况的代理机构。

（五）代理机构位置

专利代理机构和律师事务所一样，从事的业务没有地域的限制，专利申请也不需要逐级审批。因此，在现代方便快捷的通信条件下，企业挑选代理机构时不必拘泥于本省市或本地区，可以在全国范围内进行选择。

总之，委托人选择代理机构时，应当综合考虑上述各项因素。少花钱、多办事是一个好的原则，但不要一味地强调价格低、时间快，这与增加专利的含金量是相违背的。

二、选择专利代理师

专利申请文件是技术性很强的法律文件，或者说专利申请文件既是技术文件，又是法律文件，整理申请文件是一个再创造的过程。撰写好申请文件对专利代理师有较高的要求。因此，除了要选择合适的代理机构之外，委托人还应当考虑挑选合适的专利代理师。

一般来说，选择专利代理师时需要考虑的因素包括其技术背景和经验。

（一）专利代理师的技术背景

撰写申请文件是一次再创造的过程，要对发明创造有深刻的理解。专业对口的专利代理师能够保证在专利申请文件充分公开的前提下，保留住技术诀窍，专业不对口的专利代理师很难做到。因此，为了获得高质量的专利，最好选择专业对口的专利代理师撰写。

（二）专利代理师的经验水平

选择有经验、高水平的专利代理师代理可以减少不必要的麻烦和避免不必要的损失。

专利代理师的经验水平一般可以从三个方面来衡量，即专利代理师的技术能力、法律修养和基本素质。

技术能力能够影响专利代理师与发明人的交流质量，从而影响技术方案的挖掘是否充分以及对技术方案的再创造程度；法律修养（主要指专利法修养）决定了专利代理师是否能够将一个技术方案按照法律的要求，熟练地利用撰写原则恰当地撰写出来，并且这种撰写充分考虑了审查阶段和可能出现的无效、诉讼阶段出现的问题；基本素质高的专利代理师能够提高撰写效率、减少申请人因文件撰写导致的权益损失。

三、聘请顾问

企业专利工作十分复杂，通常企业应当有专门的专利工作机构和专利工作者负责。而一个合格的专利工作者不仅需要有良好的技术和法律背景，还要有丰富的工作经验。

在我国绝大多数企业还不具备成立专门的专利工作机构的情况下，委托代理机构行使企业专利工作机构职能，聘请专利工作顾问充当专利工作者的角色，充分发挥代理机构的作用，不失为一个良策。除了处理专利申请等方面的工作以外，专利工作顾问还可以在帮助企业制定专利战略、选择合适的专利工作策略、维护企业合法权益等方面发挥重要作用。

第五节　专利申请委托代理程序

专利委托代理是产生法律效力的行为，因此，委托双方在达成口头协议的基础上，还需要按照一定的程序，办理必要的手续。本节以专利申请委托代理为例，就委托代理的手续和委托代理的服务内容进行简单介绍。

一、委托代理的手续

委托代理机构办理国内外专利申请等相关事宜，除需与代理机构进行前期洽谈、签订委托代理合同外，还需提供相关文件和支付相关费用。

（一）进行前期洽谈

企业有专利申请代理相关需求时，通常可通过宣传资料、网站等途径对多家具有代理资质的代理机构进行了解，以掌握相关代理机构的特点和优势；然后通过电话、邮件、微信或面谈方式进行洽谈，洽谈内容主要包括相关专利代理师的背景与资历、代理费用、服务的具体内容以及服务的具体方式等。

(二) 签订委托代理合同

经洽谈确定合作意向后，委托双方需要签订专利申请委托合同，以明确委托代理双方的主体信息、联系方式、委托内容、相关期限和费用、服务方式和流程、各自的权利与义务等，且委托代理双方及代表人需要在合同的相关位置处签字或签章。

通常对于非标准合同的代理业务，在合同签订前，洽谈人员需要将合同交企业法务部门或企业领导审核，审核无误后，方可与代理机构签署。

(三) 提供相关文件

1. 技术交底书

技术交底书是专利代理师撰写专利申请文件的依据，是用来说明发明创造详细内容的载体；发明人通过此载体，向负责该申请撰写的专利代理师传递发明创造的内容，使其能够基本理解发明所采用的技术方案和所涵盖的范围。如何撰写技术交底书已在第三章中详细说明，此处不再赘述。

2. 委托书

专利代理委托书是委托人根据《专利法》第18条规定，委托代理机构办理专利相关事宜的书面委托材料；该文件用于提交给国家知识产权局，证明委托代理关系。

委托书的内容包括委托人的信息和签章、被委托人的信息和签章、具体委托内容、相关专利申请的发明名称及申请号等。

填写委托书需注意以下四点。

(1) 受委托单位应当是在国家知识产权局批准并在市场监督管理机关注册的专利代理机构，委托人应是专利申请人。

委托人是单位的，应加盖单位公章，同时也可以附法定代表人的签字或盖章；委托人是多人时，应由全体委托人签字或盖章。

(2) 专利申请有多个申请人时，应共同委托同一家专利代理机构。多个申请人可以用一份专利代理委托书，也可以分别填写专利代理委托书，但委托权项及委托的专利代理机构和指定的代理师应当相同。

(3) 专利代理机构对一件专利或专利申请，最多可以指定两名专利代理师。

(4) 委托书中所填的专利代理机构名称、邮政编码、地址、申请人、发明创造名称应与该专利申请请求书中的内容一致。如果该申请办理过著录项目变更手续,则应按照国家知识产权局批准变更后的内容填写。

3. 指示函表

指示函表是用于记录委托人相关信息的书面材料,其包括专利申请暂定名,业务类别,发明人姓名,申请人的名称、组织机构代码、地址与联系方式,以及特别要求等。

特别要求主要包括是否在提交申请的同时提出实审请求、是否要求本国/外国优先权,以及是否要求提前公开等。

4. 费用减缓请求书及费用减缓证明

费用减缓请求书是专利申请人用于向国家知识产权局申请费用减缓并陈述费用减缓理由的书面材料。

单位申请除需提供费用减缓请求书外,还需提供市级以上人民政府管理专利工作的部门出具的证明,说明经济困难情况。

如果不需要减缓费用,则可不提交此文件。

5. 其他相关文件

为满足对特殊领域专利申请或启动特定程序的要求,申请人通常需要提供一些特殊的文件。例如,对涉及新微生物的专利申请,需提供生物材料保藏证明;对涉及DNA序列的专利申请,需要提供DNA序列表。又如,在申请日起18个月内要求提前公开其发明专利申请的,需向国家知识产权局提供请求早日公布其专利申请的提前公开声明。

(四) 支付相关费用

企业委托代理机构办理专利申请相关事宜时,需向专利代理机构支付代理服务费,另外还需要向国家知识产权局支付与申请对应的一定数额的官费。

另外,在专利申请获得授权后,委托代理机构办理变更手续和缴纳年费的,还需要另行支付代理费和官费。

1. 代理费

基于代理机构的规模、服务水平和服务质量的差异,不同代理机构的代理服务费是不同的;并且,基于技术方案的难易程度不同以及所需的工作量大小不同，同一代理机构对于不同技术领域专利申请的代理费用也可能有所差异。通常而言，较大规模的涉外代理机构因公司运行成本较高，其代理费比中小规模代理机构要高。当然，所缴纳的代理费的具体数额应当按双方签订的代理合同中的约定执行。

2. 官费

官费是交给各国专利审批机构的费用。例如国内专利申请，需要向国家知识产权局缴纳的首笔官费数额为：发明专利申请费950元人民币（含公布印刷费50元）；实用新型和外观设计专利申请费500元；对于发明申请而言，还需在提请实质审查请求时缴纳2500元的实审请求费。

需要说明的是，我国可以就申请费（不包括公布印刷费、申请附加费）、发明专利申请实质审查费、自授予专利权当年起6年内的年费和复审费，对于确有困难的申请人实行费用减缓。申请人为单位的，可请求减缓缴纳85%的前述费用；两个或者两个以上的单位共同申请专利的，可请求减缓缴纳70%的前述费用。具体如表4-1所示。

表4-1 专利申请官费一览　　　　　　　　　　　　单位：元

申请类型	申请费	印刷费	实审费	合计 不减缓	减缓85%	减缓70%
发明	900	50	2500	3450	560	1070
实用新型	500	—	—	500	75	150
外观设计	500	—	—	500	75	150

二、委托代理的服务内容

（一）服务流程

图4-2显示了专利申请委托代理的服务流程，其表明了代理机构的具体工作内容，直观地阐述了整个代理服务工作的操作流程。其中方框内的内容为代理机构的具体工作，椭圆形框内的内容为委托方相应的具体配合工作。

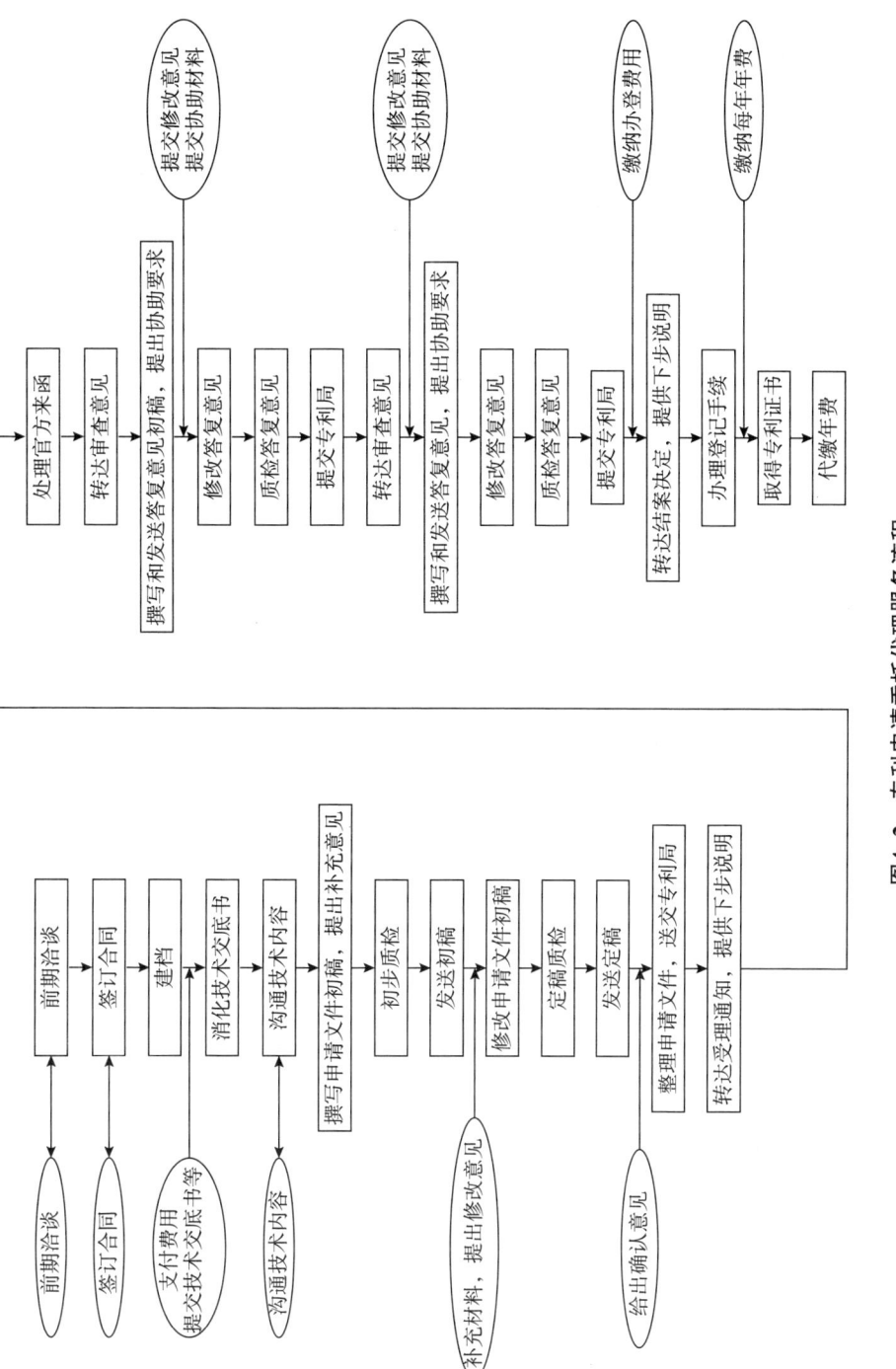

图4-2 专利申请委托代理服务流程

(二) 服务内容

由图 4-2 可见，在提供专利申请代理服务时，代理机构的主要工作内容包括以下三个主要方面。

1. 撰写新申请

代理机构应在合同约定的时限内完成申请文件初稿的撰写工作，并通过邮件等方式交委托方的联系人或发明人，其中，初稿是指在技术方案成型后形成的文件；之后，企业委托方就初稿中提出的具体问题补充材料，并给出修改意见；专利代理师在此基础上修改申请文件，形成定稿后，再次发送委托方的联系人或发明人；最后，委托方在接到代理机构发送的定稿后，如需要，可继续补充材料，给出修改意见；若无意见，则对定稿给予确认。

2. 答复审查意见

代理机构在接到审查意见的一定期限内，通常应转达审查意见，撰写答复意见且必要时对申请文本进行修改，并在交委托方的联系人或发明人的同时提出需要委托人协助的事项。委托方针对审查员的审查意见、代理机构给出的答复意见以及修改文本给出自己的决定性意见或其他必要的协助，并提交给代理机构。

3. 代办登记手续及代缴年费

在接到国家知识产权局发出的"授予专利权通知书"和"办理登记手续通知书"后，只要委托人委托，代理机构就会为委托人按期办理登记手续和缴纳相关费用。后续代理机构在接受委托人委托后，会代缴各年度的年费。

第五章

专利检索与分析

专利信息利用主要包括专利检索和专利分析两个方面。专利检索是企业开展的许多专利工作的基础,广泛应用于研发项目立项、专利申请、专利纠纷解决和专利资产经营等活动中。专利分析则是在专利检索的基础上对专利文献更加深入的应用,专利分析的结果,往往成为企业专利申请策略、研发规划、专利布局策略、专利战略等制定的重要依据。

第一节 专利检索

专利检索是指以专利文献为检索对象的检索活动。专利文献主要指各国专利局及国际性专利组织在审查专利过程中产生的官方文件及其出版物的总称。[1] 本节简要介绍专利检索的类别和方法。

一、专利检索类别

按照检索依据和检索目的,可以将专利检索分为如下六种类型:查新检索、专题检索、无效证据检索、抗辩证据检索、侵权风险检索和状态检索。

(一)查新检索

查新检索是指依据某一技术方案,从专利文献中找出与其最相关的对比文献,从而判断其是否具备新颖性/创造性的检索。查新检索常用于专利申请和课题立项前。查新检索包括新颖性检索和创造性检索。

---

[1] 陈燕,黄迎燕,方建国,等. 专利信息采集与分析 [M]. 北京:清华大学出版社,2006:6.

1. 新颖性检索

新颖性检索是指为确定发明创造是否具备新颖性而进行的检索，其目的是找出可能影响新颖性的专利文献。

2. 创造性检索

创造性检索是指为确定发明创造是否具备创造性而进行的检索，其目的是找出可能影响创造性的专利文献。

（二）专题检索

专题检索是指围绕某一技术主题或者特定专利申请人或发明人，找出与其相关的专利文献的检索。专题检索常用于课题开题或者项目立项之前的技术评估，也用于跟踪竞争对手。专题检索可分为追溯检索和跟踪检索。

1. 追溯检索

追溯检索是指围绕某一技术主题或者特定专利申请人或发明人，按照专利公开时间由近及远地对专利文献进行的检索。根据检索顺序，追溯检索可以进一步分为初步检索和扩大检索。

2. 跟踪检索

跟踪检索是指在追溯检索的基础上，围绕某一技术主题或者特定专利申请人或发明人，定期对追溯检索日之后的专利文献进行检索。

（三）无效证据检索

无效证据检索是指依据授权专利的权利要求，找出能够破坏其新颖性或创造性的专利文献的检索。无效证据检索常用于提起专利权无效宣告请求的准备过程中。

（四）抗辩证据检索

抗辩证据检索是指依据某一产品或生产工艺，找出与其最相关的、能够证明其属于现有技术的专利文献的检索。抗辩证据检索常用于专利侵权诉讼的不侵权抗辩中。

（五）侵权风险检索

侵权风险检索是指针对某一产品或生产工艺，找出与其最相关的授权专利，从而分析判断其是否落入授权专利保护范围内的检索。侵权风险检索常用于新产品销售前或新工艺使用前的侵权风险分析中。

(六) 状态检索

状态检索是指依据文献号或专利号，从专利文献中找出相关信息，从而确定其法律状态/分布状态的检索。状态检索常用于专利许可转让和专利信息分析研究中。状态检索可分为法律状态检索和分布状态检索。

1. 法律状态检索

法律状态检索是指对一项专利或专利申请当前所处的法律状态进行的检索，其目的是了解该项专利是否有效以及了解该专利的法律状态变化。

2. 分布状态检索

分布状态检索是指对一项发明创造在哪些国家或地区进行了公布，或者在哪些国家或地区取得了专利权进行的检索，其目的一是解决语言障碍问题，二是查看专利申请或专利的地域分布。

上述六种检索类型的检索依据、检索重点和检索结论各有不同，如表5-1所示。

表5-1 六种检索类型检索特点比较

检索类型	检索依据	检索目的	报告结论
查新检索	技术方案	检索出判断其是否具备新颖性/创造性的专利文献	新颖性/创造性评价结论
专题检索	技术主题/申请人或发明人	检索出与技术主题或者特定申请人或发明人相关的专利文献	技术综述结论
无效证据检索	权利要求	检索出破坏其新颖性/创造性的专利文献	证明效力评价结论
抗辩证据检索	产品/生产工艺	检索出证明其属于现有技术的专利文献	证明效力评价结论
侵权风险检索	产品/生产工艺	检索出判断其是否落于授权专利保护范围内的文献	侵权风险评价结论
状态检索	文献号/专利号	检索出确定其法律状态/分布状态的相关信息	法律状态/分布状态结论

另外需要说明的是，对于查新检索、专题检索、无效证据检索和抗辩证据检索来说，要得到最终的结论，除了检索专利文献外，通常还需要将检索对象

扩大到非专利文献。有关非专利文献的检索方法，读者可以参考其他相关书籍。

二、专利检索方法

总地来说，每一个检索活动都可以分为如下五个步骤，即确定初步检索词、确定检索策略（包括编制检索式和选择检索数据源等）、获得检索结果、作出检索结论和撰写报告。以下将按照不同检索类别逐一加以说明。

（一）查新检索

1. 确定初步检索词

根据具体技术方案内容，确定构成待检索技术的基本要素、基本要素的相互关系和发明的关键点。

（1）确定基本要素（主题词）及其相互关系

基本要素指的是描述发明创造必需涉及的技术内容，发明创造本身必然包含在该基本要素限定的范围内。在确定基本要素后，还要明确这些基本要素之间的相互关系。

（2）确定发明创造的关键点（关键词）

发明创造的关键点是该发明相对现有技术有实质性区别的技术特征，其作用通常用来判断新颖性，用于筛选文献。

（3）词汇扩展

对于每一个主题词、关键词，还要找出它的所有同义词、近义词和缩略词。

2. 确定检索策略

确定检索策略主要包括编制检索式和选择检索数据源。

（1）确定分类

确定分类时，应列出所有与该技术主题相关的 IPC 分类号。

（2）初步检索

可以尝试性进行初步检索，浏览其结果，参考其中的 IPC 分类号和描述词，以便于准确选择主题词和 IPC 分类号。

(3) 选择检索数据源

常用的检索数据源包括国家或政府间组织提供的免费网上专利检索系统；商用专利检索数据库，如 DI 数据库、STN 数据库、Orbit 数据库、incoPat 数据库、智慧芽数据库、Patentics 数据库等。

选择检索主要国家或地区专利文献的顺序为：先检索该技术发达国家或地区的专利文献，再检索其他主要国家或地区、中国、次要国家或地区的专利文献。

(4) 确定最终检索式

在上一步选定的检索范围内，根据描述发明创造关键点的关键词及其同义词，缩小范围进行检索，重点解决查准的问题。

3. 获得检索结果

这一步骤是找出相关的可用于评价技术方案新颖性/创造性的对比文件，以便进行下一步的新颖性/创造性判断。

4. 作出检索结论

参照对比文件判断新颖性/创造性时，应当根据专利审查指南的有关规定进行。

5. 撰写报告

通过上述专利文献检索和分析后，即可形成一份正式的查新检索报告，其内容应当包括如下五个方面：①检索主题词、关键词；②IPC 分类号；③检索数据源或检索工具；④对比文件；⑤分析及结论。

(二) 专题检索

1. 与查新检索的区别

专题检索与查新检索相比，主要区别在于：第一，确定初步检索词时没有可以参照的详细技术方案和技术特征，往往只有简单的技术主题词或者简单的技术主题描述，不像查新检索那样有明确的技术关键点。第二，确定检索策略时侧重于要求尽可能多地检索与该技术主题或者特定专利申请人或发明人相关的专利文献，它对查全率要求很高。第三，专题检索止于获得检索结果步骤，不需要再作进一步的新颖性、创造性分析和判断，但需要对检索到的文献技术内容进行综述。

2. 检索步骤

基于专题检索与查新检索的上述区别和特点，专题检索的检索步骤如下：

（1）确定初步检索词

应准确理解技术主题，必要时了解和分析技术主题所属的技术领域背景情况，以确定初步检索主题词的准确性。

（2）确定检索策略

①确定分类

可以通过初步检索词进行初步检索，阅读若干篇初步检索专利文献所涉及的 IPC 分类，然后对照 IPC 分类表，确定最相关的 IPC 分类号。

②初步检索

参照"查新检索"部分相应内容。

③选择检索数据源

参照"查新检索"部分相应内容。

④确定最终检索式

将根据初步检索结果找到的分类号和该技术主题的其他表述或同义词、近义词、外文翻译、外文缩略词等进行组配，所确定的检索式即是该检索课题的最终完整的检索式。

（3）获得检索结果

由于专题检索对查全率要求很高，因此，有必要对检索出的结果进行扩大检索。扩大检索的依据是检索得到的专利文献的著录项目部分内容，尤其是著录项目的（51）国际专利分类号、（52）本国专利分类号、（58）审查时检索范围、（71）申请人姓名、（72）发明人姓名等均可为扩大检索提供有用信息。

检索式示例如图 5-1 所示。

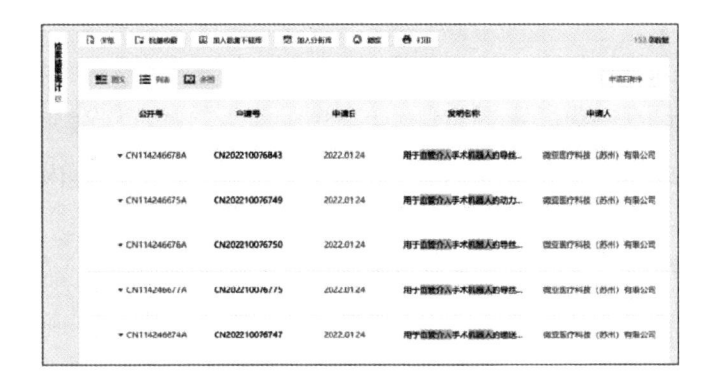

图 5-1 检索式示例

(4) 撰写报告

可参考查新检索报告撰写模式进行撰写。专题检索报告的撰写方式与查新检索报告相比，只是在"检索结论"部分对检索到的专利文献技术内容进行综述，而不是评判新颖性/创造性。

(三) 无效证据检索

1. 与查新检索的区别

无效证据检索与查新检索十分相似，其与查新检索的主要区别在于：查新检索的检索依据往往是某一具体的技术方案，而无效证据检索的检索依据则是已授权专利的权利要求，专利文件的每一项权利要求都可能成为需要检索的技术方案。

2. 检索步骤

基于上述的区别点，无效证据检索在确定检索词这个步骤时，有其特别之处。

(1) 确定初步检索词

根据权利要求的内容，确定构成每一项权利要求的基本要素、基本要素的相互关系和发明的关键点。

①确定基本要素（主题词）及其相互关系

此部分可参照"查新检索"部分相应内容，基于无效证据检索的特点，确定基本要素时，应当结合独立权利要求的内容和说明书全文，确定独立权利要求技术特征中的现有技术特征部分，将这部分技术特征作为基本要素的主题词。

②确定发明创造的关键点（关键词）

在无效证据检索中，独立权利要求的特征部分，从属权利要求的附加技术特征都可能成为关键点，但应首先将独立权利要求的特征部分内容列入关键点，并结合其具体技术含义，确定描述该关键点的合适关键词。

然后分析从属权利要求的附加技术特征是否会成为关键点，这时应当确定该附加技术特征是否针对现有技术的创新点，如果属于创新点，则需要将该附加技术特征列入关键点，并确定成为关键词。

③词汇扩展

参照"查新检索"部分相应内容。

（2）确定检索策略

参照"查新检索"部分相应内容。

（3）获得检索结果

此部分内容可参照"查新检索"部分相应内容，但基于无效证据检索是涉及法律程序的检索，其对检索结果的要求更高，既要做到查全（不能漏检任何可能成为有用证据的文献），还要做到查准（必须尽可能找出证明力最强的证据），因此，必须对检索结果进行仔细阅读，甚至要仔细分析实施例部分的内容，确定某一关键技术特征在技术方案中所起的作用等。

（4）作出检索结论

此部分内容可参照"查新检索"部分相应内容，但要对得到的对比文献作出充分的组合，并且逐一针对专利权利要求作出分析，给出分析结论。

（5）撰写报告

参照"查新检索"部分相应内容。只是在"检索结论"部分对证据效力进行评价，而不是评判新颖性/创造性。

（四）抗辩证据检索

1. 与查新检索的区别

抗辩证据检索与查新检索相比的主要区别在于：第一，抗辩证据检索主要依据业已客观存在的被控侵权产品或生产工艺，而查新检索所依据的技术方案则可能只是在完成构思阶段，尚未具体实施，或者是包含若干可能实施方式的较宽泛的技术方案；第二，由于抗辩证据检索的结果要作为现有技术的证明，因此应当针对所提出的被侵权专利的申请日之前公开的专利文献进行检索，而查新检索则是针对检索日之前公开的所有专利文献。

2. 检索步骤

基于上述的区别点，抗辩证据检索在确定检索词这个步骤时，有其特别之处。

（1）确定初步检索词

参照"查新检索"部分相应内容，只是由于被控侵权的产品或生产工艺已经客观存在，因此，选择的关键词应当限于对既定的现实技术方案的直接描述。

（2）确定检索策略

参照"查新检索"部分相应内容。

（3）获得检索结果

找出能够作为现有技术的所有专利文献，用于下一步结论判断。

（4）作出检索结论

依据有关"现有技术"的判断方法，给出分析结论。

（5）撰写报告

参照"查新检索"部分相应内容。只是在"检索结论"部分对证据效力进行评价。

（五）侵权风险检索

1. 与查新检索的区别

侵权风险检索与查新检索的主要区别在于：第一，查新检索的检索结果包括所有公开的专利文献，而侵权风险检索的检索结果仅包含当前目标国或地区的处于权利有效状态的授权专利文献；第二，查新检索的检索策略是尽可能找到破坏技术方案新颖性、创造性的文献，而侵权风险检索不仅包括上述内容，还包括那些不会破坏技术方案的新颖性、创造性，但保护范围包含所要判断的生产工艺/产品技术方案在内的专利文献；第三，侵权风险检索的检索结论依据专利侵权判定原则作出，这也与查新检索的新颖性、创造性判断标准有所不同。

2. 检索步骤

基于上述的区别点，侵权风险检索的检索步骤，有其特别之处。

(1) 确定初步检索词

可参照"查新检索"部分相应内容，特别之处在于，选择的主题词和关键词应作适当拓展，以便将那些包含上位词的保护范围更大的专利检索出来。同时，由于方法权利要求的保护范围包括由该方法直接得到的产品，因此，在进行产品技术方案的侵权风险检索时，还应当将检索主题扩展至该产品的制造方法。

①确定基本要素（主题词）及其相互关系

参照"查新检索"部分相应内容。

②确定发明的关键点（关键词）

可参照"查新检索"部分相应内容。区别之处在于，此处的关键点的确定可以用公知技术作为区别点，只要和公知技术有所区别的点都可以作为关键点，并确定关键词，这样做的目的是防止漏检任何一篇有效专利文献。

③词汇扩展

参照"查新检索"部分相应内容。

(2) 确定检索策略

参照"查新检索"部分相应内容。

(3) 获得检索结果

参照"查新检索"部分相应内容，基于侵权风险检索的特点，在对检索结果进行查阅时，应当首先关注其权利要求书。

(4) 作出检索结论

应当将检索到的专利文献的权利要求与检索的技术方案进行逐一对比，有如下四种情况。

①所要判断的技术方案与检索到的有效专利的权利要求的技术特征完全一样。

②所要判断的技术方案落入了检索到的某有效专利的权利要求的保护范围。

③所要判断的技术方案的技术特征与检索到的某有效专利的权利要求的技术特征部分相同。

④检索不到保护范围与所要判断的技术方案相同或相近的有效专利。

对于上述四种检索结论，应当分别对待，并对其风险作出相应的评估：

第①种、第②种两种结果表明，所要判断的技术方案付诸实施后，一定会发生侵权。

第③种的情况则较为复杂，此时，应当依据专利侵权的判定规则，将所要判断的技术方案与检索到的专利的权利要求进行仔细比对和分析判断，并作出是否侵权的分析性结论。

第④种的结果存在两种可能性，第一种是所要判断的技术方案确实具备创新性，这时，不仅不存在侵权的风险，还可以考虑尽早提出专利申请；第二种是检索方法不正确，导致漏检，这时，应重新确定检索主题词、检索式、检索源等，并重新进行检索。

（5）撰写报告

参照"查新检索"部分相应内容。只是在"检索结论"部分对侵权风险进行评价，而不是评判新颖性/创造性。

（六）状态检索

状态检索包括法律状态检索和分布状态检索两方面。

1. 法律状态检索

法律状态检索的过程是，首先根据待检索的对象确定检索数据源，然后确定检索依据，接下来进行检索，最后根据检索结果判断专利的法律状态。

（1）确定检索数据源

根据待检索对象确定数据源。

（2）确定检索依据

利用不同具体数据库所提供的检索入口进行检索，如申请号、公开号、申请人、发明人、发明名称、摘要、优先权信息等。

（3）根据检索结果判断法律状态

根据检索得到的信息，判断专利所处的法律状态。

（4）撰写报告

记载上述检索过程和法律状态结果，即可形成一份正式的检索报告，其内容应当包括如下四个方面。

①检索主题词

应当列出所依据的专利文献号等主题词。

②检索用数据库或检索工具

应当列出检索中使用的数据库或检索工具的名称（或简称）。

③检索结果

列出检索结果页面或检索结果。

④分析及结论

针对上述"检索结果"信息，作出必要的解释，根据委托人的检索意图，充分挖掘专利法律状态中的有用信息。

2. 分布状态检索

分布状态检索的过程相对简单，首先根据检索依据确定检索数据源，接下来进行检索，并获得检索结果。

（1）选择检索数据源

参照"查新检索"部分相应内容。

（2）获得检索结果

对检索结果进行整理，按照检索意图，确定最后的结果信息。

（3）撰写报告

参照"法律状态检索"部分相应内容。

第二节 专利分析

专利分析是利用专利文献的有效形式，在企业参与竞争和企业发展中有着重要的作用。本节主要介绍专利分析的概念、程序和应用等。

一、专利分析概述

（一）专利分析的概念

专利分析即专利信息分析，是指从专利文献中采集专利信息，通过科学的方法对专利信息进行加工、整理和分析，转化为具有总揽性及预测性的竞争情报，从而为企业决策提供参考的一类活动的集合。

(二) 专利分析的作用

专利信息的分析和利用贯穿于企业技术研发、技术跟踪、产品定位和生产经营的全过程,其作用主要体现在以下九个方面。

1. 为技术研发提供指引

通过对相关产业和技术领域专利信息的分析,能够找出相关技术领域的整体状况和发展趋势,明确行业的技术热点、难点和重点;了解现有技术的手段和方法,寻找技术发展空间;指导研发选题和立项,指导研发方案制定与修改;判定技术生命周期,预测技术转折方向;发现新的技术分支,从而为技术研发提供指引;缩短研发周期,节省研发费用,提高研发效率。

2. 为技术合作提供支撑

通过对相关企业专利信息的分析,可以了解企业的技术活动、技术水平及其战略布局,从而为企业寻找技术合作伙伴提供有益的支撑,并指导其技术贸易。

3. 为技术跟踪提供条件

通过对不同国家或地区相关技术领域专利信息的分析,不仅可以发现现实的竞争者,挖掘出潜在的竞争者,而且可以了解它们在不同国家或地区地域的战略意图、技术特点和状况、市场经营活动、技术合作和技术许可动向等,适时无效宣告竞争者的专利,从而为企业技术跟踪和制约竞争者提供良好的条件。

4. 为战略制定提供依据

通过对专利信息中技术、法律和经济信息的仔细分析和科学利用,可以指导策划专利布局方案,构建专利壁垒;为企业制定专利战略、企业发展战略乃至市场战略等竞争战略提供依据。

5. 为风险规避提供便利

通过综合研究相关领域专利保护现状,方便预测专利风险,破解和应对专利障碍,避免专利侵权,从而为企业的专利风险规避提供便利。

6. 为人才引进提供信息

通过对专利文献中发明人信息的分析,可以容易地找到该领域的技术专家,并了解这些技术专家在技术领域的侧重点,从而为企业人才引进提供信息。

7. 为市场定位提供基础

通过对专利文献信息的综合分析，可以洞察市场空白，预测新产品、新技术的出现和其潜在的市场价值，预测市场需求，推断未来市场走向和相关国家或地区的市场分布和规模，选择目标市场等，从而为企业进行市场定位提供基础。

8. 为投资决策提供素材

通过对相关领域专利文献信息的深入分析，可以了解相关领域的技术发展现状和发展趋势，从而为企业决策者做出研发投资、企业兼并或收购决策提供依据。

9. 为数据库建设奠定基础

通过对相关领域的专利信息进行分析，并结合企业自身的发展现状和发展目标，确定合适的技术领域和目标跟踪对象，可以为建立既符合企业特色又符合行业发展趋势的专利数据库奠定基础。

二、专利分析程序

专利分析的工作步骤通常分为前期准备、数据采集、数据分析和报告撰写四个阶段。

（一）前期准备

1. 组建分析队伍

选择对分析项目技术领域有足够了解的专业技术人员、熟悉企业经营状况的管理人员以及熟练掌握专利检索和信息分析技能的专利工作人员共同组成分析队伍。

2. 研究背景资料

收集并阅读与分析项目相关的背景材料，包括所涉及技术的起源和发展历程、相关行业技术发展现状、相关技术的主要应用范围、该领域竞争者的技术和经营动态等。

3. 确定分析目标

确定具体分析目标（专利分析对象），例如特定技术主题、主要竞争对手、核心专利技术、技术发展趋势与方向等。

4. 选择分析工具

根据分析目标以及各种专利数据库的内容和特点，选定需要使用的专利检索数据库。同时，选定适宜的分析软件。

(二) 数据采集

本阶段的任务主要是通过专利检索获得用于分析的原始数据。

1. 拟定检索策略

根据所确定的具体分析目标和具体的技术领域，以及所选定的各种数据库的使用要求和特点，确定在不同数据库中的检索策略和具体检索式。

2. 进行检索

利用编制完成的检索策略和具体检索式在选定的数据库中进行专利检索。在专利检索过程中，一般需要根据初步检索结果对最初拟定的检索策略和检索式进行1~2次的调整，以避免出现误检或漏检。

3. 形成样本数据库

对利用最终确定的检索策略和检索式进行检索获得的数据集合进行整理，形成用于数据分析阶段的样本数据库。

(三) 数据分析

本阶段主要是通过对分析样本数据库中的数据集合进行清理和分析后，提取出所需的信息。

1. 清洗数据

包括改正分析样本数据库中的标引和录入错误；统一数据格式；统一申请人名称、技术术语或翻译用语，最终使所有数据内容完整规范。

2. 聚集数据

按照具体分析目标，选定分析使用的各种专利指标，借助分析软件对经过清理的数据进行统计或加工，并生成各种可视化图表。必要时建立深度分析目标群。

3. 解读信息

采用定量分析、定性分析和拟定量分析等分析方法综合有关信息，并进一步归纳整理、抽象概括，从而提取出达到分析目的所需的各种信息。

所采用的定性分析方法可以是德尔菲调查法、分类比较法和归纳推理法等；所采用的定量分析方法可以是时间序列分析法、回归分析法和聚类分析法等；所采用的拟定量分析方法可以是关联分析法和内容分析法等。❶

（四）报告撰写

专利分析报告应当包括技术背景、分析目标、数据来源、分析内容和结果、结论与建议等。

1. 技术背景

阐述专利分析所涉及的领域或行业的技术发展状况，包括技术发展历史、技术特征、技术热点、技术领先者或主要竞争者的基本情况等。

2. 分析目标

阐述所要分析的具体目标。

3. 数据来源

具体记载与数据来源相关的方方面面，包括所使用的数据库、检索策略和检索式、数据采集范围和时间跨度、分析软件等。

4. 分析内容和结果

具体阐明数据统计加工方法，并结合所得到的各种可视化图表，详细描述数据分析结果。

5. 结论与建议

对数据分析结果进行综合归纳，得出最终的分析结论。同时，参考相关领域法律法规、政策，以及竞争环境等情况，提出相关建议。

专利分析报告目录示例参见本书附录一。

三、专利分析应用

（一）在研发中的应用

尽管专利信息的应用范围十分广泛，但专利信息在研发中的应用最常见也最复杂。

---

❶ 陈燕，黄迎燕，方建国，等．专利信息采集与分析［M］．北京：清华大学出版社，2006：74－99．

1. 研发开始前的应用

在研发开始前，进行专利文献检索和分析，可以比较全面地了解与企业产品和技术有关的最新进展、技术状况、开发热点、发展趋势和市场动向等，将其作为立项评审的重要依据，选择有价值、有前途的技术项目作为开发课题，或者从众多的专利文献中找出技术空白点，沿着已有专利发明的思路延伸，选择有价值、有前途的项目作为开发课题，可以把起点放在最高、最新的位置，提高研发水平，避免低水平重复，节约研发时间和经费，同时可以避免开发出来的新产品投放市场后侵犯他人专利权，保证在不侵犯他人专利权的基础上，有效形成自主知识产权。

2. 研发进行中的应用

技术开发具有继承性，每一项发明创造都使技术的发展向前迈进一步，同时又成为开发新技术的起点。通过专利文献的检索分析，可以借鉴前人的技术方法、手段和经验，启发思维，站在别人的肩膀上进行新的发明创造，有利于确定最佳技术路线和技术方案，为解决技术难题找到突破口，加速研发进程；在检索发现原定研发方案与他人专利相同或者相近似时，可以调整研究方案，设法改进或绕开他人的保护范围，找出有别于他人技术方案的新方案。

3. 研发完成后的应用

在完成技术开发后，通过对相关专利文献和其他文献的检索分析，可以判断研发成果的技术水平，并在此基础上策划专利保护策略。

（二）应用方法

利用专利分析要有合适的方法，以下以研发项目开始前专利信息的分析利用为例，说明专利信息分析利用的方法。

通常，在研发项目开始前，需要明确相关产品或技术发展状况，主要竞争者及其技术研发实力，相关技术人才状况，相关技术或产品专利分布情况，可合作的对象，新技术、新产品研发出来之后是否会侵犯他人专利权，如果侵犯他人专利权是否可以通过修改方案规避，风险专利是否可以被无效，风险专利专利权人实力和专利策略如何，专利转让/许可的可能性是否存在，企业谈判的筹码，研发成果是否可以申请专利，获得专利权的可能性等一系列问题。

为了解决上述问题，需要作出以下各项分析：

1. 现有技术分析

进行相关现有产品或技术的分析，以了解相关产品或技术的全面信息。

2. 专利权人分析

分析专利权人技术发展和实施维权状况，以了解相关专利权人的全面信息。

3. 技术发展分析

预测专利风险，寻找专利漏洞，以确认研发方向和研发方案。

4. 综合分析

综合以上分析内容，提出研发建议，以拓展研发思路和规避研发风险。

上述工作过程，可以简单地用图5-2表示。

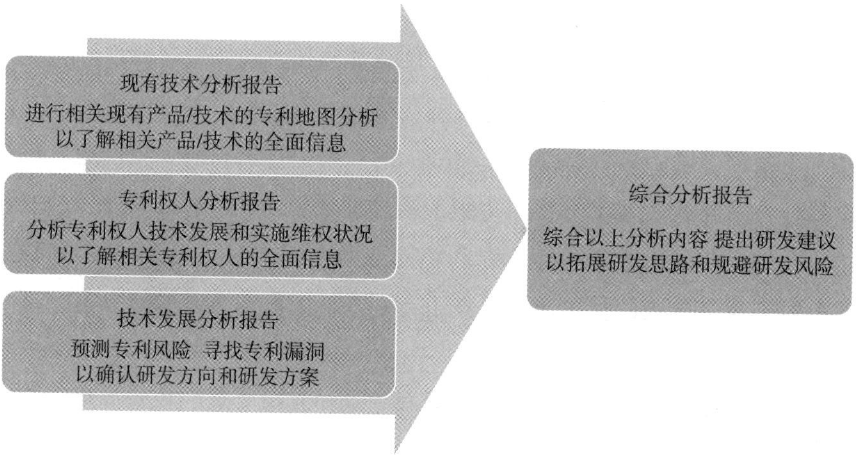

图5-2 研发项目开始前的专利分析示意

四、专利地图

在专利分析程序的数据分析阶段所得到的各种可视化图表，常常被称之为专利地图。根据不同的分析角度，一般可以将其分为专利管理地图、专利技术地图和专利权利地图三类。

（一）专利管理地图

专利管理地图通常揭示的是比较宏观的情报信息，如专利申请趋势图、申请人排名图、发明人排名图、专利地域分布图、技术来源地图、专利引用族谱图等。

专利管理地图常用于获悉技术发展趋势、竞争者的技术实力、某领域的主要研发力量和具体研发领域等。

(二) 专利技术地图

专利技术地图主要揭示的是有关技术发展的情报信息，如技术分布分析图、专利技术领域累计图、专利技术分布鸟瞰图、IPC分析图、技术生命周期图、专利技术/功效矩阵图、专利技术路线图等。

通过专利技术地图可以获悉真正的技术领先者，当前的技术热点、竞争点、创新目标等。

(三) 专利权利地图

专利权利地图主要服务于权利范围的界定，如专利范围构成要件图、专利范围要点图、权利范围矩阵分析图、同族专利图等。

通过专利权利地图可以了解权利分布状况、规避专利风险，同时可以评估自身竞争实力。

在实际运用中，各种类型的专利地图不可能非常严格地区分开来，往往是互相影响，互相参照，共同用于专利信息的图形化表达。

五、专利分析报告示例

专利分析报告的构成和内容会随不同的分析目的而有所不同。下面通过一个具体实例，说明专利分析报告的构成和内容。

双级压缩机技术专利分析报告（节选）

1. 技术背景

变频空调在舒适性和最大制冷量（或最大制热量）运行方面具有较大优势，正逐步取代定频空调。普通变频空调的制冷能力在全国范围均可覆盖，40~50℃的高温下空调依然能正常制冷运行；而普通变频空调的制热能力在我国北方很多地区难以满足需求，例如我国华北地区，冬季的气温可低至-7℃以下，东北地区可低于-30℃，在这种情况下，普通变频空调的制热能力会大幅衰减，虽然加了辅助电加热，但是制热能力仍然不够理想。这是因为普通压缩机采用单级压缩循环，提供的压缩比是有限的，在本身蒸发压力与温度比较低的情况下，很难将吸入的气体压缩为足够高温高压的气体,以供给热量到室内。

双级压缩技术是将压缩机只有一次的压缩过程升级为两次压缩过程,不仅使压缩机本身负担大大减轻,还使得每次压缩的效率大大升高。双级变频相较于普通变频(即指采用普通压缩机的变频空调),在极限条件下,能够正常运行的外界环境温域更宽;在一般条件下,能效比更高,消耗相同电能的制冷量或制热量更多,从而使得室内温度的升和降更快捷。

2. 分析目标

针对国内空调厂商关于双级压缩机的技术发展热点、空白点、专利布局等情况进行分析,从而为企业相关研发工作提供借鉴,为企业自身专利布局提供参考。

3. 数据来源

本报告检索的数据来源于国家知识产权局网站,网址为http://pss-system.cnipa.gov.cn/sipopublicsearch/。

4. 技术分解表

根据前期调研情况以及检索得到的专利数据,对双级压缩技术进行技术分解,具体如表5-2所示。

表5-2 双级压缩机技术分解

一级技术分支	二级技术分支	三级技术分支	三级技术分支备注
双级压缩机	压缩组件	机身整体	压缩机的整体结构
		传动组件	主要包括曲轴、连杆和十字头等部件
		气缸	用于气体压缩的部件
		中间腔	气压过渡腔体,实现中压过渡功能的部件
		联结组件	各种起联结作用的部件和结构
	分液组件	分液器	用于对制冷循环中的气液混合物进行分液,防止液体混合物直接进入气缸中造成液击
		旁通管	用于连接分液器和压缩机的部件
		旁通阀	用于控制分液器中气态冷媒进入气缸的气量以及路径的部件
	补气组件	闪蒸器	为压缩机补气增焓的部件
		补气管路	用于连接闪蒸器和压缩机的部件
		节流阀	用于控制补气量

5. 分析内容和结果

截至 2022 年 3 月 9 日，检索到某厂商关于双级压缩机技术申请公开了 197 项相关专利，并以此数据开展专利分析。

(1) 专利申请趋势分析

如图 5-3 所示，某厂商自 2010 年起便开始申请双级压缩技术相关专利，且在此后进行了持续的专利申请，并于 2014 年与 2019 年达到较高点，分别申请了 37 项和 40 项专利。双级压缩技术一直是该厂商关注的技术，该技术领域的专利年均申请量约 16 项，截至 2021 年底共申请了 197 项相关专利，足以说明该厂商在双级压缩技术领域占据较大的技术优势。由于专利公开的滞后性，2020 年和 2021 年的专利申请量并非实际申请量，在此不能作为分析依据。但依据某厂商对该技术的重视程度，未来仍旧可能进行持续的专利申请。

根据该厂商的技术发展情况将上述申请趋势分为两个时期：2010~2013 年为第一时期，2014~2021 年为第二时期。

在第一时期，该厂商研发了第一代双级增焓技术——转子式双级增焓变频压缩机技术，即将传统压缩机的单个气缸升级为分别进行低压和高压两次压缩的双缸。这种技术可以降低单个气缸的压缩比，减少泄漏量，提高压缩机的容积效率，不仅使压缩机本身负担大大减轻，还使得每次压缩

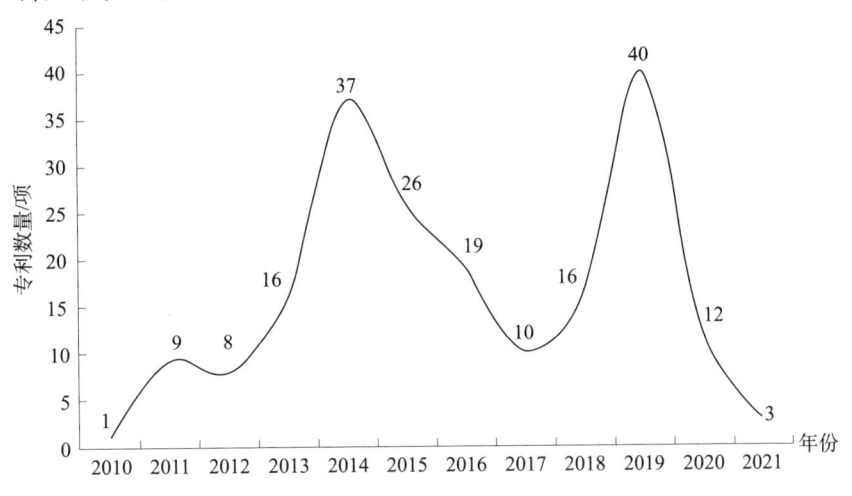

图 5-3 某厂商双级压缩技术专利申请趋势

的效率大大升高，避免了传统空调机因为动力不足而造成的"高温制冷差、低温制热差"的问题。

在第二时期，该厂商在一代双级增焓技术的基础上进行技术升级，开始了二代双级增焓技术的研发，即双级变容积比压缩机技术的研发。随着二代技术的研发，2014年该厂商迎来了第一次专利申请高峰，此后便是基于2014年的相关技术进行优化和改进，因而专利数量稍有下降。根据该厂商发布的年度报告可知自2017年起该厂商加大了研发人员与资金投入，同时该厂商申请的专利数量开始回暖，可见其加大了对双级压缩机技术的重视程度，并且加强了专利布局保护力度。该厂商在这一阶段的专利包含双级增焓和双级变容两个技术领域的专利。双级变容压缩技术可实现两种不同容积比的双级压缩，在低温工况下能够进一步发挥双级压缩的优势，大幅提高压缩机的制热量和制热能效。

（2）专利申请地域分析

图5-4示出了该厂商在不同时期对双级压缩机技术进行的全球专利布局情况。该厂商的全球专利布局策略较为清晰，即以国内市场为主，兼顾国外市场，且在不同时期对各个市场重视程度不同。

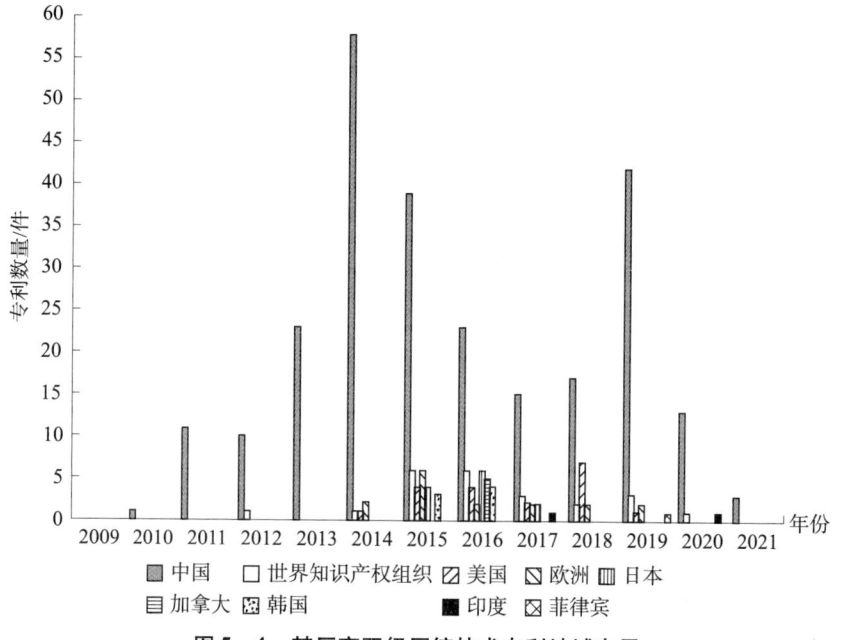

图5-4 某厂商双级压缩技术专利地域布局

国内一直是该厂商的重点布局地，自 2010 年起便进行了持续的专利申请；同时美国、欧洲和日本也是该厂商较为重视的市场，自 2014 年至 2020 年一直在进行持续的专利申请，其中该厂商 2018 年在美国申请的专利多达 7 件，在日本共申请了 12 件专利。此外，该厂商在加拿大、韩国、菲律宾和印度等地也申请了专利，虽然申请专利数量不多，却是该厂商近三年关注的国外市场。可见该厂商有着十分清晰的全球专利布局策略，既积极开拓有潜力的新市场，提前做好专利布局工作；又能稳固已有市场，不断强化专利实力，提高当地的市场竞争能力。

（3）专利技术构成分析

图 5－5 示出了该厂商在双级压缩机领域的技术构成情况，在双级压缩机领域，该厂商的技术改进主要围绕压缩组件、补气组件和分液组件这三个分支展开。

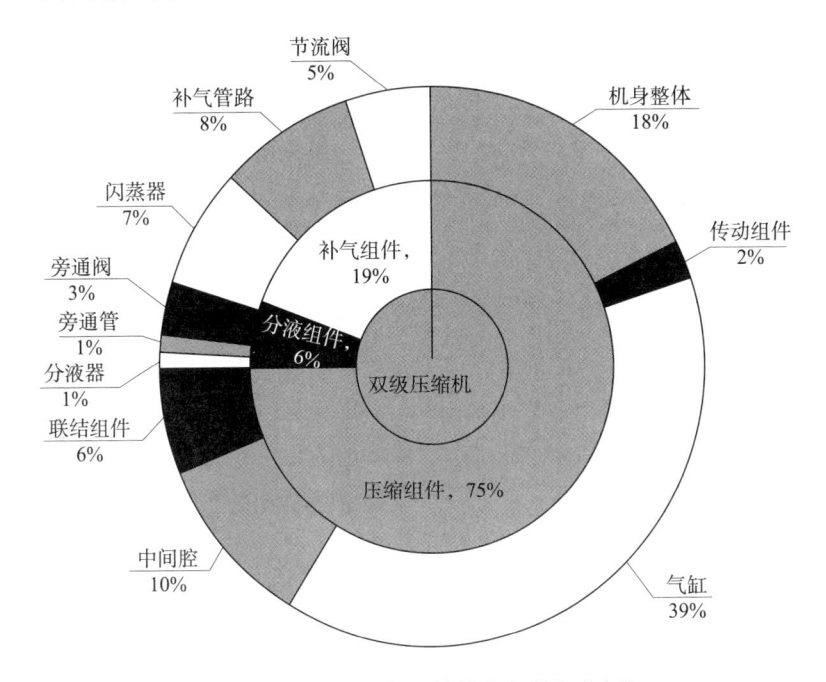

图 5－5　某厂商双级压缩技术专利构成占比

其中，该厂商在压缩组件分支申请的专利最多，专利数量占比达到 75%，超过总数的一半，说明在双级压缩机领域，该厂商的技术创新和技术改进主要集中在压缩组件上。同时，在压缩组件分支中，该厂商注重气缸的改进，与气缸相关的专利数量达到了总体专利数量的39%；除气缸以外，该厂商也较为注重压缩组件的机身整体和中间腔设计，在这两个分支申请的专利数量占比为10%以上；而在联结组件和传动组件分支，该厂商的技术改进相对较少，专利数量占比分别为6%和2%。

在补气组件分支，该厂商的专利申请量远不及压缩组件，相关专利数量占总体数量的19%。在补气组件技术中，该厂商的技术改进以补气管路和闪蒸器设计为主，同时也会关注节流阀的设计。

在分液组件分支，该厂商的专利申请数量仅占6%，其中有一半的专利改进与旁通阀有关，其余专利则涉及旁通管和分液器的设计。

总地来说，在双级压缩技术领域，该厂商的研发重点集中在压缩组件中的气缸、机身整体和中间腔设计上；同时该厂商也会关注压缩组件内部的联结组件和传动组件设计，以及与压缩组件相配合的补气组件和分液组件设计。下面对该厂商在各分支上的技术改进和创新点进行具体分析。

①压缩组件

压缩组件作为该厂商研发工作的重点内容，其产出集中在气缸、机身整体、中间腔、联结组件和传动组件，其中以气缸和机身整体为主。相关资料显示，该厂商在双级压缩技术领域的研发分为两个阶段。第一阶段为双缸双级研发，第二阶段为三（多）缸双级研发，而气缸的研发是两个阶段不可或缺的部分。

在气缸技术分支，研发方向大体围绕气缸数量及排量。通过逐篇阅读专利文献，发现该厂商主要通过气缸的位置与角度设计、连通管路设计、中间隔板设计、变容机构设计以及吸气与排气孔设计等实现气缸数量的灵活切换和排量的改变。

联结组件包括各种起联结作用的部件和结构，该厂商在该技术分支的专利申请以对法兰的改进为主。

传动组件中的曲轴是该厂商较为关注的技术点，曲轴的受力情况会影响压缩机运行可靠性。

②补气组件

补气组件是该厂商较为关注的技术点，该部分主要是通过对补气管路、闪蒸器和节流阀的优化与创新从而改善补气增焓情况进而为压缩机提供动力。

③分液组件

分液组件技术分支涉及旁通阀、旁通管和分液器。该厂商在该技术分支所申请的专利数量很少，一定程度表明分液组件并非该厂商的重点关注技术。该分支的技术改进主要用于辅助实现单双级模式切换以及提高压缩机运行可靠性和减振降噪的功能。

（4）专利技术发展态势分析

表5-3显示了该厂商在双级压缩机领域的技术发展态势。在双级压缩机领域，该厂商在压缩组件方面进行了持续的技术创新，其中，与气缸相关的技术改进较为突出，并且专利申请持续性最强，2013年和2014年该厂商在气缸方面申请了大量专利。自此之后，该厂商在气缸上进行了持续的专利布局，说明气缸是该厂商主要的技术研发方向；除气缸外，该厂商在机身整体方面也进行了持续的专利申请，相关专利从2014年开始进入持续申请阶段；在中间腔分支，该厂商的专利申请持续性虽不及气缸和机身整体分支，但仍在7个年份进行了专利布局；而在联结组件和传动组件分支，该厂商的专利申请持续性相对较弱，专利申请年份相对较少。

表5-3 某厂商双级压缩机专利技术发展情况

申请年	双级压缩机/件									
	压缩组件					分液组件			补气组件		
	机身整体	传动组件	气缸	中间腔	联结组件	分液器	旁通管	旁通阀	闪蒸器	补气管路	节流阀
2010	0	0	1	0	0	0	0	0	0	0	0
2011	2	2	0	0	1	0	1	3	0	0	0
2012	0	0	0	2	4	0	0	0	0	2	0
2013	0	2	12	0	2	0	0	0	0	0	0
2014	5	0	20	6	0	0	0	2	2	0	2
2015	6	0	8	2	0	0	0	0	2	6	0
2016	1	0	7	2	2	0	1	0	6	0	0
2017	3	0	4	0	0	0	0	0	2	1	0
2018	4	0	2	5	2	3	0	0	0	0	0
2019	8	0	18	2	0	0	1	0	1	7	3

续表

申请年	双级压缩机/件									
	压缩组件					分液组件			补气组件		
	机身整体	传动组件	气缸	中间腔	联结组件	分液器	旁通管	旁通阀	闪蒸器	补气管路	节流阀
2020	6	1	2	1	0	0	0	0	0	0	2
2021	1	0	2	0	0	0	0	0	0	0	0

在补气组件和分液组件分支，该厂商的专利布局较为零散，没有明显持续的申请趋势，尤其是分液组件分支，该厂商仅在个别年份进行了专利布局，可能的原因是分液组件的结构、管路和阀门设计相对而言较为固定和通用，并非该厂商在双级压缩机领域的主要研发方向。

（5）专利技术功效分析

图5-6示出了该厂商在双级压缩机领域的技术改进点和功效之间的对应关系。从技术角度来看，该厂商在气缸上提出的技术改进方案最多，其中与模式切换、提高能效和降噪减振相关的方案最多，其余方案涉及提高运行可靠性、增加排量等方面的内容，说明在气缸方面，该厂商的技术

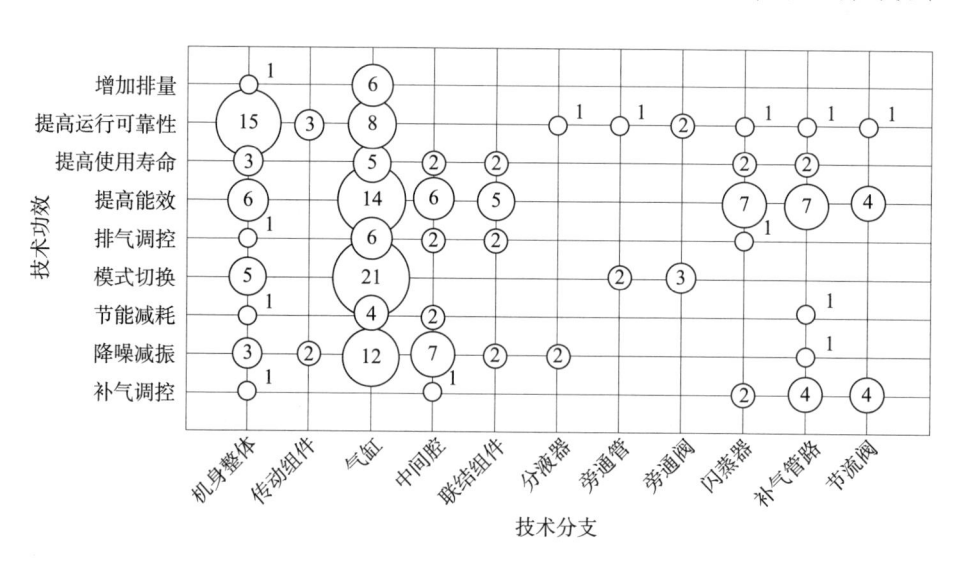

图5-6　某厂商双级压缩技术领域专利技术功效矩阵

注：图中数字表示申请量，单位为件。

改进主要围绕模式切换、提高能效和降噪减振展开；在压缩组件的机身整体方面，该厂商也进行了较多的技术改进，并且相关改进主要以提高运行可靠性为目的；而在传动组件、分液器、旁通管、旁通阀这几个分支，技术改进方案较少，均在5件以下，并且相关方案所能实现的效果较少，说明该厂商在这些方向开展的技术改进较少。

从功效角度看，该厂商重点关注的技术功效是提高运行可靠性、提高能效、模式切换和降噪减振，对于增加排量节能降耗和补气调控的专注度较小。说明该厂商在双级压缩技术领域的布局重点为通过对气缸和机身整体的改进和创新实现提高能效、提高运行可靠性、模式切换和降噪减振的功效。关于如何改进分液组件实现增加排量、提高使用寿命、提高能效、排气调控、节能降耗和补气调控存在技术空白点。

此外，随着碳中和与碳达峰（"双碳"）的提出，绿色、环保和低碳的观念日益深入人心。为实现"双碳"目标，节能降耗在未来很可能会受到更多的关注。因而，如何通过机身整体、气缸和中间腔的改进和创新达到节能降耗的目的是比较有发展潜力的技术突破点。

（6）专利技术路线分析

图5-7示出了该厂商在双级压缩技术领域中的技术发展路线，横向来看，该厂商对气缸技术分支的研发最为重视，每个阶段都有持续的专利申请，并且不断加深对气缸的研发深度，从2010年压缩级数改变发展到2021年压缩容积比可调。其次是机身整体和中间腔，自2013年起，每个阶段都进行了持续的专利申请。此外在双级压缩的整个研发过程中，该厂商还关注联结组件、补气管路、节流阀和闪蒸器，但上述技术分支的专利申请不具有持续性，其可看作是实现双级压缩的辅助手段。纵向来看，该厂商在研发初期（2010~2012年）的技术范围涉猎较窄，随着研究的深入，在后期既围绕核心技术进行研发，同时也对辅助技术进行研发。研发至今，该厂商的双级压缩技术已经较为成熟。下面将针对不同技术分支分别进行技术路线发展分析。

◎ 企业专利工作教程

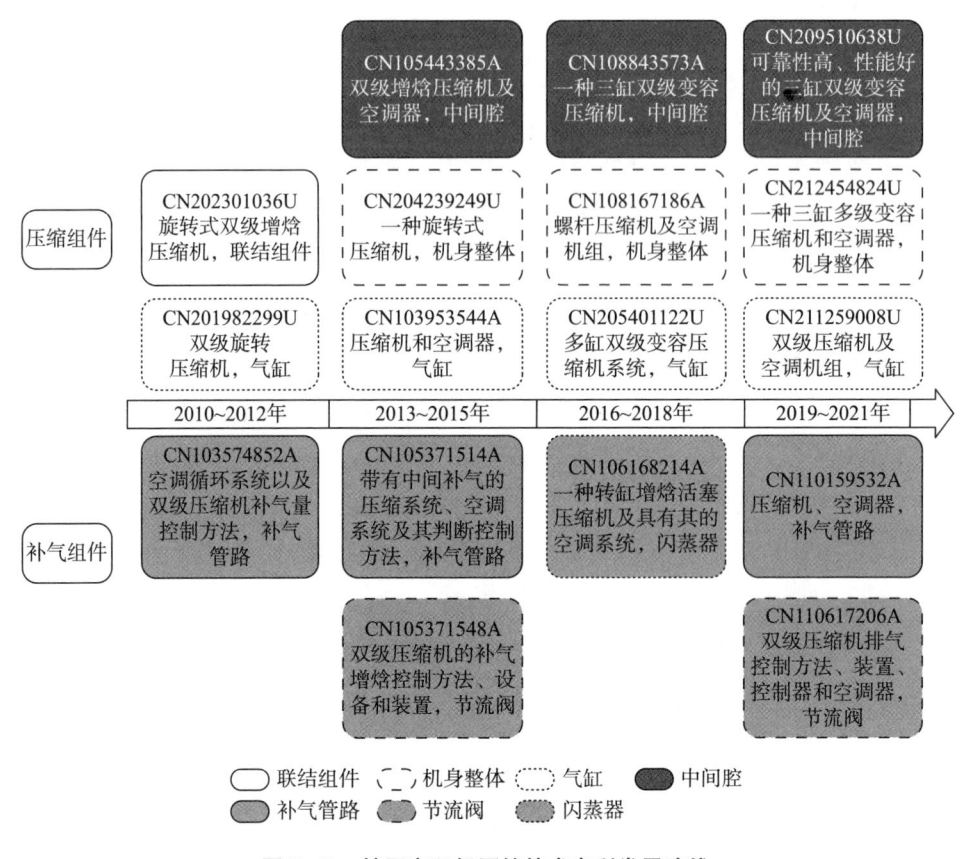

图5-7 某厂商双级压缩技术专利发展路线

压缩组件

2010~2012年：
- CN202301036U 旋转式双级增焓压缩机，联结组件
- CN201982299U 双级旋转压缩机，气缸

2013~2015年：
- CN105443385A 双级增焓压缩机及空调器，中间腔
- CN204239249U 一种旋转式压缩机，机身整体
- CN103953544A 压缩机和空调器，气缸

2016~2018年：
- CN108843573A 一种三缸双级变容压缩机，中间腔
- CN108167186A 螺杆压缩机及空调机组，机身整体
- CN205401122U 多缸双级变容压缩机系统，气缸

2019~2021年：
- CN209510638U 可靠性高、性能好的三缸双级变容压缩机及空调器，中间腔
- CN212454824U 一种三缸多级变容压缩机和空调器，机身整体
- CN211259008U 双级压缩机及空调机组，气缸

补气组件

- CN103574852A 空调循环系统以及双级压缩机补气量控制方法，补气管路
- CN105371514A 带有中间补气的压缩系统、空调系统及其判断控制方法，补气管路
- CN105371548A 双级压缩机的补气增焓控制方法、设备和装置，节流阀
- CN106168214A 一种转缸增焓活塞压缩机及具有其的空调系统，闪蒸器
- CN110159532A 压缩机、空调器，补气管路
- CN110617206A 双级压缩机排气控制方法、装置、控制器和空调器，节流阀

图例：联结组件　机身整体　气缸　中间腔　补气管路　节流阀　闪蒸器

①气缸

双级增焓转子式变频压缩机是该厂商研发的第一代双级增焓压缩机技术，在此基础上进行了创新与升级，成功研出第二代双级增焓压缩机技术——双级变容积比压缩机技术，这是该厂商在双级压缩技术领域的技术迭代过程。气缸是压缩气体的关键部件，该厂商的双级增焓压缩技术便是通过增加气缸数量将传统的一次压缩过程改进为两次压缩，先通过低压腔的压缩达到中间压力，再将系统闪发的中压制冷剂气体补入压缩机中间腔混合，然后到高压缸进一步压缩。

虽然双级增焓压缩机能够提高压缩机在超低温下的制热能力和可靠性，但其运行能效较低。双级变容积比技术能很好地解决上述问题，通过两种不同容积比的双级压缩，在低温工况下能够进一步发挥双级压缩的优势，大幅提高压缩机的制热量和制热能效。

此后，该厂商还通过灵活设计高低压气缸数量进一步实现双级变容技术。容量能够影响压缩机运行的稳定性，当容量达不到压缩机运行的需求时，会带来压缩机运行不稳定、能量损失和产生噪音等问题。因而如何实现变容是该厂商在2019~2021年的研究重点，这一阶段该厂商主要通过在高低压级压缩上设置容积比调节机构实现变容目的。

②机身整体

机身整体是压缩机各组件的位置关系和连接关系的总和，其演变主要依据压缩级数改变进行。

③中间腔

中间腔主要用于多缸双级变容压缩技术中，且主要功能是配合一级压缩排气和补气混合，因而相关专利申请情况与气缸的相关专利有一定联系，该技术分支随着气缸相关专利的爆发式申请开始于2014年出现申请高峰。前期主要是对中间腔增加止回装置解决中压气体倒流或回流的问题以及实现中压腔容积的大小切换，后期研发集中在对中压腔的容积大小及数量设计上。

④补气管路

补气管路用于连接压缩机和闪蒸器，该厂商2019年以前的相关专利通过在管路上设置补气阀能够直接控制补气量或者通过设置感温装置或压力感测装置间接控制补气量。2019年以后的相关专利并未对补气管路进行过多限制，主要是与其他组件的连接。

⑤其他

此外，该厂商还在节流阀、闪蒸器和联结组件等技术领域进行了相关研究。由于上述分支并非该厂商的重点关注方向，其技术发展并无较大变化。其中节流阀相关专利主要是对节流阀的开度控制实现补气量调控；闪蒸器相关专利描述的是与压缩机的连接关系；联结组件则是自身结构以及与其他组件的连接相关技术。

⑥结论与建议

A. 结论

通过前述分析，得出该厂商在双级压缩技术领域的专利技术情况如下：

a. 该厂商在双级压缩技术领域共进行了两次技术迭代，分别为双级增焓压缩机技术和三缸双级变容压缩技术。

b. 该厂商在双级压缩技术领域有清晰的全球专利布局策略，既重视国内布局又积极开拓国外市场，在多个国家或地区申请了专利。

c. 该厂商在双级压缩技术领域的研发重点集中在气缸、机身整体和中间腔，其中又以气缸为主，而对传动组件、旁通阀、分液器和旁通管的关注度较小。

d. 该厂商在双级压缩机领域的研发热点集中在提高压缩机运行可靠性、提高压缩机能效、压缩机模式切换以及压缩机降噪减振，且主要通过机身整体和气缸的技术创新与改进实现。

e. 该厂商在气缸上的改进与创新包括气缸的位置与角度设计、连通管路设计、中间隔板设计、变容机构设计以及吸气与排气孔设计等。

B. 建议

鉴于目前该厂商的双级压缩技术发展已相对成熟，短时间内实现较大的技术突破的可能性较小，因此可以采取对抗式的专利布局策略，针对专利布局的空白点、薄弱点和有价值的技术方向，抢先进行专利申请，建立局部优势布局点。

a. 次要技术点

在双级压缩技术领域，该厂商的技术改进主要集中在压缩组件方面，而在补气组件、分液组件这些看起来较为"次要"但却是"必要"的技术点上，该厂商的专利布局相对较为薄弱。因此，可以考虑将诸如补气组件和分液组件的次要技术点置于双级压缩技术领域之中进行专利布局，从双级压缩技术的完整实施和实现角度出发，考虑双级压缩过程中各组件之间的协调配合关系以及双级压缩的特殊性，根据不同情况下的双级压缩循环需求，对补气组件和分液组件的管路、阀门等设计进行适应性调整和改进。

b. 可提升的功效

目前，该厂商在双级压缩技术领域主要关注提高运行可靠性、提高能效、模式切换和降噪减振等方面的功效，对增加排量、提高压缩机使用寿命、排气调控、节能减耗和补气调控这些功效的关注度相对较低,说明这些功效是该厂商的关注薄弱点和空白点。因此,可以考虑以增加排量、提高压缩机使用寿命、排气调控、节能减耗和补气调控等功效为突破口开展专利研发工作,围绕该厂商的薄弱和空白功效提出多角度的专利改进,以功效为切入点实现技术创新和局部技术突破。

第六章

专利挖掘与布局

有效的专利挖掘可以增加专利申请素材，在专利挖掘的基础上进行恰当的专利布局，必然会有效提升企业专利价值和无形资产含金量。做好专利挖掘和专利布局相关工作是企业专利工作者的重要工作内容。

第一节 专利挖掘

人们经常提到专利挖掘，但什么是专利挖掘、怎样进行专利挖掘却很少有文献系统论述。本节将从专利挖掘的概念和方法出发，对专利挖掘的相关内容进行系统阐述。

一、专利挖掘的概念

所谓专利挖掘，实际是站在专利的视角，对纷繁的技术成果进行剖析、拆分、筛选以及合理推测，进而得出各技术创新点和专利申请技术方案的过程。

专利挖掘是一种技巧性很强的创造性活动，其目的是通过寻找技术创新点形成可用于申请专利的技术方案，从而使科研成果得到充分保护，使科研过程中付出的创造性劳动得到相应回报。要有效实现专利挖掘，往往需要遵循一定的挖掘思路和有效的分析方法，最终做到技术成果向专利申请素材的全面转化，并通过合理推测，得出更多的专利申请素材，也为未来的科研方向提供思路。

通过有效的专利挖掘，能够避免科研成果出现专利保护的漏洞，并且能以现有技术成果为基础，将专利保护的范围延伸到所有可能具有专利申请价值的技术点；通过专利挖掘，还能从基础专利出发梳理出所有的关联技术点和其对应的外围专利，从而为基础专利建立牢固的保护网。此外，专利挖掘思路还可以对技术研发起到十分重要的指导作用，其间分析出的所有可能存在专利申请素材的创新点，都可以是进一步研发的方向。在某种程度上，这也起到了对技术研发方向的专利申请价值的事前判断，避免出现无专利申请价值的研发工作。

二、专利挖掘的方法

专利挖掘是一个非常需要技巧的过程，一般而言，专利挖掘的途径有以下两种。

（一）从项目任务出发

该途径是从一个整体项目的任务出发，按以下次序进行。

（1）找出完成任务的构成因素。

（2）分析各构成因素的技术要素。

（3）找出各技术要素的创新点。

（4）根据创新点总结技术方案。

以上挖掘过程如图6-1所示。

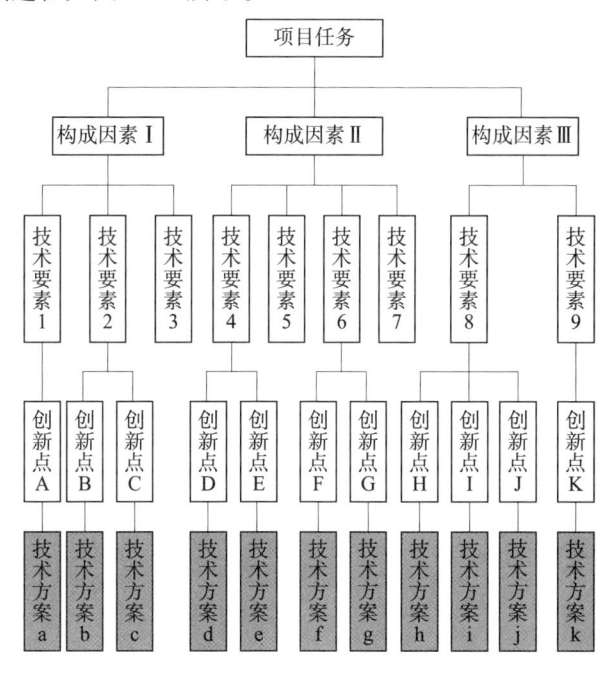

图6-1 从项目任务出发的专利挖掘示意

（二）从创新点出发

该途径是从某一创新点出发，按以下次序进行。

（1）找出该创新点的关联因素。

（2）找出各关联因素的其他创新点。

（3）根据其他创新点总结技术方案。

以上挖掘过程如图6-2所示。

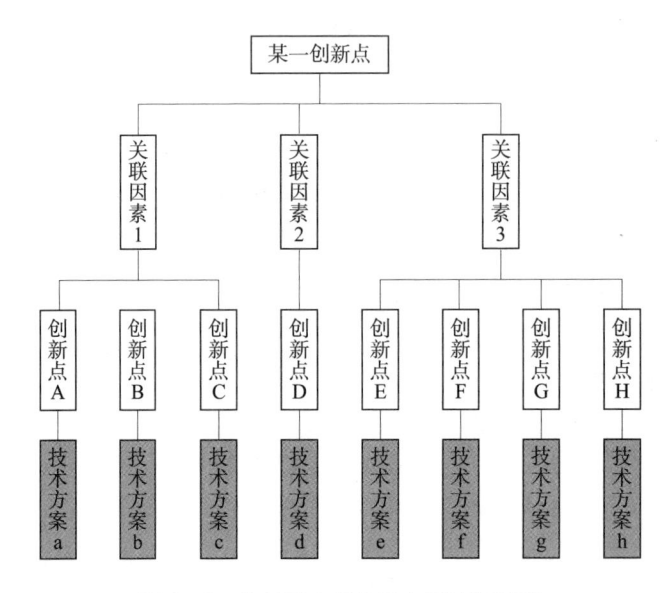

图6-2 从创新点出发的专利挖掘示意

挖掘完成后会形成若干技术方案，这些技术方案中多数是符合专利授权要求的技术方案，由此就产生了大量的专利申请素材，企业专利管理部门可以方便地在此基础上分析筛选，确定专利申请的主题。

上述两种挖掘途径的出发点不同，可以根据不同的出发点选择使用。两者可以单独使用，也可以联合使用，即在采用第一种途径挖掘到许多创新点后，再以各创新点作为起点，用第二种途径继续挖掘更多的创新点。

三、专利挖掘的实例

下面分别以开发治疗类风湿疾病药物和网络安防监控系统项目为例，说明专利挖掘的过程。依据各创新点总结技术方案的工作必须在明确具体项目的特定创新点后才能进行，以下叙述省略这一部分。

（一）类风湿疾病药物开发项目

1. 从项目任务出发

该项目的任务是经天然产物提取，开发出一种治疗类风湿疾病的药物，从该项目任务出发，可以进行以下工作。

（1）找出完成任务的构成因素

完成任务的构成因素包括活性成分取得、剂型选择、功效保障等。

（2）分析各构成因素的技术要素

活性成分取得的技术要素包括活性成分、原料、提取工艺等。

剂型选择的技术要素包括剂型、辅料、制备方法、制造设备等。

功效保障的技术要素包括筛选方法、检测方法、储存方法等。

（3）找出各技术要素的创新点

活性成分取得方面，可以考虑活性成分上是否采用了新化合物或新活性部位；原料选择上是否使用了新的原料或复合原料；提取工艺上是否采用了新的提取溶剂、提取步骤或提取条件等。

剂型选择方面，可以考虑剂型确认上是否确定了新的剂型，辅料选择上是否选择了新物质作为赋形剂等辅料，制备方法上是否采用了新的制剂制备步骤和条件，制造设备上是否采用了新制造设备等。

功效保障方面，可以考虑活性成分筛选上是否建立了新的筛选模型或新的筛选方法，检测方法上是否找到了活性成分或辅料的新的检测法，活性成分或辅料的新的检测仪器，储存方法上是否找到了新的贮藏方式等。

以上挖掘过程如图6-3所示。

2. 从创新点出发

下面以从新化合物这一创新点出发为例，说明从某一创新点出发进行专利挖掘的过程。

（1）找出该创新点的关联因素

新化合物的关联因素包括关联物质、关联方法、关联用途等。

（2）找出各关联因素的其他创新点

关联物质方面，可以考虑有没有有效的类似物或衍生物、结构修饰物、中

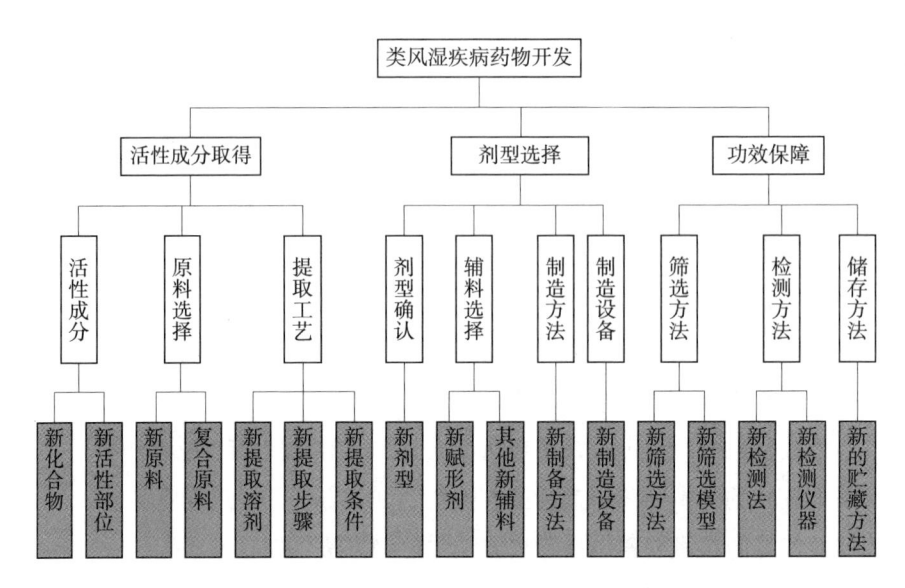

图 6-3 从类风湿疾病药物开发项目任务出发的专利挖掘示意

间产物、复合配方等。

关联方法方面，可以考虑有没有其他提取方法、合成方法、发酵方法等。

关联用途方面，可以考虑有没有其他医疗用途，比如治疗其他免疫系统疾病、细菌性疾病、病毒性疾病等。

以上挖掘过程如图 6-4 所示。

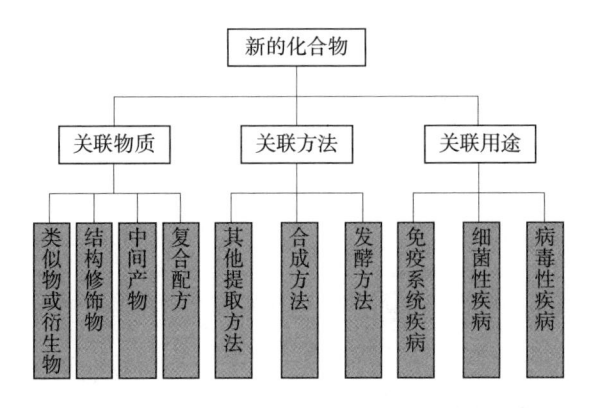

图 6-4 从类风湿疾病药物开发项目创新点出发的专利挖掘示意

寻找关联因素的创新点要遵循一定的线索。比如，寻找上述新用途可以从疾病的症状和疾病的治疗机理入手。因类风湿疾病都有疼痛和关节肿胀症状，故可以考虑该活性成分或其复合配方是否对其他有疼痛症状的疾病和肿胀症状的疾病有效；因类风湿疾病通常和免疫系统的异常有关，故可以考虑活性成分或其复合配方是否对其他免疫系统异常疾病有治疗或缓解作用。

（二）安防监控系统开发项目

1. 从项目任务出发

该项目的任务是设计一套安防监控系统，系统具有对异常信息（如异常气味、温度、湿度、烟雾、异常闯入等）进行监控和出现异常时报警的功能，从该项目任务出发，可以进行以下工作。

（1）找出完成任务的构成因素

完成任务的构成因素包括系统网络构架设计、异常信息判断方法设计、报警信息处理等。

（2）分析各构成因素的技术要素

系统网络构架设计的技术要素包括系统各构成因素的连接关系、数据传递关系、信号传递方式等。

异常信息判断方法设计的技术要素包括异常信息捕捉算法设计、识别算法设计、输出流程设计等。

报警信息处理的技术要素包括报警信息接收、发送、接收确认等。

（3）找出各技术要素的创新点

系统网络构架设计方面，可以考虑系统的网络连接是否采用了新的网络拓扑结构、系统的数据传递是否采用新的数据处理算法或数据处理流程、系统的信号传递是否采用了新的传递装置、加入了新的处理步骤或采用新的传递模式等。

异常信息判断方面，可以考虑是否采用了效果更好的异常信息捕捉算法、是否采用了效果更好的异常信息识别算法或识别显示装置，以及是否采用了更高效率的异常信息的输出流程等。

报警信息处理方面，可以考虑是否采用了效果更好的报警信息接收装置或信息接收方法、是否采用了效果更好的报警信息发送装置或发送方法、是否采用了效果更好的报警信息接收确认机制等。

以上挖掘过程如图 6-5 所示。

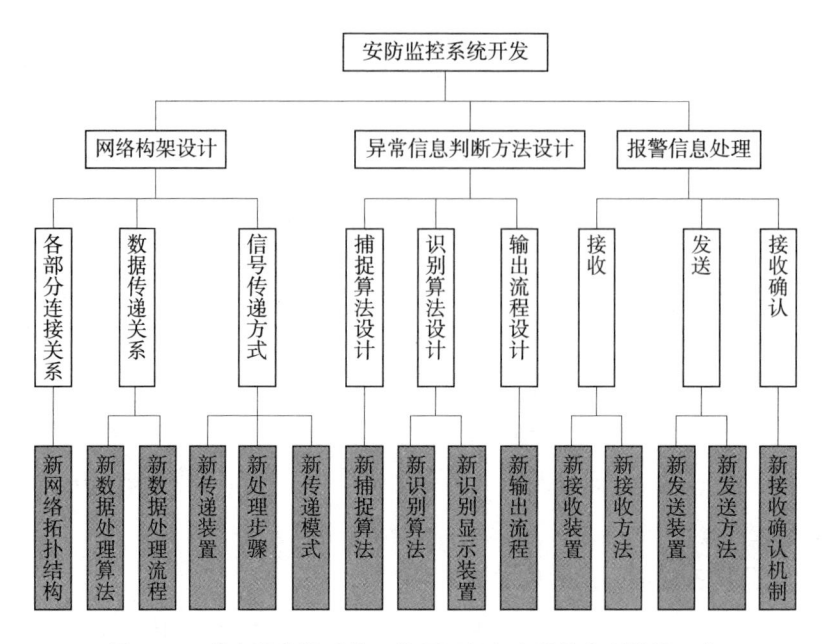

图6-5 从安防监控系统开发项目任务出发的专利挖掘示意

2. 从创新点出发

下面以从新的异常信息输出流程和新的报警信息接收确认机制出发为例，说明从某一创新点出发进行专利挖掘的过程。

（1）从新的异常信息输出流程出发

①找出创新点的关联因素

新的异常信息输出流程的关联因素包括关联的输出步骤和关联的输出方式等。

②找出各关联因素的创新点

关联输出步骤方面，可以考虑有没有可以起到类似作用的输出步骤、替代逻辑处理方式、替代的输出装置、替代的输出算法等。

关联输出方式方面，可以考虑有没有其他可用的声音输出方式、图表信息输出方式、音频信息输出方式或视频信息输出方式等。

以上挖掘过程如图6-6所示。

第六章 专利挖掘与布局

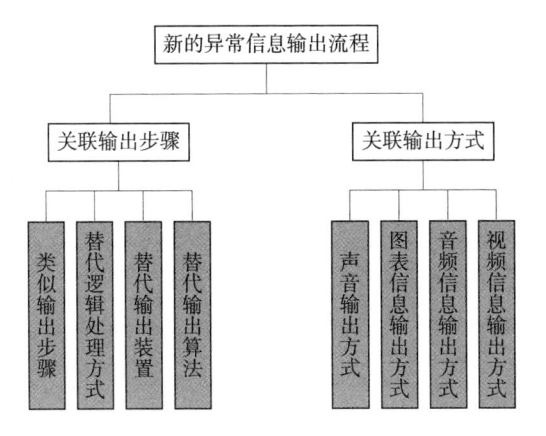

图6-6 从安防监控系统开发项目创新点出发的专利挖掘示意（Ⅰ）

（2）从新的报警信息接收确认机制出发
①找出创新点的关联因素
新的报警信息接收确认机制的关联因素包括软件的确认机制、硬件的实现机制等。
②找出各个关联因素的创新点
软件的确认机制方面，可以考虑有没有其他更合适的信息接收确认流程、信息接收确认验证方法等。
硬件的实现机制方面，可以考虑有没有其他的硬件装置结构，如考虑能否增加信息存储装置、信息显示装置、信息回传装置、错误信息警报装置等。
以上挖掘过程如图6-7所示。

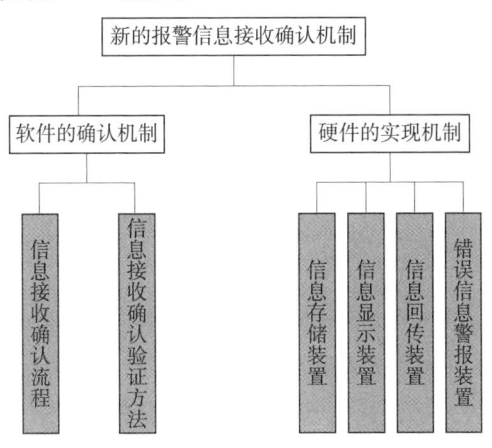

图6-7 从安防监控系统开发项目创新点出发的专利挖掘示意（Ⅱ）

寻找关联因素的创新点要遵循一定的线索。比如，寻找上述异常输出流程中新的输出方式时，可以从异常信息输出的内容和异常信息输出需要达到的效果入手来考虑，若异常信息的内容对应的是室内的温度，则可以考虑采用图表的方式进行异常信息输出；若监控内容为异常侵入，并且对于某些异常侵入需要查看异常现场的情况，则需要采用音视频信息输出的方式输出异常信息。

总之，只要能有不同的技术处理方案，能解决项目中的各种技术问题，并且能得到相同甚至更好的效果，都可作为创新点来考虑。

四、专利挖掘的主体

上述两种挖掘途径不仅出发点不同，而且适用于不同的挖掘主体。

（一）从项目任务出发

这种挖掘主要是从完成任务的技术构成因素（完成任务所必需的各技术层面）出发，对研发的方方面面进行盘点，找出各层面的技术要素，得到各层面的技术创新点。

按该途径挖掘的人员，必须是对技术背景和技术现状都非常了解的人员，也就是一线的研发人员。虽然研发人员对专利制度的了解可能有限，但他们对技术的敏感性远比一般专利工作者要高。

有些企业让研发人员专门搞科研，把专利挖掘的工作交给企业专利管理人员，这种做法是不合适的。因为专利管理人员很难及时和充分地了解科研细节，就很难及时和准确地发现各创新点，容易贻误申请时机，甚至造成无法挽回的损失。

这种挖掘最好的方式是专利管理人员主动跟研发人员密切合作和深入沟通，并对他们进行培训，使研发人员具备基本的专利知识和专利挖掘技巧，培养其对可申请专利创新点的敏感性。

（二）从创新点出发

这种挖掘主要是按照专利制度的要求和专利申请的条件，围绕某些创新点进行研究，通过关联因素寻找其他创新点。

按该途径挖掘的人员，通常是对专利制度有充分了解的人员，也就是企业专利管理人员或专利代理师。当然，这种挖掘也要求企业专利管理人员或专利代理师对技术内容具有一定的理解能力，能够与技术人员充分沟通。这样才能实现专利制度和技术方案的有效结合，充分挖掘各方面可申请专利的主题。

第二节　专利布局

专利布局对于提高企业专利的整体价值大有裨益，本节从专利布局的概念出发，重点介绍四种常见的专利布局方式。

一、专利布局的概念

专利布局方式作为实施专利申请策略的具体途径，对灵活运用专利策略，获得有效专利保护具有十分重要的意义。

（一）专利布局的定义

专利布局有广义和狭义之分。通常所说的专利布局是指狭义的专利布局。

1. 广义的专利布局

广义的专利布局指对企业全部专利申请的数量、申请的领域、申请覆盖的区域和申请覆盖的年限等进行的总体布局。简言之，广义的专利布局考虑的是何时在何地就何种领域申请多少专利。

2. 狭义的专利布局

狭义的专利布局指对企业某一技术主题的专利申请进行系统排列，形成有效专利组合的精细布局。狭义的专利布局考虑的是就某一技术主题如何布置专利申请，其也是对上文中提到的申请专利策略的综合运用。

（二）专利布局的意义

专利布局是实现专利申请策略的具体途径，同时，有效的专利布局可以避免零散和杂乱无章的专利申请情形出现。合理的专利布局可以为企业节省大量申请成本，并且最大限度地发挥专利在企业竞争中的作用。

有意识地采用一些专利申请布局策略，可以构建合理的专利保护网，使其在保护企业自身的同时，限制竞争者的优势，抑制竞争者的发展，或者转移竞争者的视线。专利布局对提高企业专利的整体价值和提升企业市场竞争力能够产生积极影响。

二、专利布局的方式

专利布局有地毯式布局、城墙式布局、路障式布局和糖衣式布局四种方式。

（一）地毯式布局

地毯式布局是指将某一技术主题的所有技术解决方案申请专利，形成地毯式专利网的布局方式。

这种布局方式的效果如图6-8所示。

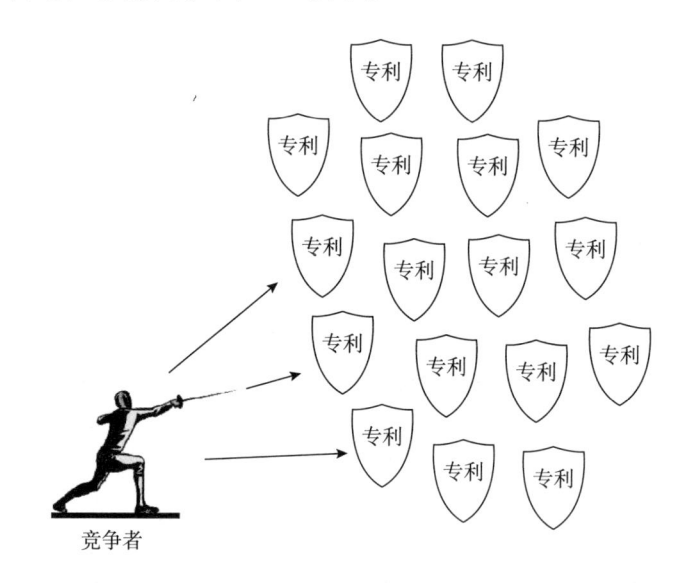

图6-8 地毯式专利布局示意

采用这种布局，通过充分的专利挖掘，往往可以获得大量专利，围绕某一技术主题形成牢固的专利网，因而能够有效地保护自己的技术，阻止竞争者的进入。一旦竞争者进入，企业就可以通过专利诉讼等方式将其赶出自己的保护区。另外，企业拥有大量专利就拥有了谈判的重要筹码。

这种布局方式的缺点是需要大量的资金以及研发人力的配合，投入成本高，并且在缺乏系统的布局策略时容易演变成为专利而专利，容易出现专利泛滥却无法达到预期效果的情形。

因此这种专利布局方式比较适合在某一技术领域内拥有较强的研发实力，

在各种研发方向都有研发成果产生，且生产经营也比较依赖技术创新的企业使用。这种专利布局方式常常被用于专利网策略中。

（二）城墙式布局

城墙式布局是指将围绕某一技术主题的多种技术解决方案分别申请专利，形成城墙式系列专利的布局方式。

这种布局方式的效果如图6-9所示。

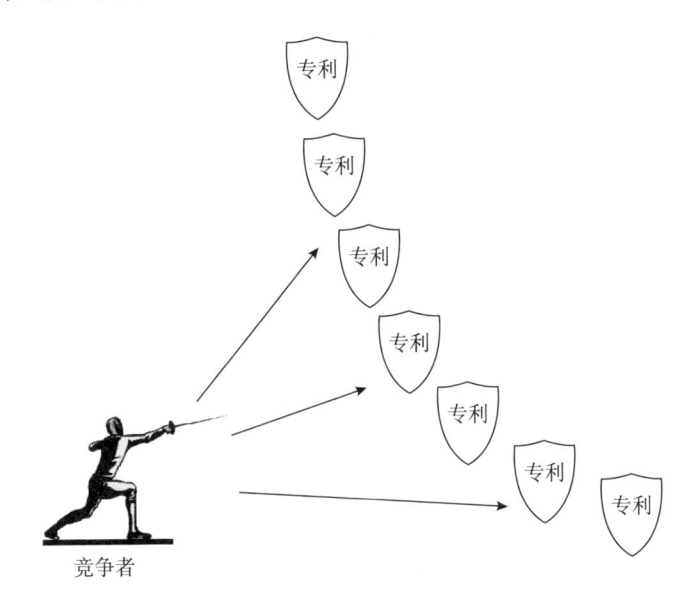

图6-9 城墙式专利布局示意

这种布局方式可以抵御竞争者侵入自己的技术领地，不给竞争者寻找替代方案的任何空间。

当围绕某一个技术主题有多种不同的技术解决方案，每种方案都能够达到类似的功能和效果时，就可以使用这种布局方式。这种专利布局方式常常被用于专利网策略和阻击申请策略中。

（三）路障式布局

路障式布局是指将某一技术主题所必需的一种或几种技术解决方案申请专利，形成路障式专利的布局方式。

这种布局方式的效果如图6-10所示。

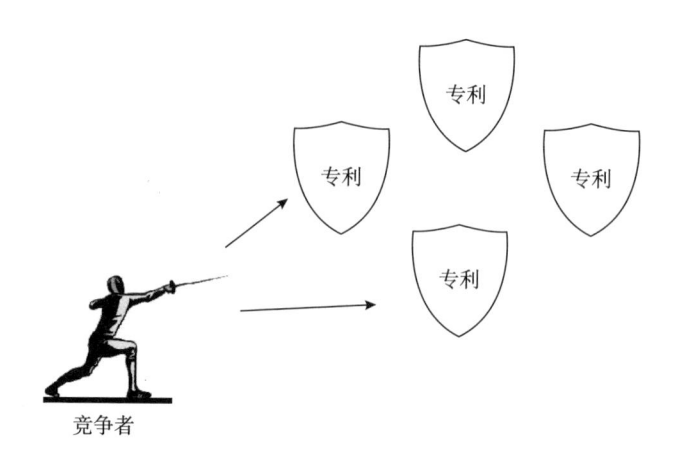

图 6 – 10　路障式专利布局示意

这种布局方式的优点是专利申请与维护成本较低，能够节省大量的资金和人力。但缺点是给竞争者绕过己方所设置的障碍留下了一定的空间，使竞争者有机会通过回避设计突破障碍，而且在己方专利的启发下，竞争者研发成本较低。

因此，只有当技术解决方案是解决某一技术主题所必需的，竞争者很难绕开它，回避设计必须投入大量的人力财力时，才适宜采用这种方式。采用这种专利布局方式的企业应当对该技术领域的创新状况有比较全面、准确的把握，特别是对竞争者的创新能力有一定的了解和认识。这种专利布局方式常常被用于阻击申请策略中。

（四）糖衣式布局

糖衣式布局是指将围绕某一技术主题之核心专利的许多技术解决方案申请专利，形成糖衣式专利群的布局方式。

采用这种布局方式的情况有两种，一种是核心专利由竞争者掌握时，一种是核心专利由自己掌握时。

1. 核心专利由竞争者掌握时

核心专利由竞争者掌握时，这种布局方式的效果如图 6 – 11 所示。

图 6-11　糖衣式专利布局示意（Ⅰ）

在核心专利由竞争者掌握的情况下，围绕该核心专利开展研发，将能够想到的各种配套技术和衍生技术等外围技术申请专利，围绕核心专利设置若干小专利，将核心专利包围起来，形成一个牢固的包围圈。

这些小专利的技术含量也许无法与核心专利相比，但却是实施核心专利不能绕开的技术，可能对竞争者造成很大的麻烦，限制了核心专利的使用，使核心专利的实施价值大打折扣。这样就具有了与拥有核心专利之竞争者进行交叉许可谈判的筹码，从而在专利许可谈判时占据有利的地位。

例如，当欧美厂商在日本专利局申请了一种新型自行车的专利后，日本企业就赶紧申请自行车脚踏板、车把手等众多外围小专利（包括外观设计专利）。欧美厂商想实施其新型自行车总体设计方案时，躲不开这些外围专利，只好与日本企业签订交叉许可协议。

这种专利布局方式特别适合于自身尚不具有足够的技术和资金实力，主要采取"跟随型"研发策略的企业。实施这种布局方式，需要企业对核心专利具有一定的敏感度，并能够快速跟进。这种专利布局方式常常被用于外围专利策略中。

2. 核心专利由己方直接掌握时

核心专利由己方直接掌握时，这种布局方式的效果如图 6-12 所示。

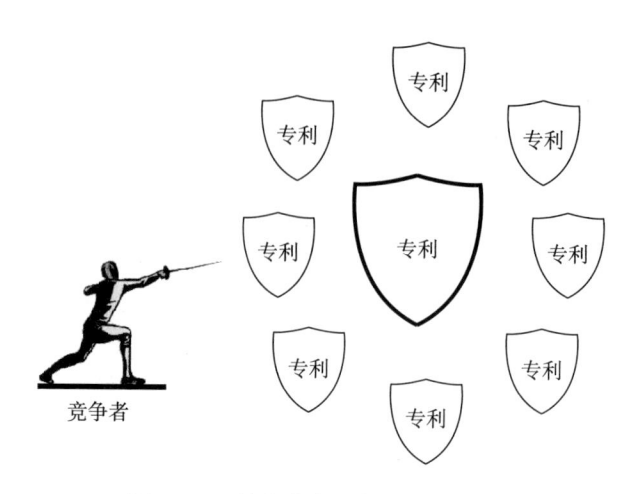

图 6-12　糖衣式专利布局示意（Ⅱ）

这种情况近似于有计划实施的地毯式布局，即在拥有了核心专利的同时，再在该核心专利周围设置许多小专利，形成一个由核心专利和外围专利构成的专利网，从而形成自己的技术壁垒，使竞争者无法突围。

采取这种方式时，应注意确保专利申请的成功，并应抢先在竞争者完成技术开发并申请专利之前提交专利申请，以避免申请在后而无法获得专利权。

在采用这种布局方式时，应尽量采取核心专利和外围专利同时申请的策略，即如果企业拥有某技术领域的一项或者几项核心技术，则可以等待与之配套的技术也开发成功后，同时提交申请，以避免给竞争者留下外围技术开发和申请专利的机会。当然，为了使某些核心技术的信息不被公开，延迟竞争者获取核心技术相关信息的时间，也可以采用先申请外围专利，后申请核心专利的次序。这样可以将核心专利保护期限的起算点向后推移，延长专利保护时间。这种专利布局方式常常用于专利网策略中。

上述四种专利布局方式，每种均有自己运用的前提和优缺点。因此，不能简单地认为哪种方式好，哪种方式不好。企业应综合分析各技术领域的现实情况和具体形势，结合所采用的专利申请策略选择最恰当的专利布局方式。

三、专利布局的步骤

具体的专利布局步骤如图 6-13 所示。

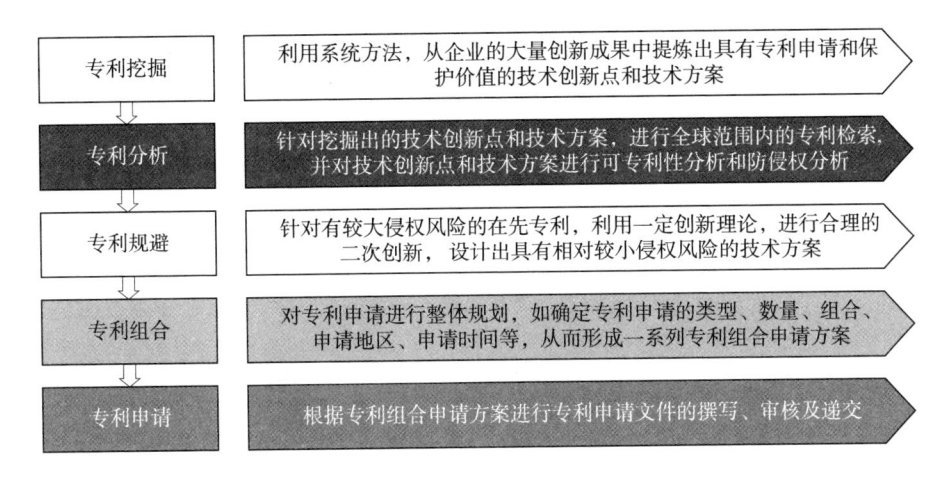

专利挖掘	利用系统方法，从企业的大量创新成果中提炼出具有专利申请和保护价值的技术创新点和技术方案
专利分析	针对挖掘出的技术创新点和技术方案，进行全球范围内的专利检索，并对技术创新点和技术方案进行可专利性分析和防侵权分析
专利规避	针对有较大侵权风险的在先专利，利用一定创新理论，进行合理的二次创新，设计出具有相对较小侵权风险的技术方案
专利组合	对专利申请进行整体规划，如确定专利申请的类型、数量、组合、申请地区、申请时间等，从而形成一系列专利组合申请方案
专利申请	根据专利组合申请方案进行专利申请文件的撰写、审核及递交

图 6-13 专利布局步骤示意

四、扫地机器人案例

（一）诉讼案由

2017 年 9 月，美国扫地机器人厂商 iRobot 向 11 家竞争对手发起诉讼，指控它们侵犯了该企业的 6 项技术专利（美国有效专利号为 US6809490B2、US7155308B2、US8474090B2、US8600553B2、US9038233B2、US9486924B2），向 ITC 申请启动"337 调查"，并发布有限排除令和禁止令，被指控对象包括 3 家中国企业和 8 家外国企业。

（二）诉讼依据

iRobot 用来起诉 11 家企业的专利具体内容为（见图 6-14）：

US6809490B2 涉及扫地机器人的多模式自动切换，主要发明点在于扫地机器人可以在独立区域集中清扫模式、在障碍物附近行进并距离障碍一定距离的跟随模式以及遇到障碍物返回的模式。这三种模式基本上是目前扫地机器人的主要模式，权利要求相当宽。

US7155308B2 涉及机器人障碍检测系统，涉及光学发射器和光子探测器，主要发明点在于发射器在一定区域发射光束，光子探测器在该区域接收，当障碍不存在的时候对自动机器人再进行导向。

US8474090B2 涉及扫地机器人的整体结构，包括壳体、垃圾桶、控制模块以及滚轮的设置，发明点是滚轮通过弹簧偏向设置的。

US8600553B2 涉及机器人遇到障碍物的速度自动控制，主要发明点在于当接近传感器检测到有潜在的障碍物时自动减速，当快接触障碍物时改变前进方向。

US9038233B2 涉及扫地机器人的刷毛与陡壁传感器（防止扫地机器人在台阶的时候掉下去）的设置，通过间隙和非对称结构设置，防止刷毛对陡壁传感器的探测光速的干扰。

US9486924B2 涉及扫地机器人的手机远程控制，主要发明点包括加载程序和设计路线等。

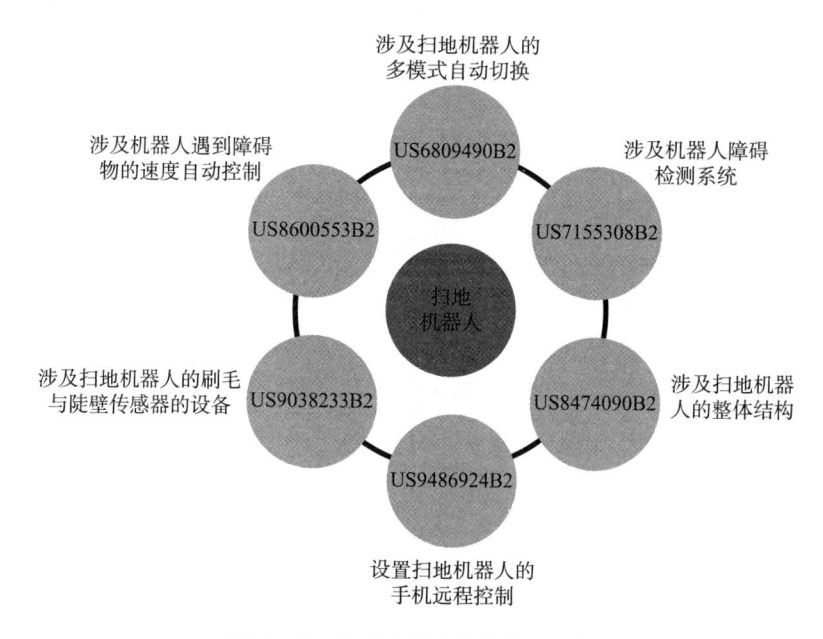

图 6-14　扫地机器人相关专利示意

可以看出，以上专利组合是在扫地机器人领域价值极高的专利布局组合，在整体结构、探测器、算法、远程控制、关键障碍探测等各个方面都有专利布局。

（三）诉讼结果

2018 年 11 月 30 日，ITC 的最终裁决裁定美国专利 US9038233B2 有效且被侵权成立，侵权产品不得进入美国市场。目前受此影响的制造商主要有 bObsweep Inc、bObsweep 美国、Hoover、深圳银星。之后，这些企业陆续与 iRobot 达成协议或限期退出美国市场，损失可谓惨重。

（四）专利布局的得失

从上面分析可以看出，iRobot 优秀的专利布局在竞争中可谓占尽优势。如果非要从其中找点不足，我们发现在 2017 年的这次诉讼中并没有国内扫地机器人龙头企业科沃斯以及科沃斯的客户（美国吸尘器巨头 SharkNinja）。分析其中原因，我们认为 iRobot 之所以不起诉科沃斯，一方面是因为 iRobot 准备开拓中国市场，不想与在中国市场布局多年的科沃斯全面开战；另一方面，更深层次的原因可能是 iRobot 在中国的专利布局存在问题，例如 iRobot 用来起诉 11 家企业的这 6 项专利均未在中国提交申请。

第七章

专利风险管控

企业专利风险存在于企业生产经营的多个方面。对可能遇到的专利风险提前预警，拟定各种规避方案和措施，是保证企业安全经营和健康发展必须予以重视的工作。

第一节　专利预警

专利预警是避免专利纠纷、摆脱竞争者限制的有效手段。本节主要阐述专利预警的概念、内容和分析程序。

一、专利预警概述

（一）专利预警的概念

专利预警是指企业对可能发生的专利争端提前发布警告，以维护企业利益和最大限度减少损失的行为。如果可能发生的专利争端在国外，这种预警被称为海外专利预警。

（二）专利预警的内容

企业在生产经营过程中难免有侵犯他人专利权的可能。一旦侵犯他人专利权，企业将会面临纠纷，付出相当的精力和财力。为了避免侵犯他人专利权给企业带来不利后果，企业必须建立预警机制，在生产经营的各环节，尤其是在新产品销售前和新工艺使用前做好预警分析。

1. 新产品销售前的预警分析

在准备将新产品推向市场前,通常需要确认以下事项:

该产品所涉及的技术,在目标市场是否存在他人的相关专利,这些专利是否有效,该产品的销售是否存在侵犯他人在目标市场专利权的风险,侵权的风险有多大,可否规避,如何规避;不能避免侵权时可否与专利权人协商获得专利权转让或实施许可,如何进行谈判,以及一旦出现潜在的侵权纠纷时,如何及时进行有效的处理才能使企业损失降到最低等问题。

解决这些问题,需要针对即将销售的产品进行专利预警分析,剖析产品所涉及的全部技术,检索目标市场相关专利和专利申请,判断是否存在专利侵权风险。对于已经授权的风险专利,分析是否可以请求宣告专利权无效;对于尚未授权并处在审查期的潜在风险专利,考虑是否需要设法阻止授权。侵权风险无法规避时,考虑是否寻找替代方案,分析替代方案的可行性,或者考虑是否更换目标市场;同时,对企业的核心技术方案进行检索分析,寻找相关现有技术,判断是否申请专利以及如何进行专利布局。

2. 新工艺使用前的预警分析

新工艺的技术方案形成后,在生产上使用之前,通常需要确认以下事项:

实施该技术方案是否会侵犯他人专利权,侵犯他人专利权时是否可以通过修改技术方案来规避,风险专利是否可以被无效宣告,风险专利的专利权人实力和专利策略怎样,许可/转让的可能性有多大,谈判的筹码是什么,技术方案是否可以申请专利,获得专利权的可能性有多大等问题。

解决这些问题,需要对技术方案进行专利侵权分析,寻找相关专利,判断是否存在侵权风险;对风险专利进行稳定性分析,确定风险专利是否可以被无效宣告;对技术方案进行检索分析,寻找相关现有技术,判断是否申请专利和如何进行专利布局;寻找替代方案,对替代方案进行可行性分析,确定修改方向和替代的可能性,如图7-1所示。

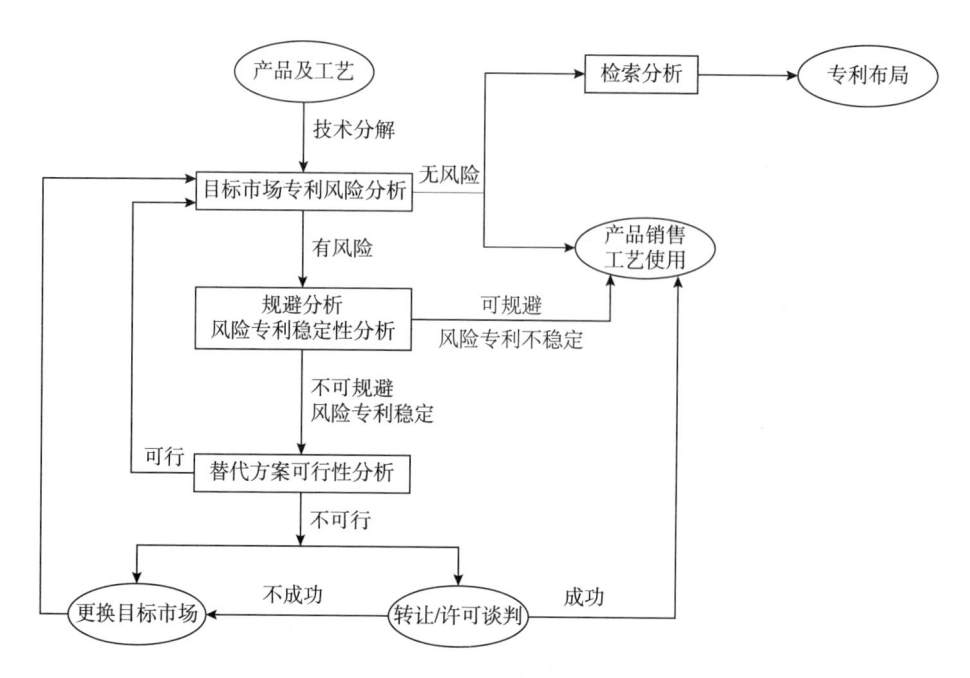

图 7-1 专利预警分析示意

二、专利预警分析程序

专利预警分析包括信息采集、分析研究和报告撰写等程序。

（一）信息采集

1. 预警对象分析

研究分析拟销售产品或者拟使用技术的技术领域和技术方案，找出相关的关键词。

2. 专利检索

按侵权风险检索的检索方法进行检索。检索产品拟销售或者技术拟使用国家或地区（目标市场）当前处于权利有效状态的专利和处于审查中的专利申请。

3. 法律法规收集

收集目标市场专利相关法律法规信息。

（二）分析研究

1. 风险专利筛选

依据检索结果，从中找出授权的风险专利和处于审查中的潜在风险专利。

2. 侵权判断

依据目标市场专利侵权判定原则，作出侵权判断。

3. 对策分析

依据预警对象的技术方案，分析规避风险专利的可能性，提出可能规避情况下的规避方案，不能规避情况下的应对措施。

依据目标市场的专利无效规则，分析风险专利的权利稳定性和宣告专利权无效的可能性；对处在审查期的潜在风险专利，分析是否需要采取措施阻止其获得授权。

依据各方面综合情况，制订出现侵权纠纷时的应急预案，并提出研发建议和/或专利布局方案。

（三）报告撰写

预警分析报告应当包括以下内容。

1. 预警对象

阐述预警对象的技术方案。

2. 风险专利

阐述目标市场是否存在风险专利和潜在风险专利，以及它们的技术方案。

3. 法律法规

阐述目标市场与预警产品销售和预警工艺使用相关的法律法规。

4. 侵权分析

阐述预警产品销售和预警工艺使用在目标市场侵权分析的过程和结果，说明是否存在侵权风险，侵权的风险有多大。

5. 对策建议

阐述应对风险专利的对策，详细说明可否规避，可以规避情况下的规避方案，不能规避情况下的应对措施；是否有替代方案；是否更换目标市场；出现侵权纠纷情况的应急救助方案；以及研发建议和/或专利布局方案。

专利预警分析报告目录示例参见附录一。

第二节　专利风险规避

及时有效地规避企业遇到的各种专利风险，维护企业利益和最大限度地减少损失，是企业专利工作的重要内容。本节就几种常见专利风险的规避方法加以概述。

一、规避专利侵权风险

企业遇到风险专利时，可以采用如下方法应对。

（一）排除风险专利

可以在该风险专利申请公开阶段，通过向专利审查机构提供相关的专利申请不符合授权条件的证据，阻止专利申请被授权，或者在风险专利授权后，提出无效宣告请求，请求宣告风险专利全部或者部分无效。

（二）绕过风险专利

可以通过研究开发替代技术设法绕过风险专利。当然，这种替代性技术需有实质性的改进，例如，替代技术与风险专利比较，缺少了其权利要求中记载的某一个（或几个）技术特征，或者两者的某一个（或几个）对应技术特征不符合等同原则规定的条件，没有落入风险专利的保护范围。

（三）证明享有先用权

可以证明企业有不经许可使用风险专利的合法理由，如存在先用权。证明先用权的时间界线以风险专利的申请日划界，在该申请日以前，自己已使用该技术，或者已经作好使用该技术的必要准备，例如，完成了设计图纸、购买了主要设备等。

（四）开发交叉许可技术

可以开发针对风险专利的相关技术并申请专利，只要相关技术是风险专利实施所需采用的，就可以与风险专利的专利权人进行交叉许可谈判，从而达到合法实施风险专利的目的。

二、规避侵权指控风险

面对他人发出的律师函或者提起的侵权诉讼，企业要沉着应对，尤其是针对一些国外大企业的律师函或者提起的侵权诉讼，更应该冷静应付，做好应急分析，绝不能因为应对不当，给对方留下可乘之机，给企业带来经济损失。

（一）侵权指控的应急分析

在被指控侵权时，需要认真分析有关情况，比如原、被告情况，被控侵权产品侵权与否，在短时间内进行规避设计的可能性，原告专利的稳定性，反诉的可能性，转让许可、交叉许可、合作的可能性与可能的代价，谈判的筹码等。分析清楚有关情况，对取得诉讼的有利地位将大有裨益。遭遇侵权指控后的应急分析内容如表7-1所示。

表7-1　应急分析清单

原告分析	分析对象	●原告及关联企业
	分析内容	●实力、行为模式、产品和市场 ●原告的转让/许可及诉讼行为 ●诉讼目的——市场、实施许可或者其他 ●专利部署状况
	分析目的	●确定诉讼基本策略——转让、许可、反诉、交叉许可、合作、妥协、不妥协的可能性和可能的代价 ●确定原告及关联企业的产品与市场
	分析报告	●原告及原告相关产品/技术分析报告
被告分析	分析对象	●被告及关联企业
	分析内容	●基本状况 ●被控产品/技术的技术方案与市场状况 ●拥有的相关专利
	分析目的	●确定被告及关联企业的实际状况与实力 ●分析可能采取的应对措施 ●确认被控产品/技术与市场
	分析报告	●被告及被告相关产品/技术分析报告

续表

	分析对象	• 原告专利 • 被控产品/技术
侵权分析	分析内容	• 原告专利法律状态、权利移转状况、说明书、权利范围 • 被控产品/技术结构与技术方案 • 侵权比对
	分析目的	• 确认是否可以进行不侵权抗辩 • 确认被告及关联企业其他产品/技术是否有专利问题
	分析报告	• 被控产品/技术侵权分析报告
	分析对象	• 原告专利
权利稳定性分析	分析内容	• 法律状态、权利移转状况 • 不符合专利法相关规定的缺陷
	分析目的	• 确认是否可能被宣告无效 • 找出专利瑕疵获得谈判筹码
	分析报告	• 原告专利无效前景预测报告
	分析对象	• 原告专利 • 被控产品/技术 • 被告及关联企业其他产品/技术
规避设计分析 (在侵权分析 和专利有效性 分析结果极为 不利的情况下)	分析内容	• 规避设计可能的方向 • 规避设计可能的方案 • 规避设计方案实施的可行性 • 规避设计规避成功的可能性 • 规避设计侵权的风险
	分析目的	• 规避设计的可行性
	分析报告	• 规避设计分析报告
	分析对象	• 被告及关联企业专利与原告及关联企业的相关产品/技术 • 他人相关专利与原告及关联企业相关产品/技术
反诉可能性分析	分析内容	• 被告及关联企业专利与原告及关联企业产品/技术之相同技术特征 • 他人相关专利与原告及关联企业产品/技术之相同技术特征 • 对原告及关联企业产品/技术有影响之专利权人
	分析目的	• 寻找反诉原告及关联企业专利侵权的机会
	分析报告	• 原告及关联企业产品/技术专利侵权分析报告

(二) 侵权指控的应对措施

1. 评估侵权风险

企业在收到律师函或者被控侵犯他人专利时，针对律师函和控告的内容进行应急分析，评估侵权风险，从而找出解决办法。通过应急分析进行风险评估是涉及法律和技术两个方面的专业性很强的工作，在企业不具备足够的实力时，应当充分利用各种专利服务资源，迅速寻求专业支持，选择有实力的专利代理机构和律师事务所参与评估。

综合分析后认为风险较小，则可礼貌回复律师函，说明并未侵犯对方专利的事实理由；综合分析后认为风险较大，则应考虑和解和应诉等后续事务。

2. 主动寻求和解

在很多情况下，和解策略是一种应对被控侵权的有效策略。如果侵权风险评估的结果是极有可能侵权，就应该积极采取措施促成双方和解。

在和解策略的应用方面，要先分析和解的可能性。如果对方提起诉讼的目的不在于迫使自己退出市场，那么就存在和解的可能。一般来说，专利侵权诉讼复杂，而且风险较高，诉讼过程需要耗费大量的时间和费用，而且市场瞬息万变。即使胜诉，也可能会两败俱伤，大多数企业不愿意耗费时间在一场风险极大的诉讼拉锯战中，这也为侵权双方的和解提供了基础。

在有和解可能时，可以采用主动要求与对方合作、拖延诉讼时间、启动无效宣告程序动摇对方专利稳定性、利用企业专利与对方对抗、反诉对方侵犯企业专利权等方式，给对方施加压力来促成和解。

3. 收集和保存证据

在准备应诉前，企业要按照有关法律规定，多渠道全面收集证据。这些证据包括相关产品技术研发记录材料、相关产品技术信息来源合法的证明材料、专利权利证明材料、第三方出具的专利分析报告、企业制定和实施的尊重他人专利权的规章制度等，并妥善保存。此外，企业应注意保存纠纷过程中的所有文件材料，包括律师函、往来信件、数据电文等原始材料。

与此同时，企业可收集对方涉嫌侵犯企业专利权的证据。若发现对方有侵权行为，则应妥善保存相关证据。涉及容易删除、修改、销毁的证据时，可采用公证等方式进行证据保全。

4. 运用抗辩技巧

可以利用各种侵权抗辩技巧使自己在诉讼中赢得主动。这些抗辩技巧包括寻找对方专利在审查程序中存在的漏洞，利用禁止反悔原则进行抗辩；利用自己实施的是自由公知技术进行抗辩；通过证明自己有在先使用权、是临时过境或者为非生产经营目的使用进行抗辩。

另外，可以证明已向专利局复审与无效审理部提出了宣告对方专利权无效的请求；证明自己属于可以不经许可但应付费的使用情形，如证明自己是在对方专利的临时保护期内使用；通过证明与对方或者他人之间存在委托开发合同、合作开发合同或者使用许可合同，或者证明自己也享有专利权，从而证明自己是合法使用。

同时，可以利用诉讼程序，包括提出受诉法院的管辖权异议、提出对方作为原告或者自己作为被告的主体资格异议、提出相关人员回避申请或者提出对方起诉已经过了诉讼时效等，从程序上寻找有利于己方的机会。

5. 降低赔偿数额

应通过各种形式设法降低侵权赔偿数额。比如通过质疑对方提出的赔偿数额方面的证据，包括质疑对方的损失、自己的获利等方面的证据。

（三）海外侵权指控注意事项

企业在遭遇海外专利纠纷时，除要充分运用以上应对措施外，还要注意做好以下工作。

1. 多渠道谋求和解

国际上许多专利纠纷绝大多数以和解结案，谋求和解是一种明智的选择，既节省时间，也节省费用。

谋求和解时，企业应多听取案件审理地律师的意见，必要时加大和解谈判的力度。一方面可以积极与对方或者对方的中国代表处、中国代理商和中国关联公司等机构就分歧进行沟通，了解对方行为的出发点和目的，也可以寻求行业协会、政府部门和客户等第三方调解，多方位寻求支持；另一方面可积极与对方的竞争者洽谈合资、并购、专利许可和专利转让等合作事宜，为谋求和解取得筹码。

双方决定和解后，应签署书面协议。在诉讼状态时，还应要求原告向法院申请撤诉。

2. 不轻易放弃应诉和反诉

在决定不和解或者和解努力失败时，企业应在专业机构的支持下，判断应诉后胜诉的概率，绝不轻易放弃应诉。

决定应诉后的第一项工作是组建应诉团队。一般而言，应诉团队应包含中国专利代理师或者律师、案件审理地律师、企业专利法务人员、企业决策人员和企业研发人员。其次，对应诉团队内部进行分工，力求分工明确、权限清楚，各司其职、各尽其责。在涉及行业整体利益的维权时，企业可与行业协会沟通，谋求与相关主体联合应诉，达到整合资源、分摊费用的目的。

若案件审理地有关部门发布了临时禁止令，企业应及时提交辩护声明，同时应收集推翻临时禁止令的证据，尽量避免由此带来的严重后果。在确实找到可以推翻临时禁止令的证据时，要据此要求对方赔偿企业因此遭受的损失。

若对方在中国的分支机构、代理商或分销商可能存在专利侵权行为、不正当竞争行为或垄断行为时，企业可依据我国相关法律提起诉讼。在法院作出的判决不利于企业时，企业应综合分析上诉可能的结果、上诉费用等，决定是否上诉及有关策略。

(四) 规避"337调查"风险

"337条款"（美国1930年关税法第337条、美国1988年综合贸易与竞争法第1342条）是美国政府授权美国国际贸易委员会（ITC）对一般不公平贸易做法和有关知识产权不公平贸易做法进行调查并采取单边措施的法律依据。根据该条款，ITC有权拒绝一切侵犯美国知识产权的产品进入美国。一旦认定侵权，ITC便可以发出排除令（包括普遍排除令和有限排除令）或者制止令。此外，ITC还可以发布扣押和没收产品令，进行罚款，采取临时救济措施等。

其中，有限排除令是针对违反"337条款"特定侵权人的产品；普遍排除令是禁止所有相同侵权产品进口到美国，针对是违反"337调查"的货物，而非针对侵权人，影响最大。有关知识产权不公平贸易做法主要包括专利侵权、注册商标侵权、版权侵权、集成电路布图设计侵权和外观设计侵权。

美国专利权人在其专利受到侵害时，既可以向联邦地区法院提起诉讼，也可以依据"337条款"向ITC申请调查和救济。"337调查"具有申请门槛低、结案时间短、禁令范围广泛和海关自动执行的特点，更有利于美国企业采用，而对中国企业构成很大障碍和风险。为了防范"337调查"风险，企业在进军美国市场时，应做好以下工作。

1. 做好预警分析

产品和技术出口前，注意做好海外预警工作。首先进行专利检索，对在先专利权的保护范围和有效性等进行分析，如果存在侵权的可能性，必须找出规避的办法，也可以从专利权人那里获得使用许可。

2. 排除ITC管辖

在与美国企业签订专利实施许可协议或类似协议时，订立仲裁条款，以仲裁条款排除ITC对案件的管辖。

3. 申请美国专利

积极申请美国专利，获得与竞争者交叉许可的筹码，同时利用"337条款"抑制其他竞争者。

4. 避免纠纷发生

在收到"停止侵权警告函"等类似的律师函后，要尽快咨询国内和美国专利法律服务机构，决定处理方案，尽量避免对方向ITC提起申请救济或向法院提起诉讼。

5. 积极应诉

在接到"337条款"调查案申诉书副本时，注意做好应急工作，迅速选择国内和美国律师积极应诉。从各种抗辩途径说明不侵权，同时可以提出宣告对方专利权无效的请求。同时，应求助于行业协会，通过协会调动全行业的力量共同应对纠纷。

6. 应用规避设计策略

应对"337条款"调查案，企业应诉一般有三种策略，即"不侵权抗辩""专利无效"和"规避设计"。前两种方式进行司法诉讼很难，而如果被诉企业可以在调查期间绕开专利权人的专利进行规避设计，则可以彻底解决问题，但要在12~15个月的调查期内完成规避设计，并给原告合理的消化时间也不是容易的，这主要取决于企业的研发实力。

三、规避技术合作风险

企业为了发展，往往需要对外进行技术合作，技术合作中的专利风险规避主要有以下四个方面。

（一）进口产品或引进技术

在进口产品或者引进技术时，应该对相关专利在中国的法律状态进行检索，以避免进口的产品或者引进的技术因为侵权不能使用。企业在进口产品或者引进技术时，应在合同中要求对方提供权利保证，一方面保证不侵犯他人的专利权，另一方面保证自己是真正的权利人。目前，很多从国外进口的产品或者引进的技术所涉及的专利往往都是转让专利，即该产品或者技术的出售方是通过受让他人专利而取得的专利，企业必须要求出售方提供相关的权利转让证明。

（二）委托加工

在委托加工时，代工企业往往需要委托方输送原材料和零部件等，而专利权的效力及于产品的制造、销售、使用和进口等，因此，代工企业必须要求委托方提供合法的权利证明，否则可能会陷入侵犯他人专利权的纠纷中。

（三）与他人合资

在与他人合资时，如果合资的他方以专利入股，为了防止实施入股的专利技术侵犯他人的专利权，应要求他方对入股的专利技术提供不侵权的担保。

（四）并购其他企业

在并购其他企业时，如果其他企业的资产中包括专利，应该对欲并购企业的专利进行核查。首先，确认该企业是否是真正的专利权人，专利是否有效。其次，要分析专利的稳定性和专利价值高低，即权利要求的保护范围是否过宽，保护范围过宽往往意味着专利价值高，但正因其保护范围大，有可能增加被宣告无效的可能性；权利要求的保护范围过窄往往意味着专利价值低，而且其包含的技术范围小，会不会落入他人专利保护范围，成为他人专利的从属专利，在实施时必须先获得他人基础专利的实施许可。

第八章

专利无效与专利维权

当专利申请获得授权，成为有效专利后，在专利权有效期内进行专利年费管理和专利权放弃管理、应对专利无效宣告请求以及做好专利维权工作，是企业专利工作的重要组成部分。

第一节 专利无效应对策略

企业的专利权在保护自身合法使用该专利技术的同时，也会限制竞争者的使用，竞争者往往会想办法提出专利权无效宣告请求。因此及时有效地应对他人的无效宣告请求，成为企业专利权维持的一项重要工作。本节主要就专利无效宣告的相关方面进行阐述。

一、无效宣告启动要件

要很好地应对无效宣告，首先需要了解无效宣告的启动要件。

（一）无效宣告请求的请求人

无效宣告请求程序是应请求人的请求而启动的，凡是具备民事诉讼主体资格的任何单位和个人，包括专利权人本人都可以提出无效宣告请求。

专利权人针对其专利提出无效宣告请求的，只能允许全部专利权人请求宣告专利权部分无效，所提交的证据应当是公开出版物，否则无效宣告请求不予受理。这样做既防止专利权人或部分专利权人以提出无效宣告请求的手段来损害利害关系人或其他专利权人的合法利益，又解决了我国专利立法中还未考虑授权后专利权人自行缩小专利保护范围的限制程序。

在无效宣告请求程序中，请求人负有举证责任，在提出无效宣告请求时，应当明确无效宣告请求的理由、范围，并提交能充分证明其主张的证据。

（二）无效宣告请求的客体

无效宣告请求的客体应当是国务院专利行政部门已经公告授权的专利。在此之前提出该请求是没有意义的，因为专利权尚不存在，谈不到宣告专利权无效的问题。

对于已经授权的专利，即使在专利权终止后，如因未缴费等原因被终止或专利权人自声明之日起放弃，也可以提出无效宣告请求。但是，已经被生效的无效请求审查决定宣告全部无效或自申请日起放弃的专利，不能再对其提出无效宣告请求。

请求人可以针对一件专利权利要求书中的部分权利要求提出无效宣告请求，对于已经生效的判决决定部分无效的专利权，则只能针对被维持有效的权利要求提出无效宣告请求。

（三）无效宣告请求的理由

无效宣告请求的理由必须是专利法规定的能够宣告专利权无效的理由。我国《专利法》规定的宣告专利权无效的理由包括：

（1）发明或者实用新型不具备新颖性、创造性或实用性。

（2）外观设计与在先设计相同或相近似，或与他人在先权利相冲突。

（3）说明书没有对发明或者实用新型作出清楚、完整的说明，使所属技术领域的技术人员不能实现，或者其权利要求书没有以说明书为依据，说明要求专利保护的范围。

（4）文件修改超出了原说明书和权利要求书记载的范围，或者外观设计的文件修改超出了原图片或者照片表示的范围。

（5）不符合有关发明、实用新型或者外观设计的定义。

（6）违反了同样的发明创造只能被授予一项专利权的规定。

（7）违反了国家法律、社会公德或者妨碍公共利益。

（8）属于不授予专利权的客体。

（9）违反了专利权授予最先申请人的规定。

此外，根据"一事不再理"原则，若该无效宣告请求的理由和证据与另一在先对该专利权提出的无效宣告请求的理由和证据相同，且对该在先无效宣告请求已经作出审查决定后，则不能启动无效宣告程序。

（四）无效宣告请求的费用

与缴纳专利申请费相似，无效宣告请求费用的金额和缴纳期限各国专利法规定也不尽相同，但普遍都要缴纳一定数额的费用。依据我国《专利法实施细则》的规定，请求人应当在提出无效宣告请求之日起一个月内缴纳无效宣告请求费，其中发明专利为3000元，实用新型和外观设计专利的费用为1500元。无效宣告费不可以减缴。

二、无效宣告请求提交的文件

要很好地应对无效宣告，还需要了解提出无效宣告请求人所提交的文件。

针对某一件专利提出无效宣告请求，请求人会提交无效宣告请求书、必要的证据以及其他文件，如委托书等。其中无效宣告请求书和证据均应提交一式两份，以备存档。

第一，在无效宣告请求书中，请求人会具体陈述无效宣告请求的范围、证据以及理由，并且将《专利法》及其实施细则中有关的条、款、项作为独立的理由提出。

第二，请求人会提交与无效宣告理由相对应的证据，这些证据必须符合我国法律对于证据的一般要求，且能够证明请求人的主张。在请求书中，请求人会结合证据具体论述提出的理由，将涉案专利的技术方案与对比文件公开的技术方案的每一个技术要素进行一一对比分析。

第三，主张技术方案或特征属于该领域公知常识的，请求人可能会提交证据予以证明，这样是为了更好地说服审查员。

第四，提交外文证据的，请求人会提交使用部分的中文译文，译文提交的期限适用于该证据的举证期限，即从提出请求之日起一个月内。对于其他没有提交译文的外文证据，复审和无效审理部认为有必要的可以要求提交，但也可能不予考虑或认为未提交。因此，作为提交证据的一方，可能会尽可能全面地提供证据的译文。

第五，请求人可以在提出无效宣告请求之日起一个月内增加理由或者补充证据。一般请求人会充分利用这个机会，对于提出请求时未具体陈述的理由或新的证据，会及时进行补充。超过证据提交期限的证据将不被采纳。但是，按照规定，对于技术辞典、技术手册和教科书等所属技术领域中的公知常识性证据或者用于完善证据法定形式的公证书、原件等证据，可以在口头审理辩论终结前补充。

需要指出的是，整个无效宣告请求过程是一个比较复杂的过程，而且无效宣告请求书以及证据的有效性判定等方面的内容也相当具有专业性。我国《专利法》虽然没有明确要求请求专利无效宣告请求时必须委托专利代理师处理，但是，如果企业真的面对一项障碍专利，想将之无效宣告的时候，通常会委托经验丰富并熟悉该领域的专利代理师分析处理并撰写无效宣告请求书。

三、无效宣告应对技巧

对于已获权专利，企业应密切注视无效宣告请求等各种影响其稳定性的行为。一旦有人提出无效宣告请求，企业就需要快速做出反应，通过企业的知识产权工作部门与技术部门的合作，共同应对无效宣告。作为被请求人，企业在应对无效宣告请求时，可以采用如下技巧。

（一）认真分析理由和证据

在得知有人就企业拥有的专利权提出无效宣告请求后，首先要认真阅读、理解请求人提出的无效宣告请求书，分析无效宣告请求的理由和证据。要注意对方提出专利权无效的法律依据是什么，每一项理由针对的是权利要求书中的哪一条，每一项理由所依据的证据是什么，这些无效宣告请求的理由能否成立。

明确理由之后，应对请求人提供的支持其无效宣告请求主张的所有证据进行核实，即确定证据是否属实，核实证据与案件之间的关联性如何，证据与其无效宣告请求理由之间的因果关系是否成立。

（二）正确撰写意见陈述书

被宣告无效的一方在收到无效宣告请求受理通知书之后，应当在指定时间内（收到通知之日起一个月内）完成意见陈述书的撰写。要正确填写"复审、无效程序中意见陈述书"表格中的各项内容，清楚正确地填写案件编号及各种信息，避免出现不必要的程序上的错误。

意见陈述书的正文，应当用语规范、有理有据、条理清楚、逻辑明晰。如果要维持专利权全部有效，意见陈述书应当对所有无效宣告理由和证据予以回答；如果意欲维持专利权部分有效，意见陈述书应当着重对相关的无效宣告理由和证据予以回答，或者提出修改权利要求书。

意见陈述书中答辩意见的提出可以从以下四个方面来考虑。

1. 针对法条的反驳

如果认为对方使用法条错误，应当针对请求人的具体意见所涉及的法律问题，提出对相关法律条款的正确理解。对案件中涉及的相关问题结合相关的法律适用原则进行分析，从而得出该专利符合相关法律规定的结论。

2. 针对证据的反驳

首先，应核对请求人提交的证据是否超过举证期限，如果已经超过一个月的举证期限，应当直接要求复审和无效审理部对这部分证据不予考虑。其次，要针对每一个证据本身的真实性、关联性、合法性进行反驳。如果认为请求人对相关证据的认定错误，应明确指出，并提出专利权人认为正确的事实认定。

3. 针对理由的反驳

这种方式是一种比较常见的反驳方式。比如对方提出涉案专利不符合《专利法》第22条第2款关于专利应当具备新颖性的规定。那么，可以针对这一理由，明确对方在请求书中就此理由有没有采用单独对比的原则，从技术领域、技术问题、技术效果等方面判断涉案专利和证据的技术方案是否相同或相近似。

4. 提出反证

在条件具备的情况下，可以针对无效宣告请求的证据提交反证或者针对无效宣告的理由提出反证。例如，无效宣告请求人以涉案专利产品的购销合同、购货发票等证明专利权人所拥有的专利在申请日之前即被公知公用，因此该专利不具备新颖性。这时，专利权人可以针对这些证据，提交同对方签订的协议（最好涉及保密条款的内容）来说明这种买卖是在特定的商业关系下进行的，具有一般意义上的保密责任。因此，这种行为对专利权并没有构成专利法中所述的公开使用和其他方式的公开，对方所提出的证据不能作为评价本专利具备新颖性的证据材料。

（三）适当修改专利文件

根据规定，在无效宣告请求的审查程序中，发明或实用新型专利的专利权人可以修改其权利要求书，而外观设计专利则不能在无效宣告请求程序中进行修改。

按照规定，专利权人不可以修改专利说明书和附图，但是可以在适当的时机对专利的权利要求书提出修改。这种修改是有严格限制的，修改不得改变原权利要求书的主题名称、不得扩大原专利的保护范围、不得超出原说明书和权利要求书记载的范围、不得增加未包含在权利要求书中的技术特征。

修改的方式仅限于权利要求的删除、技术方案的删除、权利要求的进一步限定、明显错误的修正。权利要求的删除是指从权利要求书中去掉某项或某些项权利要求。技术方案的删除是指从同一权利要求中并列的两种以上技术方案中删除一种或者一种以上技术方案。权利要求的进一步限定是指在权利要求中补入其他权利要求中记载的一个或者多个技术特征，以缩小保护范围。

《专利法》中不仅严格限制了修改的方式，对修改的时机也作了严格限定，即专利权人只能在答复无效宣告请求书、答复请求人增加的新理由或新证据以及答复专利局复审和无效审理部引入的新理由或新证据的指定答复期限内以删除以外的方式进行修改，期限届满后只能以删除的方式修改权利要求书。

可见，虽然我国法律对无效宣告请求程序中专利文件的修改作出了诸多限制，但通过对专利权利要求书作恰当的修改，仍能达到部分维持专利权有效的目的。

专利权人以删除以外的方式修改权利要求或提出反证时，复审和无效审理部允许请求人在指定作出意见陈述的期限内补充证据，并在该期限内结合该证据具体说明相关的无效宣告理由。这一点是在提交涉及修改的证据时要考虑的因素。

（四）合理利用上诉程序

按照我国《专利法》的规定，只要对专利局复审和无效审理部的无效宣告请求审查决定不服的，可以自收到通知之日起三个月内向北京知识产权法院提起行政诉讼，对北京知识产权法院的判决不服的，还可以向北京市高级人民法院提起上诉。因此，专利局复审和无效审理部对无效宣告请求的审查决定并不是终局决定，当事人不服专利局复审和无效审理部决定的，都可以向人民法院提起诉讼。当企业认为专利局复审和无效审理部宣告企业专利权无效或部分无效依据不充分时，可以启动上述诉讼程序。

第二节　专利维权途径

企业要做好专利维权工作，首先要了解有哪些维权途径，以及选择不同维权途径的原则。本节将对专利维权途径的相关内容进行介绍。

一、专利维权途径

我国《专利法》第 65 条规定，"未经专利权人许可，实施其专利，即侵犯其专利权，引起纠纷的，由当事人协商解决；不愿协商或者协商不成的，专利权人或者利害关系人可以向人民法院起诉，也可以请求管理专利工作的部门处理。"也就是说，在我国，当专利权人的权利受到侵犯时，有三种救济途径可以选择。

1. 协商

即专利侵权纠纷由当事人自行协商解决。

2. 行政救济

行政救济是指专利权人或利害关系人请求管理专利工作的部门处理，要求责令停止侵权行为，或者就赔偿额请求调解。

3. 司法救济

司法救济是指专利权人或利害关系人向人民法院提起民事诉讼。

在上述三种维权途径中，协商是权利人的一种自力救济；行政途径和司法途径是公力救济。权利人可以自由选择救济方式，但是司法救济是最终的救济方式。

二、选择途径的原则

（一）以协商方式优先

专利纠纷属于当事人之间的民事权利纠纷，当事人有权在自愿和不违反法律和公众利益的前提下自行协商解决。以自行协商方式解决专利纠纷的优点是成本低、履行率高、不伤和气，因此当出现专利纠纷时，当事人应当首先考虑能否经双方协商一致来解决问题。

不过需要指出的是，这种方式一般只有在双方都具有较强的专利法律意识和有和解诚意的情况下才能奏效。当事人也可以寻求律师或专利代理师等专业人士的帮助。

(二) 以案情复杂程度为依据

如果不愿意以协商方式解决专利纠纷，或者协商不成时，权利人选择行政保护和司法保护两种救济途径中的哪一种更为有利，要根据具体案情确定。

对于侵权事实比较明显、证据确凿的侵权案件，权利人希望尽快制止侵权行为，使侵权人受到行政制裁，不要求侵权人承担民事侵权赔偿的，适宜选择行政保护；对于案情比较复杂，要求侵权人承担民事赔偿的案件，权利人或利害关系人最好直接向人民法院提起侵权诉讼。

例如，对于同一件专利侵权纠纷案件，在采用行政救济途径时，被控侵权人可能因不服地方专利行政部门作出的处理决定而提起行政诉讼，在赔偿请求调解不成的情况下，专利权人还可能向人民法院提起民事赔偿诉讼。此时将产生如下问题：

首先，专利案件指定管辖的中级法院与地方专利管理部门的行政设置不同，因此，行政诉讼和民事赔偿诉讼有可能不在同一个地区的中级法院审理，给双方当事人带来麻烦。

其次，两个诉讼即使在同一个法院审理，行政诉讼可能在行政审判庭审理，民事赔偿诉讼在知识产权庭审理，而民事赔偿诉讼必须以行政诉讼确认侵权的审理结果为依据，按照《民事诉讼法》规定，行政诉讼尚未审结时，还应当中止民事诉讼，使双方当事人陷入长期的诉累之中。

最后，根据《最高人民法院关于审理专利纠纷案件适用法律问题的若干规定》第25条的规定："人民法院受理的侵犯专利权纠纷案件，已经过管理专利工作的部门作出侵权或者不侵权认定的，人民法院仍应当就当事人的诉讼请求进行全面审查。"因此在民事赔偿诉讼中，如果被告继续提出不侵权抗辩的事实和理由，则受理民事赔偿诉讼的法院还要对该抗辩进行审查，这样一来也会增加许多诉讼成本和诉累，不符合节约诉讼原则。

因此，在这种情况下，专利权人的最佳选择是直接向法院提起专利侵权民事诉讼，以节约程序，提高效率。

第三节　行政途径维权

专利行政途径维权的成本低、速度快，程序也相对简单，是专利权人可选择的一种有效的救济途径。本节主要介绍行政保护的机关和请求行政保护的程序。

一、行政保护机关

按照《专利法》的规定，能够为专利权人提供行政保护的机关是"管理专利工作的部门"。

管理专利工作的部门，是指地方人民政府负有管理专利工作职能的部门。《专利法实施细则》中对其范围作了明确的规定，即"专利法和本细则所称管理专利工作的部门，是指由省、自治区、直辖市人民政府以及专利管理工作量大又有实际处理能力的设区的市人民政府设立的管理专利工作的部门。"

（一）处理职能

管理专利工作的部门对专利侵权纠纷的处理包括以下职能。

（1）应当事人的请求，对专利侵权纠纷进行处理，认定侵权行为成立的，责令停止侵权行为。当事人不服的，可以依法提起行政诉讼。

（2）在行政处理的过程中，应当事人的请求，就专利侵权的赔偿数额进行调解。调解不成的，当事人可依法提起民事诉讼。

此外，《专利法实施细则》中还规定，管理专利工作的部门应当事人的请求，可以对下列专利纠纷进行调解。

（1）专利申请权和专利权归属纠纷，统称为权属纠纷。

（2）发明人、设计人资格纠纷。

（3）职务发明的发明人、设计人的奖励和报酬纠纷。

（4）在发明专利申请公布后专利权授予前使用发明而未支付适当费用的

纠纷,也称作临时保护纠纷。专利权人请求管理专利工作的部门对临时保护纠纷进行调解的,应当在专利权被授予之后提出。

(二) 管辖范围

当事人请求处理或者调解专利纠纷的,由被请求人所在地或者侵权行为地的管理专利工作的部门管辖。

两个以上管理专利工作的部门都有管辖权的专利纠纷,当事人可以向其中一个管理专利工作的部门提出请求;当事人向两个以上有管辖权的管理专利工作的部门提出请求的,由最先受理的管理专利工作的部门管辖。

管理专利工作的部门对管辖权发生争议的,由其共同的上级人民政府管理专利工作的部门指定管辖;无共同上级人民政府管理专利工作的部门的,由国务院专利行政部门指定管辖。

二、请求保护程序

(一) 专利侵权纠纷

1. 应具备的条件

请求管理专利工作的部门处理专利侵权纠纷,应符合下列条件。

(1) 请求人是专利权人或者利害关系人。

(2) 有明确的被请求人。

(3) 有明确的请求事项和具体事实、理由。

(4) 属于受案管理专利工作部门的受案范围和管辖范围。

(5) 当事人没有就该专利侵权纠纷向人民法院起诉。

上述条件(1)中所称利害关系人包括专利实施许可合同的被许可人、专利权的合法继承人。专利实施许可合同的被许可人中,独占实施许可合同的被许可人可以单独提出请求;排他实施许可合同的被许可人在专利权人不请求的情况下,可以单独提出请求;除合同另有约定外,普通实施许可合同的被许可人不能单独提出请求。

2. 应提交的材料

请求管理专利工作的部门处理专利侵权的,应当提交请求书以及所涉及专利权的专利证书复印件,并且按照被请求人的数量提供请求书副本。其中请求书应当记载以下内容。

（1）请求人的姓名或者名称、地址，法定代表人或者主要负责人的姓名、职务，委托代理人的，代理人的姓名和代理机构的名称、地址。

（2）被请求人的姓名或者名称、地址。

（3）请求处理的事项以及事实和理由。

请求书还应当由请求人签名或盖章。

此外，还需要以请求书附件的形式提交有关证据和证明材料。必要时，管理专利工作的部门可以向国家知识产权局核实所涉及专利权的法律状态。专利侵权纠纷涉及新产品制造方法的发明专利的，制造同样产品的单位或者个人应当提供其产品制造方法不同于专利方法的证明；专利侵权纠纷涉及实用新型专利或者外观设计专利的，管理专利工作的部门可以要求请求人出具由国家知识产权局对相关实用新型或者外观设计进行检索、分析和评价后作出的专利权评价报告，作为处理专利侵权纠纷的证据。❶

3. 处理程序

（1）受理

专利权人或利害关系人的请求符合上述条件的，管理专利工作的部门应当在收到请求书之日起 7 日内立案并通知请求人，同时指定 3 名或 3 名以上单数承办人员处理该专利侵权纠纷；请求不符合上述条件的，管理专利工作的部门应当在收到请求书之日起 7 日内通知请求人不予受理，并说明理由。

（2）送达

管理专利工作的部门应当在收到请求书之日起 7 日内将请求书及其附件的副本通过邮寄、直接送交或者其他方式送达被请求人，要求其在收到之日起 15 日内提交答辩书一式两份。被请求人逾期不提交答辩书的，不影响管理专利工作的部门进行处理。被请求人提交答辩书的，管理专利工作的部门应当在收到之日起 7 日内将答辩书副本通过邮寄、直接送交或者其他方式送达请求人。

（3）进行口头审理

管理专利工作的部门处理专利侵权案，可以根据案情需要决定是否进行口

---

❶ 该规定是 2008 年《专利法》修正时新增加的内容，此次修改后的《专利法》于 2009 年 10 月 1 日起施行。

头审理。管理专利工作的部门决定进行口头审理的，应当至少在口头审理3日前让当事人得知进行口头审理的时间和地点。当事人无正当理由拒不参加的，或者未经允许中途退出的，对请求人按撤回请求处理，对被请求人按缺席处理。管理专利工作的部门举行口头审理的，应当将口头审理的参加人和审理要点记入笔录，经核对无误后，由案件承办人员和参加人签名或盖章。

（4）作出处理决定

除当事人达成调解、和解协议，或者请求人撤回请求之外，管理专利工作的部门应作出处理决定，制作处理决定书，写明以下内容。

①当事人的名称或姓名、地址。

②当事人陈述的事实和理由。

③认定侵权行为是否成立的理由和依据。

④处理决定，认定侵权行为成立的，应当明确写明责令被请求人立即停止的侵权行为的类型、对象和范围；认定侵权行为不成立的，应当驳回请求人的请求。

⑤不服处理决定提起行政诉讼的途径和期限。

处理决定书应当由案件承办人员署名，并加盖管理专利工作部门的公章。

当事人对处理决定不服的，可以自收到处理通知之日起15日内向人民法院起诉；侵权人期满不起诉又不停止侵权行为的，管理专利工作的部门可以申请人民法院强制执行。

（二）其他专利纠纷

1. 应提交的材料

请求管理专利工作的部门调解专利纠纷的，应当提交请求书。请求书应当记载以下内容。

（1）请求人的姓名或者名称、地址，法定代表人或主要负责人的姓名、职务，委托代理人的，代理人的姓名和代理机构的名称、地址。

（2）被请求人的姓名或名称、地址。

（3）请求调解的具体事项和理由。

单独请求调解侵犯专利权赔偿数额的，应当提交有关管理专利工作的部门作出的认定侵权行为成立的处理决定书副本。

2. 调解程序

管理专利工作的部门收到调解请求书后，应当及时将请求书副本通过寄交、直接送交或者其他方式送达被请求人，要求其在收到之日起 15 日内提交意见陈述书。如果被请求人提交意见陈述书并同意进行调解的，管理专利工作的部门应当及时立案，并通知请求人和被请求人进行调解的时间和地点；如果被请求人逾期未提交意见陈述书，或者在意见陈述书中表示不接受调解的，管理专利工作的部门不予立案，并通知请求人。

管理专利工作的部门调解专利纠纷可以邀请有关单位或者个人协助，被邀请的单位或者个人应当协助进行调解。

当事人经调解达成协议的，应当制作调解协议书，由双方当事人签名或者盖章，并交管理专利工作的部门备案；未能达成协议的，管理专利工作的部门以撤销案件的方式结案，并通知双方当事人。

第四节　司法途径维权

专利司法维权途径是专利权人维护自身合法权益的重要手段，也是专利权人的最终救济方式。本节主要介绍司法保护的种类，以及专利行政诉讼和专利侵权诉讼的相关规定。

一、司法保护种类

（一）专利行政诉讼

专利行政诉讼，是指自然人、法人和其他组织认为国务院专利行政部门、专利局复审和无效审理部或专利管理机关等专利行政机关和行政机关工作人员的具体行政行为侵犯其合法权益，依法向人民法院提起的诉讼。这类诉讼的主要特征是诉讼主体不平等，一方是自然人、法人或其他组织，另一方是专利行政机关或行政机关工作人员。

此类诉讼案件主要包括不授予专利权纠纷案件、宣告专利权无效或者维持专利权纠纷案件、实施强制许可纠纷案件、强制许可使用费纠纷案件、行政处理决定纠纷案件等。

（二）专利民事诉讼

专利民事诉讼，是指自然人之间、法人之间、其他组织之间及它们相互之间因专利申请或专利权关系，依法向人民法院提起的诉讼。这类案件的主要特征是诉讼当事人是平等主体关系，其诉讼内容一是财产关系，二是人身关系，以财产关系为主。

此类诉讼案件主要包括临时保护纠纷案件、专利侵权纠纷案件、专利合同纠纷案件、专利权属纠纷案件。

（三）专利刑事诉讼

专利刑事诉讼是指涉及假冒专利罪、泄露国家秘密罪和徇私舞弊罪等的刑事诉讼。其中，假冒专利罪是指未经专利权人许可，假冒他人专利，情节严重的行为。

由于上述三类诉讼在性质上存在差异，可能出现在同一法院由不同的审判庭审理不同专利案件的情形。截至目前，全国法院系统正在探索知识产权审判体制和工作机制改革，以优化审判资源配置。全国已经有不少中级法院和基层法院试行由一个审判庭统一受理各类知识产权案件。

二、专利行政诉讼

（一）诉讼管辖

根据《行政诉讼法》的有关规定和最高人民法院的司法解释，结合人民法院管辖的实践，可将管辖分为如下两种。

1. 以国家知识产权局为被告的专利行政案件

以国家知识产权局为被告的专利行政案件，均由北京知识产权法院作为第一审法院，最高人民法院知识产权法庭作为第二审法院。

2. 以管理专利工作的部门为被告的专利行政案件

以管理专利工作的部门为被告的专利行政案件由各省、自治区、直辖市人民政府所在地的人民法院管辖。

需要注意的是，并非所有的法院或者作为被告的管理专利工作的部门所在地的法院均有管辖权，而应当由有专利纠纷案件管辖权的中级人民法院、知识产权法院或最高人民法院知识产权法庭作为一审管辖法院。

具有专利纠纷第一审案件管辖权法院/法庭如表8-1所示。

表8-1 专利纠纷第一审案件管辖权法院/法庭情况❶

北京	最高人民法院知识产权法庭	
北京	北京市高级人民法院	北京知识产权法院
天津	天津市高级人民法院	天津知识产权法庭*
河北	河北省高级人民法院	石家庄市中级人民法院
山西	山西省高级人民法院	太原市中级人民法院
内蒙古	内蒙古自治区高级人民法院	呼和浩特市中级人民法院、包头市中级人民法院
辽宁	辽宁省高级人民法院	大连市中级人民法院、沈阳知识产权法庭*
吉林	吉林省高级人民法院	长春知识产权法庭*
黑龙江	黑龙江省高级人民法院	哈尔滨市中级人民法院、齐齐哈尔市中级人民法院
上海	上海市高级人民法院	上海知识产权法院
江苏	江苏省高级人民法院	南京知识产权法庭*、苏州知识产权法庭*
浙江	浙江省高级人民法院	杭州知识产权法庭*、宁波知识产权法庭*、温州知识产权法庭*
安徽	安徽省高级人民法院	合肥知识产权法庭*
福建	福建省高级人民法院	福州知识产权法庭*、厦门知识产权法庭*
江西	江西省高级人民法院	南昌知识产权法庭*、景德镇知识产权法庭*
山东	山东省高级人民法院	济南知识产权法庭*、青岛知识产权法庭*
河南	河南省高级人民法院	郑州知识产权法庭*
湖北	湖北省高级人民法院	武汉知识产权法庭*
湖南	湖南省高级人民法院	长沙知识产权法庭*
广东	广东省高级人民法院	广州知识产权法院、深圳知识产权法庭*
广西	广西壮族自治区高级人民法院	南宁市中级人民法院、柳州市中级人民法院
海南	海南省高级人民法院	海南省自由贸易港知识产权法院、海口知识产权法庭*
重庆	重庆市高级人民法院	重庆知识产权法庭*
四川	四川省高级人民法院	成都知识产权法庭*
贵州	贵州省高级人民法院	贵阳市中级人民法院、遵义市中级人民法院
云南	云南省高级人民法院	昆明市中级人民法院

❶ 具有专利纠纷第一审案件管辖权法院/法庭一览表［EB/OL］.［2022-04-20］. https://ipc.court.gov.cn/zh-cn/news/more-2-27.html.

续表

西藏	西藏自治区高级人民法院	拉萨市中级人民法院
陕西	陕西省高级人民法院	西安知识产权法庭*
甘肃	甘肃省高级人民法院	兰州知识产权法庭*
青海	青海省高级人民法院	西宁市中级人民法院
宁夏	宁夏回族自治区高级人民法院	银川市中级人民法院
新疆	新疆维吾尔自治区高级人民法院	乌鲁木齐知识产权法庭*
	新疆维吾尔自治区高级人民法院生产建设兵团分院	新疆生产建设兵团农八师中级人民法院、新疆生产建设兵团农十二师中级人民法院

注释：标注*的知识产权法庭是中级人民法院的内设机构，有权跨行政区域审理专利等技术类案件。

（二）诉讼费用

诉讼费用包括诉讼费和律师费两部分。

1. 诉讼费

按现行《诉讼费用交纳办法》规定，行政诉讼费为每件100元人民币。

2. 律师费

律师费数额差异较大，一般与案件的复杂程度和收费形式有关。收费形式主要有一次性收费、分期收费（风险代理）和按小时收费三种。一般而言，一次性收费的费用较低，分期收费的费用较高。

（三）审理程序

1. 受理

受理是指人民法院通过审查原告的起诉，认为符合法律规定的起诉条件，决定立案审理，从而引起诉讼程序开始的一种行为。

人民法院收到原告的起诉状后，要审查以下内容。

（1）原告是否有权提起诉讼。

（2）起诉是否符合法定的条件和要求。

（3）起诉手续是否完备。

（4）诉状内容是否明确。

（5）法院对该案是否有管辖权等。

经过审查，认为符合起诉条件的，应当在 7 天内立案，并通知当事人；认为不符合起诉条件的，应当在 7 天内裁定不予受理；当事人对裁定不服的，可以提起上诉。

人民法院在立案之日起 5 天内，将起诉状副本发送被告。被告应当在收到起诉状副本之日起 15 天内向人民法院提交作出具体行政行为的有关材料，并提出答辩状。人民法院在收到答辩状之日起 5 天内，将答辩状副本发送原告。

2. 审理

人民法院在收到被告的答辩状以后，经依法组成合议庭，即开始进行该专利纠纷案件的审理工作。合议庭组成人员经轮流审阅诉讼材料，查明双方当事人争议的焦点，明确需要进一步收集的证据和查证的内容后，通过开庭审理，对证据和案件事实进行全面审查、核实。

3. 判决

在查明事实，分清是非，明确责任的基础上，作出判决。

三、专利侵权诉讼

专利侵权诉讼是最常见的一种专利民事诉讼，也是企业利用司法维权途径的重要方式之一。

（一）诉讼管辖

1. 级别管辖

由各省、自治区、直辖市人民政府所在地的中级人民法院，各经济特区的中级人民法院，以及经最高人民法院同意的开放城市或者设有专利管理机关的较大城市的中级人民法院作为审理其辖区内的专利案件的第一审法院；各省、自治区、直辖市高级人民法院为第二审法院。

2. 地域管辖

由侵权行为发生地或者被告住所地人民法院管辖。

根据《最高人民法院关于审理专利纠纷案件适用法律问题的若干规定》第 2 条规定，专利纠纷第一审案件由各省、自治区、直辖市人民政府所在地的中级人民法院和最高人民法院指定的中级人民法院管辖。近年来，最高人民法院设立了知识产权法庭，同时在地方设立了知识产权法院和知识产权法庭，统一审理专利等专业技术性较强的民事、行政知识产权案件，实现技术类案件的审理及时有效、标准统一。侵权诉讼管辖法院与行政诉讼管辖法院相同（见表8-1）。

(二) 诉讼费用

诉讼费用包括诉讼费和律师费两部分。

1. 诉讼费

按现行《诉讼费用交纳办法》规定，知识产权民事案件，没有争议金额或者价额（指一方当事人所主张的财产权利的金钱价值）的，每件交纳500元至1000元。具体由各地根据当地的经济水平确定，其中北京地区立案每件交纳诉讼费750元。

有争议金额或者价额的，按照下列比例分段累计交纳。

不超过1万元的，每件交纳50元。

超过1万元至10万元的部分，按照2.5%交纳。

超过10万元至20万元的部分，按照2%交纳。

超过20万元至50万元的部分，按照1.5%交纳。

超过50万元至100万元的部分，按照1%交纳。

超过100万元至200万元的部分，按照0.9%交纳。

超过200万元至500万元的部分，按照0.8%交纳。

超过500万元至1000万元的部分，按照0.7%交纳。

超过1000万元至2000万元的部分，按照0.6%交纳。

超过2000万元的部分，按照0.5%交纳。

2. 律师费

专利侵权诉讼的律师费视事务所、付款方式和案件的复杂程度而定，类似行政诉讼律师费。

(三) 审理程序

1. 受理

人民法院首先对原告的起诉进行审查，审查内容与专利行政诉讼条件受理程序相同。经过审查，认为符合起诉条件的，应当在7天内立案，并通知当事人；认为不符合起诉条件的，应当在7天内裁定不予受理；当事人对裁定不服的，可以提起上诉。

人民法院在决定立案之日起 5 日内将起诉状副本发送被告，并告知被告在收到之日起 15 天内提出答辩状。

被告在答辩期内通常做两方面准备：一是针对原告的指控，说明他所制造的产品或者使用的方法不构成侵权的事实和理由，或者说明在原告的专利申请日以前，他已经制造该产品或者使用该方法，或者他已经做了制造、使用的必要准备，并提供有关证据，证明他具有在先使用权；二是怀疑原告专利权的合法性，收集有关证据，向专利局复审和无效审理部请求宣告原告的专利权无效。

2. 审理

人民法院在收到被告的答辩状以后，依法组成合议庭，开始进行该专利侵权纠纷案件的审理工作。合议庭组成人员经轮流审阅诉讼材料，查明双方当事人争议的焦点，明确需要进一步收集的证据和查证的内容后，通过开庭审理，对证据和案件事实进行全面审查、核实。

根据专利侵权纠纷案件的特点，审理的内容一般包括：

第一，根据被告向专利局复审和无效审理部提出的无效宣告请求，决定是否中止诉讼；如决定中止诉讼，则应作出中止诉讼的裁定，待专利局复审和无效审理部作出维持专利权有效的决定后恢复诉讼。

根据《最高人民法院关于审理专利纠纷案件适用法律问题的若干规定》，人民法院受理的侵犯实用新型、外观设计专利权纠纷案件，被告在答辩期间内请求宣告该项专利权无效的，人民法院应当中止诉讼，但具备下列情形之一的，可以不中止诉讼。

（1）原告出具的检索报告未发现导致实用新型专利丧失新颖性、创造性的技术文献的。

（2）被告提供的证据足以证明其使用的技术已经公知的。

（3）被告请求宣告该项专利权无效所提供的证据或者依据的理由明显不充分的。

（4）人民法院认为不应当中止诉讼的其他情形。

第二，根据原告提出的诉讼保全申请和提供的担保，决定是否必要采取诉讼保全措施以及财产保全的范围。

第三，如果被告宣称他对该项技术有在先使用权，则审查他是否享有该权利,以及是否在原有的范围内继续制造和使用。

第四,解释和确定原告专利权保护范围和判断被告制造的产品或使用的方法是否构成专利侵权。

第五,审查确定侵权损害赔偿数额。

3. 判决

在查明事实、分清是非、明确责任的基础上,法庭进行调解,如调解不成,即作出判决。

(四) 侵权判定原则

法院在审理专利侵权案时,有一系列的侵权判定原则。企业在维权过程中面对专利侵权诉讼时,可以参照这些原则对是否侵权进行判断。

1. 全面覆盖原则

全面覆盖原则是指被控侵权物(产品或方法)将专利权利要求中记载的技术方案的必要技术特征全部再现,被控侵权物与专利独立权利要求中记载的全部必要技术特征一一对应并且相同。因此,全面覆盖原则也称全部技术特征覆盖原则或字面侵权原则。也就是说,如果被控侵权物的技术特征包含了专利权利要求中记载的全部必要技术特征,则被控侵权物落入专利权的保护范围。

以下介绍几种落入专利权利要求保护范围的情形:①当专利独立权利要求中记载的必要技术特征采用的是上位概念特征,而被控侵权物采用的是相应的下位概念特征时,则被控侵权物落入专利权的保护范围;②被控侵权物在利用专利权利要求中的全部必要技术特征的基础上,又增加了新的技术特征,仍落入专利权的保护范围,此时,不考虑被控侵权物的技术效果与专利技术是否相同;③被控侵权物对在先专利技术而言是改进的技术方案,并且获得了专利权,则属于从属专利,未经在先专利权人许可,实施从属专利也覆盖了在先专利权的保护范围。

2. 等同原则

等同原则是指被控侵权物(产品或方法)中有一个或者一个以上技术特征经与专利独立权利要求保护的技术特征相比,从字面上看不相同,但经过分析可以认定两者是相等同的技术特征。这种情况下,应当认定被控侵权物落入了专利权的保护范围。专利权的保护范围也包括与专利独立权利要求中必要技术特征相等同的技术特征所确定的范围。

等同特征又称等同物。被控侵权物中，同时满足以下两个条件的技术特征，是专利权利要求中相应技术特征的等同物：第一，被控侵权物中的技术特征与专利权利要求中的相应技术特征相比，以基本相同的手段实现基本相同的功能，产生了基本相同的效果；第二，对该专利所属领域普通技术人员来说，通过阅读专利权利要求和说明书，无需经过创造性劳动就能够联想到的技术特征。

等同物应当是具体技术特征之间的彼此替换，而不是完整技术方案之间的彼此替换。等同物代替包括对专利权利要求中区别技术特征的替换，也包括对专利权利要求中前序部分技术特征的替换。

判定被控侵权物中的技术特征与专利独立权利要求中的技术特征是否等同，应当以侵权行为发生的时间为界限。

用等同原则判定侵权，仅适用于被控侵权物中的具体技术特征与专利独立权利要求中相应的必要技术特征是否等同，而不适用于被控侵权物的整体技术方案与独立权利要求所限定的技术方案是否等同。

进行等同侵权判断，应以该专利所属领域的普通技术人员的专业知识水平为准，而不应以所属领域的高级技术专家的专业知识水平为准。

进行等同侵权判断时，对于开拓性的重大发明专利，确定等同保护的范围可以适当放宽；对于组合型发明或者选择性发明，确定等同保护的范围可以适当从严。

对于故意省略专利权利要求中个别必要技术特征，使其技术方案成为在性能和效果上均不如专利技术方案优越的变劣技术方案，而且这一变劣技术方案明显是由于省略该必要技术特征造成的，可以适用等同原则认定构成侵犯专利权。

在专利侵权判定中，下列情况不应适用等同原则认定被控侵权物落入专利权保护范围：第一，被控侵权的技术方案属于申请日前的公知技术；第二，被控侵权的技术方案属于抵触申请或在先申请专利；第三，被控侵权物中的技术特征，属于专利权人在专利申请、授权审查以及维持专利权有效过程中明确排除专利保护的技术内容。

3. 禁止反悔原则

禁止反悔原则是指在专利审查、撤销或无效宣告程序中，专利权人为确定其专利具备新颖性和创造性，通过书面声明或者修改专利文件的方式，对专利权利要求的保护范围作了限制承诺或者部分地放弃了保护，并因此获得了专利权。而在专利侵权诉讼中，法院适用等同原则确定专利权的保护范围时，应当禁止专利权人将已被限制、排除或者已经放弃的内容重新纳入专利权保护范围。

当等同原则与禁止反悔原则在适用上发生冲突时，即原告主张适用等同原则判定被告侵犯其专利权，而被告主张适用禁止反悔原则判定自己不构成侵犯专利权的情况下，优先适用禁止反悔原则。适用禁止反悔原则应当符合以下条件：第一，专利权人对有关技术特征所作的限制承诺或者放弃必须是明示的，而且已经被记录在专利文档中；第二，限制承诺或者放弃保护的技术内容，必须对专利权的授予或者维持专利权有效产生了实质性作用。

禁止反悔原则的适用以被告提出请求为前提，并需要由被告提供原告反悔的相应证据。

4. 多余指定原则

多余指定原则是指在专利侵权判定中，在解释专利独立权利要求和确定专利权保护范围时，将记载在专利独立权利要求中的明显附加技术特征（多余特征）略去，仅以专利独立权利要求中的必要技术特征来确定专利权保护范围，判定被控侵权物（产品或方法）是否覆盖专利权保护范围的原则。

认定记载在专利独立权利要求中的某个技术特征是否属于附加技术特征，应当结合专利说明书及附图中记载的该技术特征在实现发明目的、解决技术问题的功能、效果，以及专利权人在专利审查、撤销或者无效宣告程序中向专利局或者专利局复审和无效审理部所作出的涉及该技术特征的陈述，进行综合分析判定。对于在专利独立权利要求中有明确记载，但在专利说明书中对其功能、作用未加以说明的技术特征，不应认定为附加技术特征。

适用多余指定原则认定附加技术特征，应当考虑以下因素：首先，该技术特征是否属于区别专利技术方案与现有技术方案所必需的，是否属于体现专利新颖性、创造性的技术特征，即专利权利要求中略去该技术特征，该专利是否还具备新颖性、创造性；其次，该技术特征是否属于实现专利发明目的、解决发明技术问题、获得发明技术效果所必需的，即专利独立权利要求所描述的技术方案略去该技术特征，该专利是否仍然能够实现或基本实现发明目的、达到发明效果；最后，该技术特征不得存在专利权人反悔的情形。

在被控侵权物中，仅缺少独立权利要求中记载的对解决专利技术问题无关或者不起主要作用、不影响专利性的附加技术特征，使被控侵权物的技术效果明显劣于专利技术，但又明显优于申请日前的公知技术时，不适用多余指定原则，而适用等同原则，认定侵权物落入了专利保护范围。

对于实用新型专利，一般不适用多余指定原则确定专利保护范围。法院不会主动适用多余指定原则，而会以原告提出请求和提供相应证据为条件。适用多余指定原则时，会适当考虑专利权人的过错责任，并在赔偿损失时予以体现。

四、司法保护案例

（一）威海嘉易烤生活家电有限公司诉永康市金仕德工贸有限公司、浙江天猫网络有限公司侵害发明专利权纠纷案❶

该案为最高人民法院发布的指导案例83号。

上诉人（原审被告）：浙江天猫网络有限公司（以下简称"天猫公司"）

被上诉人（一审原告）：威海嘉易烤生活家电有限公司（以下简称"嘉易烤公司"）

审理法院：浙江省高级人民法院（以下简称"浙江省高院"）

1. 基本案情

上诉人天猫公司因侵害发明专利权纠纷案，不服浙江省金华市中级人民法院（2015）浙金知民初字第148号民事判决，向浙江省高院提起上诉。2015年9月24日，浙江省高院受理该案后，依法组成合议庭，并于同年10月30日公开开庭进行了审理。

原审法院认定：2009年1月16日，嘉易烤公司及其法定代表人李某熙共同向国家知识产权局申请了名称为"红外线加热烹调装置"的发明专利，并于2014年11月5日获得授权，专利号为ZL20098000×××.8。该发明专利的权利要求书记载："1. 一种红外线加热烹调装置，其特征在于，该红外线加

---

❶ 该案例选自浙江省高级人民法院（2015）浙知终字第186号民事判决书。

热烹调装置包括：托架，在其上部中央设有轴孔，且在其一侧设有控制电源的开关；受红外线照射就会被加热的旋转盘，作为在其上面可以盛食物的圆盘形容器，在其下部中央设有可拆装地插入到上述轴孔中的突起；支架，在上述托架的一侧纵向设置；红外线照射部，其设在上述支架的上端，被施加电源就会朝上述旋转盘照射红外线；上述托架上还设有能够从内侧拉出的接油盘；在上述旋转盘的突起上设有轴向的排油孔。"2015 年 1 月 26 日，涉案发明专利的专利权人变更为嘉易烤公司。涉案专利年费缴纳至 2016 年 1 月 15 日。

2015 年 1 月 29 日，嘉易烤公司的委托代理机构北京商专律师事务所向北京市海诚公证处申请证据保全公证，其委托代理人王某先、时某在公证处的监督下，操作计算机登录天猫网（网址为 http：//www.tmall.com），在一家名为"益心康旗舰店"的网上店铺购买了售价为 388 元的 3D 烧烤炉，并拷贝了该网店经营者的营业执照信息。2015 年 2 月 4 日，时某在公证处的监督下接收了寄件人名称为"益心康旗舰店"的快递包裹一个，内有韩文包装的 3D 烧烤炉及赠品、手写收据联和中文使用说明书、保修卡。公证员对整个证据保全过程进行了公证并制作了（2015）京海诚内民证字第 01494 号公证书。

2015 年 2 月 10 日，嘉易烤公司委托案外人张某军向淘宝网知识产权保护平台上传了包含专利侵权分析报告和技术特征比对表在内的投诉材料，但淘宝网最终没有审核通过。

2015 年 5 月 5 日，天猫公司向浙江省杭州市钱塘公证处申请证据保全公证，由其代理人刁某丽在公证处的监督下操作计算机，在天猫网益心康旗舰店搜索"益心康 3D 烧烤炉韩式家用不粘电烤炉无烟烤肉机电烤盘铁板烧烤肉锅"，显示没有搜索到符合条件的商品。公证员对整个证据保全过程进行了公证并制作了（2015）浙杭钱证内字第 10879 号公证书。

2015 年 4 月 7 日，嘉易烤公司以金仕德公司未经其许可，在天猫商城等网络平台上宣传并销售侵犯其 ZL20098000×××.8 号专利权的产品。构成专利侵权；天猫公司在嘉易烤公司投诉金仕德公司侵权行为的情况下，未采取有效措施，应与金仕德公司共同承担侵权责任为由，向原审法院起诉，请求判令：①金仕德公司立即停止销售被诉侵权产品；②金仕德公司立即销毁库存的被诉侵权产品；③天猫公司撤销金仕德公司在天猫平台上所有的侵权产品链接；④两一审被告连带赔偿嘉易烤公司 50 万元；⑤该案诉讼费用由两原审被告承担。

金仕德公司答辩称：其只是卖家，并不是生产厂家，50万元的赔偿数额太高。

天猫公司答辩称：①其作为交易平台，并不是生产销售侵权产品的主要经营方或者销售方；②涉案产品是否侵权不能确定；③涉案产品是否使用在先也不能确定；④在不能证明其为侵权方的情况下，由其连带赔偿50万元缺乏事实和法律依据，且其公司已删除了涉案产品的链接，嘉易烤公司关于撤销金仕德公司在天猫平台上所有的侵权产品链接的诉讼请求亦不能成立。

一审庭审中，嘉易烤公司主张将涉案专利权利要求1作为该案权利要求保护的范围。经比对，嘉易烤公司认为除了开关位置的不同，被控侵权产品的技术特征完全落入了涉案专利权利要求1记载的保护范围，而开关位置的变化是业内普通技术人员不需要创造性劳动就可解决的，属于等同特征。两一审被告对比对结果不持意见。

一审法院另查明，嘉易烤公司为该案支出公证费4000元，代理服务费81000元。

一审法院认为，嘉易烤公司依法取得的专利号为ZL20098000×××.8发明专利权在有效期限内，法律状态稳定，并已履行了缴纳专利年费的义务，故该专利为有效专利，依法应受国家法律的保护。

该案的争议焦点在于：①被控侵权产品是否落入该案发明专利权利要求1的保护范围；②金仕德公司销售被诉侵权产品关于合法来源的抗辩能否成立；③天猫公司是否应对金仕德公司的侵权行为承担连带责任；④两一审被告所应承担的民事责任。

经审判，原审法院于2015年8月12日判决：①金仕德公司立即停止销售侵犯专利号为ZL20098000×××.8的发明专利权的产品的行为；②金仕德公司于判决生效之日起10日内赔偿嘉易烤公司经济损失15万元（含嘉易烤公司为制止侵权而支出的合理费用）；③天猫公司对上述第二项中金仕德公司赔偿金额的5万元承担连带赔偿责任；④驳回嘉易烤公司的其他诉讼请求。如未按判决指定的期间履行给付金钱义务，应当依照《民事诉讼法》第253条之规定，加倍支付迟延履行期间的债务利息。案件受理费8800元，由嘉易烤公司承担3080元，金仕德公司、天猫公司共同承担5720元。

2. 审理

根据天猫公司的上诉及嘉易烤公司的答辩意见，浙江省高院认为该案的二审争议焦点是：天猫公司在该案中是否构成共同侵权，一审法院判决天猫公司承担实体责任是否恰当。

浙江省高院认为，二审中，各方当事人对于金仕德公司销售的被诉侵权产品落入嘉易烤公司涉案专利权利要求1的保护范围，均不持异议，一审判决认定金仕德公司涉案行为构成专利侵权正确。关于天猫公司在该案中是否构成共同侵权，浙江省高院认为，《侵权责任法》（已失效）第36条第2款规定，网络用户利用网络服务实施侵权行为的，被侵权人有权通知网络服务提供者采取删除、屏蔽、断开链接等必要措施。网络服务提供者接到通知后未及时采取必要措施的，对损害的扩大部分与该网络用户承担连带责任。上述规定系针对权利人发现网络用户利用网络服务提供者的服务实施侵权行为后"通知"网络服务提供者采取必要措施，以防止侵权后果不当扩大的情形，同时还明确界定了此种情形下网络服务提供者所应承担的义务范围及责任构成。该案中，天猫公司涉案被诉侵权行为是否构成侵权应结合对天猫公司的主体性质、嘉易烤公司"通知"的有效性以及天猫公司在接到嘉易烤公司的通知后是否应当采取措施及所采取措施的必要性和及时性等加以综合考量。

首先，天猫公司依法持有增值电信业务经营许可证，系信息发布平台的服务提供商，其在该案中为金仕德公司经营的"益心康旗舰店"销售涉案被诉侵权产品提供网络技术服务，符合《侵权责任法》第36条第2款所规定网络服务提供者的主体条件。

其次，天猫公司在浙江省高院二审庭审中确认嘉易烤公司已于2015年2月10日委托案外人张某军向淘宝网知识产权保护平台上传了包含被投诉商品链接及专利侵权分析报告、技术特征比对表在内的投诉材料，且根据上述投诉材料可以确定被投诉主体及被投诉商品。

浙江省高院认为，《侵权责任法》第36条第2款所涉及的"通知"是认定网络服务提供者是否存在过错及应否就危害结果的不当扩大承担连带责任的条件。"通知"是指被侵权人就他人利用网络服务者的服务实施侵权行为的事实向网络服务提供者所发出的要求其采取必要技术措施，以防止侵权行为进一步扩大的法律行为。通知既可以是口头的，也可以是书面的。通常，通知内容应当包括权利人身份情况、权属凭证、证明侵权事实的初步证据以及指向明确的被诉侵权人网络地址等材料。符合上述条件的，即应视为有效通知。嘉易烤公司涉案投诉通知符合侵权责任法规定的"通知"的基本要件，属有效通知。

最后，经查，天猫公司对嘉易烤公司投诉材料作出审核不通过的处理，其在回复中表明审核不通过原因是：烦请在实用新型、发明的侵权分析对比表的表二中详细填写被投诉商品落入贵方提供的专利权利要求的技术点，建议采用图文结合的方式一一指出，（需注意，对比的对象为卖家发布的商品信息上的图片、文字），并提供购买订单编号或双方会员名。

浙江省高院认为，发明或实用新型专利侵权的判断往往并非仅依赖表面或书面材料就可以作出，因此专利权人的投诉材料通常只需包括权利人身份、专利名称及专利号、被投诉商品及被投诉主体内容，以便投诉接受方转达被投诉主体。在该案中，嘉易烤公司的投诉材料已完全包含上述要素。至于侵权分析比对，天猫公司一方面认为其对卖家所售商品是否侵犯发明专利判断能力有限，另一方面却又要求投诉方"详细填写被投诉商品落入贵方提供的专利权利要求的技术点，建议采用图文结合的方式一一指出"。浙江省高院认为，考虑到互联网领域投诉数量巨大、投诉情况复杂的因素，天猫公司的上述要求基于其自身利益考量虽然也具有一定的合理性，而且有利于天猫公司对于被投诉行为的性质作出初步判断并采取相应的措施。但就权利人而言，天猫公司的前述要求并非权利人投诉通知有效的必要条件。况且，嘉易烤公司在该案的投诉材料中提供了多达5页的以图文并茂的方式表现的技术特征对比表，但天猫公司仍以格式化的回复将技术特征对比作为审核不通过的原因之一，处置失当。至于天猫公司审核不通过并提出提供购买订单编号或双方会员名的要求，浙江省高院认为，在该案中投诉方是否提供购买订单编号或双方会员名并不影响投诉行为的合法有效。而且，天猫公司所确定的投诉规制并不对权利人维权产生法律约束力，权利人只需在法律规定的框架内行使维权行为即可，投诉方完全可以根据自己的利益考量决定是否接受天猫公司所确定的投诉规制。更何况投诉方可能无需购买商品而通过其他证据加以证明，也可以根据他人的购买行为发现可能的侵权行为，甚至投诉方即使存在直接购买行为，但也可以基于某种经济利益或商业秘密的考量而拒绝提供。最后，《侵权责任法》第36条第2款所规定的网络服务提供者接到通知后所应采取必要措施包括但并不限于删除、屏蔽、断开链接。"必要措施"应根据所侵害权利的性质、侵权的具体情形和技术条件等来加以综合确定。

在该案中，确定嘉易烤公司的投诉行为合法有效之后，需要判断天猫公司在接受投诉材料之后的处理是否审慎、合理。浙江省高院认为，该案系侵害发明专利权纠纷。天猫公司作为电子商务网络服务平台的提供者，基于其公司对于发明专利侵权判断的主观能力、侵权投诉胜诉概率以及利益平衡等因素的考量，并不必然要求天猫公司在接受投诉后对被投诉商品立即采取删除和屏蔽措施，对被诉商品采取的必要措施应当秉承审慎、合理原则，以免损害被投诉人的合法权益。但是将有效的投诉通知材料转达被投诉人并通知被投诉人申辩当属天猫公司应当采取的必要措施之一。否则权利人投诉行为将失去任何意义，权利人的维权行为也将难以实现。网络服务平台提供者应该保证有效投诉信息传递的顺畅，而不应成为投诉信息的黑洞。被投诉人对于其或生产或销售的商品是否侵权，以及是否应主动自行停止被投诉行为，自会作出相应的判断及应对。而天猫公司未履行上述基本义务的结果导致被投诉人未收到任何警示从而造成损害后果的扩大。至于天猫公司在嘉易烤公司起诉后即对被诉商品采取删除和屏蔽措施，当属审慎、合理。综上，天猫公司在接到嘉易烤公司的通知后未及时采取必要措施，对损害的扩大部分应与金仕德公司承担连带责任。天猫公司就此提出的上诉理由不能成立。关于天猫公司所应承担责任的份额，一审法院综合考虑侵权持续的时间及天猫公司应当知道侵权事实的时间，确定天猫公司对金仕德公司赔偿数额的 5 万元承担连带赔偿责任，并无不当。

3. 判决结果

综上，浙江省高院认为，天猫公司提出的上诉理由和请求不能成立，不予支持。浙江省高院于 2015 年 11 月 17 日作出（2015）浙知终字第 186 号民事判决：驳回上诉，维持原判。

（二）高仪股份公司诉浙江健龙卫浴有限公司侵害外观设计专利权纠纷案[1]

该案为最高人民法院发布的指导案例 85 号。

再审申请人（一审被告、二审被上诉人）：浙江健龙卫浴有限公司（以下

---

[1] 该案例选自最高人民法院（2015）民提字第 23 号民事判决书。

简称"健龙公司")

被申请人（一审原告、二审上诉人）：高仪股份公司（以下简称"高仪公司"）

审理法院：最高人民法院（以下简称"最高院"）

1. 基本案情

再审申请人健龙公司因与被申请人高仪公司侵害外观设计专利权纠纷案，不服浙江省高级人民法院（2013）浙知终字第255号民事判决，向最高院申请再审。最高院于2014年12月18日作出（2014）民申字第277号民事裁定，提审该案，依法组成合议庭，于2015年2月10日公开开庭审理该案，该案现已审理终结。

2012年11月29日，高仪公司向浙江省台州市中级人民法院（以下简称"一审法院"）提起诉讼称，健龙公司生产、销售和许诺销售的GL062、S8008等型号的丽雅系列卫浴产品，与其所有的"手持淋浴喷头（NO.A4284410X2）"（专利号ZL20093019×××.X）外观设计专利产品相同或近似，侵犯了其专利权，请求法院判令健龙公司：①立即停止生产、销售、许诺销售侵犯ZL20093019×××.X号外观设计专利权的商品；②销毁库存的侵权产品及专用于生产侵权产品的模具；③赔偿高仪公司经济损失20万元，其中包括高仪公司为制止侵权所支付的合理费用；④承担该案全部诉讼费用。

一审法院经审理查明：高仪公司系依德国法律成立并存续的公司，经营范围为研发、制造和销售洁具配件、附件和组件，水暖器材方面各类产品的贸易。2009年6月23日，高仪公司向国家知识产权局申请了名称为"手持淋浴喷头（NO.A4284410X2）"的外观设计专利，即该案涉案专利，并于2010年5月19日获得授权，专利号为ZL20093019×××.X，现该外观设计专利合法有效。

2012年9月19日，高仪公司委托柴某玲向浙江省宁波市永欣公证处申请证据保全公证，该公证处对健龙公司在其公司网站（网站地址：www.gllon.com）上宣传一款丽雅系列GL062手持花洒产品的事实进行了记录，并出具了（2012）浙甬永证民字第2298号公证书。同月28日，高仪公司委托案外人陈某慧向北京市东方公证处申请证据保全公证。公证人员某申请与案外人毛某令来到位于浙江省玉环清港科技工业园区的健龙公司处，向健龙公司的工作人员购买了淋浴喷头十个,取得了编号为0024942的收款收据一张、宣传册两本及名片两张,并对上述取得物品进行了拍照记录和封存。

2012年12月3日,根据高仪公司的证据保全申请,一审法院工作人员前往健龙公司处,对高仪公司指认的涉案产品进行了拍照记录。

涉案外观设计专利公告图片上的淋浴喷头包括喷头头部和手柄两部分,喷头头部呈扁椭圆体,正面看为圆角矩形,侧边呈圆弧状,下端平滑收缩过渡形成一体连接的手柄,相对于手柄,喷头头部向正面倾斜,喷头头部的正面设有长椭圆形区域,该区域内呈放射状分布出水孔。手柄下端为圆柱体,向与喷头连接处方向逐步收缩压扁呈扁椭圆体。经一审庭审比对,健龙公司被诉侵权产品与高仪公司涉案外观设计专利的相同之处为:二者属于同类产品,从整体上看,二者均是由喷头头部和手柄两个部分组成,被诉侵权产品头部出水面的形状与涉案专利相同,均表现为出水孔呈放射状分布在两端圆、中间长方形的区域内,边缘呈圆弧状。两者的不同之处为:①被诉侵权产品的喷头头部四周为斜面,从背面向出水口倾斜,而涉案专利主视图及左视图中显示其喷头头部四周为圆弧面;②被诉侵权产品头部的出水面与面板间仅由一根线条分隔,涉案专利头部的出水面与面板间由两条线条构成的带状分隔;③被诉侵权产品头部出水面的出水孔分布方式与涉案专利略有不同;④涉案专利的手柄上有长椭圆形的开关设计,被诉侵权产品没有;⑤涉案专利中头部与手柄的连接虽然有一定的斜角,但角度很小,几乎为直线形连接,被诉侵权产品头部与手柄的连接产生的斜角角度较大;⑥从涉案专利的仰视图看,手柄底部为圆形,被诉侵权产品仰视的底部为曲面扇形,涉案专利手柄下端为圆柱体,向与头部连接处方向逐步收缩压扁呈扁椭圆体,被诉侵权产品的手柄下端为扇面柱体,且向与喷头连接处过渡均为扇面柱体,过渡中的手柄中段有弧度的突起;⑦被诉侵权产品的手柄底端有一条弧形的装饰线,将手柄底端与产品的背面连成一体,涉案专利的手柄底端没有这样的设计;⑧涉案专利头部和手柄的长度比例与被诉侵权产品有所差别,两者的头部与手柄的连接处弧面亦有差别。

一审法院认为,涉案外观设计专利在有效期限内,法律状态稳定,应受法律保护。该案争议焦点为健龙公司生产、销售及许诺销售的被诉侵权产品是否与涉案外观设计专利构成近似,是否侵害高仪公司涉案外观设计专利权。根据《最高人民法院关于审理侵犯专利权纠纷案件应用法律若干问题的解释》(以下简称"专利侵权司法解释")第 10 条"人民法院应当以外观设计专利产品的一般消费者的知识水平和认知能力，判断外观设计是否相同或者近似。"以及第 11 条"人民法院认定外观设计是否相同或者近似时，应当根据授权外观设计、被诉侵权设计的设计特征，以外观设计的整体视觉效果进行综合判断"之规定，结合庭审比对结果，涉案专利与被诉侵权产品虽然在喷头的出水面设计上存在高度近似，但在喷头头部周边设计、喷头头部周边与出水面的分隔方式、手柄整体形状及细节设计、手柄与头部的连接方式及大小长度比例上均存在差别。高仪公司认为头部出水孔呈放射状分布在两端圆、中间长方形的区域内，边缘呈圆弧状的设计为涉案专利的设计特征部分，被诉侵权产品的头部设计与其相同，便应认定构成对涉案外观设计专利权的侵害。但是，高仪公司涉案专利的设计特征部分是否为喷头头部出水处的设计并未能在其简要说明中予以体现，且根据一般消费者的知识水平和认知能力，淋浴喷头产品应包括头部和手柄两个主要部分，两者各自的设计特征以及两者的连接方式和比例大小，在产品使用时均容易被直接观察到，是构成淋浴喷头产品整体视觉效果的基础，赋予该类产品设计美感。因此，应认定被诉侵权产品与涉案外观设计专利在整体视觉效果上存在实质性差异，两者并不构成近似。综上，健龙公司生产、销售及许诺销售的被诉侵权产品的行为未侵害高仪公司涉案专利权，高仪公司的诉讼请求不符合法律的相关规定，一审法院不予支持。该院判决：驳回高仪公司的诉讼请求。案件受理费人民币 4300 元，由高仪公司承担。

高仪公司不服一审判决，向浙江省高级人民法院（以下简称"二审法院"）提起上诉。

二审法院另查明，一审法院根据高仪公司的申请，系于 2012 年 12 月 13 日前往健龙公司进行证据保全，一审判决对保全日期的记载有误，应予纠正。

二审法院认为，该案二审争议焦点为被诉侵权产品采用的外观设计是否落入了高仪公司涉案专利权的保护范围，以及健龙公司可能承担的民事责任。

《专利法》（2008 年修正）第 59 条第 2 款规定，外观设计专利权的保护范围以表示在图片或者照片中的该产品的外观设计为准，简要说明可以用于解释图片或者照片所表示的该产品的外观设计。故在外观设计侵权比对中，一般不宜将被诉侵权产品与专利产品实物进行比对，否则实物产品的颜色配置、握持的手感等与比对无关的因素都可能对判断主体产生误导，进而影响侵权与否的判断。即使专利产品的外观系严格按照专利视图制作，仍应以被诉侵权产品实物与涉案专利视图进行比对，以作出侵权与否的最终判断。在该案中，经比对，虽然一审判决归纳的被诉侵权设计与涉案专利设计的区别点大致存在，但侵权比对并非是区别点的简单罗列和累加，而应严格秉承"整体观察、综合判断"的比对原则。对此，专利侵权司法解释第11条规定，人民法院认定外观设计是否相同或者近似时，应当根据授权外观设计、被诉侵权设计的设计特征，以外观设计的整体视觉效果进行综合判断。授权外观设计区别于现有设计的设计特征相对于授权外观设计的其他设计特征，通常对外观设计的整体视觉效果更具有影响。被诉侵权设计与授权外观设计在整体视觉效果上无差异的，人民法院应当认定两者相同；在整体视觉效果上无实质性差异的，应当认定两者近似。在该案中，首先，关于涉案专利的设计特征，该专利申请之时所适用的《专利法》（2008年修正）并未要求外观设计专利的授权文本需附有简要说明，一项外观设计所具备的区别于其他外观设计的具有一定识别度的设计要点，即可确定为其设计特征，而非以是否在专利的简要说明中予以记载为确定设计特征的前提。就涉案专利而言，高仪公司明确其跑道状的出水面为专利的设计特征和视觉要部，而该部分确为涉案专利最具可识别度的设计，且占据了主要的视域面积，并能带来较为独特的设计美感；况且，二审法院在审理过程中明确要求健龙公司作进一步检索，确认在涉案专利申请日前，有无喷头出水面为跑道状的现有设计存在，健龙公司未能提供相应的现有设计以供比对。故涉案专利中跑道状的喷头出水面设计，应作为区别于现有设计的设计特征予以重点考量，而被诉侵权设计正是采用了与之高度相似的出水面设计，具备了涉案专利的该设计特征。其次，被诉侵权设计与涉案专利设计相比，在淋浴喷头的整体轮廓、喷头与把手的长度分割比例等方面均非常相似。最后，被诉侵权设计与涉案专利设计的主要区别在于前者缺乏后者在手柄位置具有的一类跑道状推钮设计。推钮固然可有不同的形状设计，但其在手柄上设置主要仍系基于功能性的设计，对产品的整体视觉效果并未产生显著影响。至于一审判决归纳的其他区别点，如喷头头部的周边设计及出水面的分隔方式、手柄形状、手柄与头部的连接方式等存在的差别均较为细微，亦未能使被诉侵权设计与涉案专利设计在产品的整体视觉效果上产生实质性差异。综上，二审法院认定被诉侵权设计与涉案专利设计构成近似，落入了涉案外观设计专利权保护范围。因健龙公司对其实施了制造、许诺销售、销售被诉侵权产品的行为并无异议,故其应承担相应的侵权责任。

关于侵权责任的确定问题。按照《专利法》(2008年修正)第65条之规定,因侵权人获益和权利人损害都没有证据证实,亦无合理专利许可使用费可供参照,该案按照法定赔偿方式确定赔偿数额。二审法院认为,综合考虑涉案专利为外观设计专利,具有一定的设计美感,并有多次受司法保护记录;健龙公司的注册资本为人民币585万元,具有一定的生产规模和营销能力;健龙公司实施了制造、许诺销售、销售被诉侵权产品的行为;高仪公司为制止侵权支出了相应的维权费用等因素,酌情确定赔偿额为人民币10万元。健龙公司的库存产品亦应予以销毁,对高仪公司的该项诉请,予以支持。但因高仪公司并未证明健龙公司现持有被诉侵权产品的制造模具,故对高仪公司要求销毁健龙公司生产被诉侵权产品专用模具的诉请,不予支持。该院判决:①撤销一审判决;②健龙公司立即停止制造、许诺销售、销售侵害涉案外观设计专利权的产品的行为,并于二审判决送达之日即时销毁库存的侵权产品;③健龙公司赔偿高仪公司经济损失(含高仪公司为制止侵权行为所支出的合理费用)人民币10万元;④驳回高仪公司的其他诉讼请求。一、二审案件受理费各人民币4300元,均各由健龙公司承担3225元,高仪公司承担1075元。

2. 审理

健龙公司在该案再审审查阶段向最高院提交了以下证据。

(1)一审庭审笔录复印件,拟证明高仪公司在一审时主张喷头头部、手柄及其连接方式均为涉案专利的区别设计特征。

(2)国家知识产权局网站ZL200630113512.5淋浴喷头外观设计专利视图打印件,拟证明涉案外观设计专利"跑道状出水面"为现有设计。

(3)针对涉案外观设计专利的第17086号无效宣告请求审查决定(以下简称"第17086号决定")及高仪公司在该无效宣告程序中的意见陈述书复印件,拟证明高仪公司及原国家知识产权局专利复审委员会(以下简称"专利复审委员会")均认为喷头类产品的喷头、手柄及其连接方式的差别足以对整体视觉效果产生显著影响,可以区别出不同设计。

高仪公司在该案再审审查阶段向最高院提交了以下证据。

(1)北京市方圆公证处出具的(2014)京方圆内经证字第14124号公证

书，主要内容是对健龙公司相关网页的屏幕截屏，拟证明健龙公司在二审判决后继续生产、许诺销售被诉侵权产品。

（2）国家知识产权局专利检索咨询中心出具的外观设计检索报告（编号为 GW10393），拟证明涉案专利具备较高的新颖性。

（3）涉案专利年费缴纳收据网络打印件，拟证明涉案专利合法有效。

最高院经审查认为，健龙公司和高仪公司提交的上述证据经查证属实，双方当事人对对方提交的证据的真实性、合法性均无异议，因此，对于上述证据，予以确认。至于上述证据是否能证明其拟证明事项，将在判理部分一并论述。

最高院认为，该案的争议焦点在于被诉侵权产品外观设计是否落入涉案外观设计专利权的保护范围。

《专利法》（2008 年修正）第 59 条第 2 款规定："外观设计专利权的保护范围以表示在图片或者照片中的该产品的外观设计为准，简要说明可以用于解释图片或者照片所表示的该产品的外观设计。"专利侵权司法解释第 8 条规定："在与外观设计专利产品相同或者相近种类产品上，采用与授权外观设计相同或者近似的外观设计的，人民法院应当认定被诉侵权设计落入专利法第五十九条第二款规定的外观设计专利权的保护范围"；第 10 条规定："人民法院应当以外观设计专利产品的一般消费者的知识水平和认知能力，判断外观设计是否相同或者近似。"在该案中，被诉侵权产品与涉案外观设计专利产品相同，均为淋浴喷头类产品，因此，该案的关键问题是对于一般消费者而言，被诉侵权产品外观设计与涉案授权外观设计是否相同或者近似，具体涉及以下四个问题。

第一，关于涉案授权外观设计的设计特征。

法院认为，外观设计专利制度的立法目的在于保护具有美感的创新性工业设计方案，一项外观设计应当具有区别于现有设计的可识别性创新设计才能获得专利授权，该创新设计即是授权外观设计的设计特征。通常情况下，外观设计的设计人都是以现有设计为基础进行创新。对于已有产品，获得专利权的外观设计一般会具有现有设计的部分内容，同时具有与现有设计不相同也不近似的设计内容，正是这部分设计内容使得该授权外观设计具备创新性，从而满足《专利法》（2008 年修正）第 23 条所规定的实质性授权条件：不属于现有设计也不存在抵触申请，并且与现有设计或者现有设计特征的组合相比具有明显区别。对于该部分设计内容的描述即构成授权外观设计的设计特征，其体现了授权外观设计不同于现有设计的创新内容，也体现了设计人对现有设计的创造性贡献。由于设计特征的存在，一般消费者容易将授权外观设计区别于现有设计，因此，其对外观设计产品的整体视觉效果具有显著影响，如果被诉侵权设计未包含授权外观设计区别于现有设计的全部设计特征，一般可以推定被诉侵权设计与授权外观设计不近似。

对于设计特征的认定，一般来说，专利权人可能将设计特征记载在简要说明中，也可能会在专利授权确权或者侵权程序中对设计特征作出相应陈述。根据"谁主张谁举证"的证据规则，专利权人应当对其所主张的设计特征进行举证。另外，授权确权程序的目的在于对外观设计是否具有专利性进行审查，因此，该过程中有关审查文档的相关记载对确定设计特征有着重要的参考意义。理想状态下，对外观设计专利的授权确权，应当是在对整个现有设计检索后的基础上确定对比设计来评判其专利性，但是，由于检索数据库的限制、无效宣告请求人检索能力的局限等原因，授权确权程序中有关审查文档所确定的设计特征可能不是在穷尽整个现有设计的检索基础上得出的，因此，无论是专利权人举证证明的设计特征，还是通过授权确权有关审查文档记载确定的设计特征，如果第三人提出异议，都应当允许其提供反证予以推翻。人民法院在听取各方当事人质证意见的基础上，对证据进行充分审查，依法确定授权外观设计的设计特征。

该案中，专利权人高仪公司主张跑道状的出水面为涉案授权外观设计的设计特征，健龙公司对此不予认可。对此，法院认为，首先，涉案授权外观设计没有简要说明记载其设计特征，高仪公司在二审诉讼中提交了12份淋浴喷头产品的外观设计专利文件，其中7份记载的公告日早于涉案专利的申请日，其所附图片表示的外观设计均未采用跑道状的出水面。在针对涉案授权外观设计的无效宣告请求审查程序中，专利复审委员会作出第17086号决定，认定涉案授权外观设计与最接近的对比设计证据1相比："从整体形状上看，与在先公开的设计相比，本专利喷头及其各面过渡的形状、喷头正面出水区域的设计以及喷头宽度与手柄直径的比例具有较大差别，上述差别均是一般消费者容易关注的设计内容"，即该决定认定喷头出水面形状的设计为涉案授权外观设计的设计特征之一。其次，健龙公司虽然不认可跑道状的出水面为涉案授权外观设计的设计特征，但是在该案一、二审诉讼中其均未提交相应证据证明跑道状的出水面为现有设计。该案再审审查阶段，健龙公司提交 ZL200630113512.5 淋浴喷头外观设计专利视图拟证明跑道状的出水面已被现有设计所公开，经审查，该外观设计专利公告日早于涉案授权外观设计申请日，可以作为涉案授权外观设计的现有设计，但是其主视图和使用状态参考图所显示的出水面两端呈矩形而非呈圆弧形，其出水面并非跑道状。因此，对于健龙公司关于跑道状出水面不是涉案授权外观设计的设计特征的再审申请理由，最高院不予支持。

第二，关于涉案授权外观设计产品正常使用时容易被直接观察到的部位。

认定授权外观设计产品正常使用时容易被直接观察到的部位，应当以一般消费者的视角，根据产品用途，综合考虑产品的各种使用状态得出。在该案中，首先，涉案授权外观设计是淋浴喷头产品外观设计，淋浴喷头产品由喷头、手柄构成，二者在整个产品结构中所占空间比例相差不大。淋浴喷头产品可以手持，也可以挂于墙上使用，在其正常使用状态下，对于一般消费者而言，喷头、手柄及其连接处均是容易被直接观察到的部位。其次，第 17086 号决定认定在先申请的设计证据 2 与涉案授权外观设计采用了同样的跑道状出水面，但是基于涉案授权外观设计的"喷头与手柄成一体，喷头及其与手柄连接的各面均为弧面且喷头前倾，此与在先申请的设计相比具有较大的差别，上述差别均是一般消费者容易关注的设计内容"，认定二者属于不相同且不相近似的外观设计。可见，淋浴喷头产品容易被直接观察到的部位并不仅限于其喷头头部出水面，在对淋浴喷头产品外观设计的整体视觉效果进行综合判断时，其喷头、手柄及其连接处均应作为容易被直接观察到的部位予以考虑。

第三，关于涉案授权外观设计手柄上的推钮是否为功能性设计特征。

法院认为，外观设计的功能性设计特征是指那些在外观设计产品的一般消费者看来，由产品所要实现的特定功能唯一决定而不考虑美学因素的特征。通常情况下，设计人在进行产品外观设计时，会同时考虑功能因素和美学因素。在实现产品功能的前提下，遵循人文规律和法则对产品外观进行改进，即产品必须首先实现其功能，其次还要在视觉上具有美感。具体到一项外观设计的某一特征，大多数情况下均兼具功能性和装饰性，设计者会在能够实现特定功能的多种设计中选择一种其认为最具美感的设计，而仅由特定功能唯一决定的设计只有在少数特殊情况下存在。因此，外观设计的功能性设计特征包括两种：一是实现特定功能的唯一设计；二是实现特定功能的多种设计之一，但是该设计仅由所要实现的特定功能决定而与美学因素的考虑无关。对功能性设计特征的认定，不在于该设计是否因功能或技术条件的限制而不具有可选择性，而在于外观设计产品的一般消费者看来该设计是否仅仅由特定功能所决定，而不需要考虑该设计是否具有美感。一般而言，功能性设计特征对于外观设计的整体视觉效果不具有显著影响；而功能性与装饰性兼具的设计特征对整体视觉效果的影响需要考虑其装饰性的强弱，装饰性越强，对整体视觉效果的影响相对较大，反之则相对较小。

在该案中，涉案授权外观设计与被诉侵权产品外观设计的区别之一在于后者缺乏前者在手柄位置上具有的一类跑道状推钮设计。推钮的功能是控制水流开关，是否设置推钮这一部件是由是否需要在淋浴喷头产品上实现控制水流开关的功能所决定的，但是，只要在淋浴喷头手柄位置设置推钮，该推钮的形状就可以有多种设计。当一般消费者看到淋浴喷头手柄上的推钮时，自然会关注其装饰性，考虑该推钮设计是否美观，而不是仅仅考虑该推钮是否能实现控制水流开关的功能。涉案授权外观设计的设计者选择将手柄位置的推钮设计为类跑道状，其目的也在于与其跑道状的出水面相协调，增加产品整体上的美感。因此，二审判决认定涉案授权外观设计中的推钮为功能性设计特征，适用法律错误，最高院予以纠正。

第四，关于被诉侵权产品外观设计与涉案授权外观设计是否构成相同或者近似。

专利侵权司法解释第 11 条规定，认定外观设计是否相同或者近似时，应当根据授权外观设计、被诉侵权设计的设计特征，以外观设计的整体视觉效果进行综合判断；对于主要由技术功能决定的设计特征，应当不予考虑。产品正常使用时容易被直接观察到的部位相对于其他部位、授权外观设计区别于现有设计的设计特征相对于授权外观设计的其他设计特征，通常对外观设计的整体视觉效果更具有影响。

在该案中，被诉侵权产品外观设计与涉案授权外观设计相比，其出水孔分布在喷头正面跑道状的区域内，虽然出水孔的数量及其在出水面两端的分布与涉案授权外观设计存在些许差别，但是总体上，被诉侵权产品采用了与涉案授权外观设计高度近似的跑道状出水面设计。关于两者的区别设计特征，一审法院归纳了八个方面，对此双方当事人均无异议。对于这些区别设计特征，首先，如前所述，第17086号决定认定涉案外观设计专利的设计特征有三点：一是喷头及其各面过渡的形状，二是喷头出水面形状，三是喷头宽度与手柄直径的比例。除喷头出水面形状这一设计特征之外，喷头及其各面过渡的形状、喷头宽度与手柄直径的比例等设计特征也对产品整体视觉效果产生显著影响。虽然被诉侵权产品外观设计采用了与涉案授权外观设计高度近似的跑道状出水面，但是，在喷头及其各面过渡的形状这一设计特征上，涉案授权外观设计的喷头、手柄及其连接各面均呈圆弧过渡，而被诉侵权产品外观设计的喷头、手柄及其连接各面均为斜面过渡，从而使二者在整体设计风格上呈现明显差异。另外，对于非设计特征之外的被诉侵权产品外观设计与涉案授权外观设计相比的区别设计特征，只要其足以使两者在整体视觉效果上产生明显差异，也应予以考虑。其次，淋浴喷头产品的喷头、手柄及其连接处均为其正常使用时容易被直接观察到的部位，在对整体视觉效果进行综合判断时，在上述部位上的设计均应予以重点考查。具体而言，涉案授权外观设计的手柄上设置有一类跑道状推钮，而被诉侵权产品无此设计，因该推钮并非功能性设计特征，推钮的有无这一区别设计特征会对产品的整体视觉效果产生影响；涉案授权外观设计的喷头与手柄连接产生的斜角角度较小，而被诉侵权产品的喷头与手柄连接产生的斜角角度较大，从而使两者在左视图上呈现明显差异。正是由于被诉侵权产品外观设计未包含涉案授权外观设计的全部设计特征，以及被诉侵权产品外观设计与涉案授权外观设计在手柄、喷头与手柄连接处的设计等区别设计特征，使两者在整体视觉效果上呈现明显差异，两者既不相同也不近似，被诉侵权产品外观设计未落入涉案外观设计专利权的保护范围。二审判决仅重点考虑了涉案授权外观设计跑道状出水面的设计特征，而对于涉案授权外观设计的其他设计特征，以及淋浴喷头产品正常使用时其他容易被直接观察到的部位上被诉侵权产品外观设计与涉案授权外观设计专利的区别设计特征未予考虑，认定两者构成近似，适用法律错误，最高院予以纠正。

3. 判决结果

综上，健龙公司生产、许诺销售、销售的被诉侵权产品外观设计与高仪公司所有的涉案授权外观设计既不相同也不近似，未落入涉案外观设计专利权保护范围，健龙公司生产、许诺销售、销售被诉侵权产品的行为不构成对高仪公司涉案专利权的侵害。二审判决适用法律错误，最高院依法应予纠正，作出判决：①撤销浙江省高级人民法院（2013）浙知终字第255号民事判决；②维持浙江省台州市中级人民法院（2012）浙台知民初字第573号民事判决。

第九章

专利资产管理

企业取得专利权后,在专利权有效期内进行专利档案管理,对专利进行维持或放弃管理,是企业专利资产管理工作的重要组成部分。

同时,专利是企业重要的无形资产,一方面可以通过企业专利实施获得利润,另一方面可以将专利作为一项无形资产,通过专利资产经营,为企业带来良好的经济效益。企业专利工作者了解专利资产管理与经营的相关知识,有利于为企业开辟新的财源,实现专利资产价值的最大化,促进资产的良性循环。

第一节 专利档案管理

在专利有效期内,企业需要做好专利档案管理,通过对专利年费监控缴纳等管理来维持专利的有效性,或对低价值专利进行放弃管理来节约维持成本等。本节对专利年费管理进行详细介绍。

一、年费缴纳原因

所谓年费,是指法律规定的,为维持专利权的有效性,由专利权人逐年向国务院专利行政部门缴纳的费用。专利权人必须按期缴纳有关的费用,这是世界主要国家和地区的普遍规定。我国《专利法》第43条规定:"专利权人应当自被授予专利权的当年开始缴纳年费。"

设立缴纳年费的制度,主要是出于以下三个方面的考虑。

(一)促进推广应用

取得专利权的发明创造如果不在实践中加以应用,专利权人就不能取得经济效益。因此，为了补偿科研投资和维持专利有效的成本，包括每年所缴纳的年费，专利权人就要积极考虑实施专利。

（二）促使放弃低价值专利

发明创造取得专利权后，专利权人要按期缴纳年费，而年费的数额又是逐年递增的。这样就会促使专利权人放弃那些经济效益不大的专利，使其更早地成为社会的共有财富。

（三）补偿行政部门开支

专利局主要是为申请人和专利权人的利益而设立的机构，这一机构为了履行其职责，需要大量的开支。按照"谁受益，谁付款"的原则，这笔开支应该由使用专利局服务的人即申请人和专利权人负担，而不应当由全体纳税人负担。因此，收取专利维持费，是减少国家财政支持的手段之一。

二、年费计算

（一）缴费标准

不同国家或地区年费的缴纳标准不尽相同，而且这个费用标准会随着不同国家或地区社会经济发展的实际情况发生变动。通常，相关信息会及时地公布在国家或地区专利局的网站上，供申请人随时查询。这里仅以我国目前年费的缴纳标准为例进行说明。

根据我国《专利法实施细则》的规定，我国专利的年费金额，由国务院价格管理部门会同国务院专利行政部门规定。目前，我国发明、实用新型、外观设计专利的年费和外观设计单独指定费标准如表9-1至表9-4所示。

表9-1 发明专利年费   单位：元

	专利年度	1～3年	4～6年	7～9年	10～12年	13～15年	16～20年
应缴年费金额	年费标准值	900	1200	2000	4000	6000	8000
	减70%年费标准值	270	360	600	1200	1800	2400
	减85%年费标准值	135	180	300	600	900	1200

表9-2 实用新型专利年费　　　　　　　　　　　　　　　单位：元

	专利年度	1~3年	4~5年	6~8年	9~10年
应缴年费金额	年费标准值	600	900	1200	2000
	减70%年费标准值	180	270	360	600
	减85%年费标准值	90	135	180	300

表9-3 外观设计专利年费　　　　　　　　　　　　　　　单位：元

	专利年度	1~3年	4~5年	6~8年	9~10年	11~15年
应缴年费金额	年费标准值	600	900	1200	2000	3000
	减70%年费标准值	180	270	360	600	900
	减85%年费标准值	90	135	180	300	450

表9-4 外观设计专利单独指定费　　　　　　　　　　　　单位：元

指定期限		第一期（1~3年）	第二期（4~5年）	第三期（6~8年）
应缴单独指定费金额	费用标准值	4100	7600	15000

（二）缴费时间

根据我国《专利法》规定，年费应预先缴纳。申请人办理登记手续，获取专利证书时，应当缴纳授予专利权当年的年费。以后的年费应当在前一年度期满前一个月内预缴，缴费期限届满日是申请日在该年的相应日。专利权人未按时缴纳年费，或者缴纳金额不足的，国家知识产权局会通知专利权人在一定期限内补缴，同时要缴纳一定比例的滞纳金。期满未缴纳的，自应当缴纳年费期满之日起，其专利权终止。

（三）计算示例

专利年度是从申请日起算，与优先权日、授权日无关，也不是我们平常说的自然年度。例如，一件专利申请的申请日是2006年5月11日，则该专利申请的第一年度是2006年5月11日至2007年5月10日，第三年度是2008年5月11日至2009年5月10日，依次类推。

各年度年费按收费表中规定的标准缴纳，例如一件发明专利申请的申请日是2000年10月20日，如果该专利申请于2004年6月25日被授予专利权

（授予专利权公告之日），那么申请人在办理登记手续时应缴纳第四年度年费1200元。该专利权人下一年度的年费，也就是第五年度的年费，应当在前一年度期满一个月内即2005年9月20日至10月20日之间预缴，共计1200元。

目前，为了鼓励申请人的积极性，我国对授权当年起连续十个年度的年费实行减缓政策，单个专利权人可以减缓85%，多个专利权人可以减缓70%。也就是说，上面的专利权人如果按照规定提出了费用减缓请求并获得了批准的话，其第四年度至第十三年度，如果是单个专利权人，只需要缴纳年费的15%即可，如果是多个专利权人，需要缴纳年费的30%。从第十四年度开始，应按全额缴纳年费。

三、滞纳金

前面提到，专利权人未按时缴纳年费，或者缴纳金额不足的，国家知识产权局会通知专利权人在一定期限内补缴，同时要缴纳一定比例的滞纳金。

（一）缴费标准

我国目前的具体规定是：专利权人未按时缴纳年费（不包括授予专利权当年的年费）或者缴纳数额不足的，可以在年费期满之日起6个月内补缴，补缴时间超过规定期限但不足1个月时，不缴纳滞纳金。补缴时间超过规定时间1个月或以上的，缴纳按下述方法计算出的相应数额的滞纳金：

超过规定期限一个月（不含一整月）至两个月（含两个整月）的，缴纳数额为全额年费的5%；

超过规定期限两个月至三个月（含三个整月）的，缴纳数额为全额年费的10%；

超过规定期限三个月至四个月（含四个整月）的，缴纳数额为全额年费的15%；

超过规定期限四个月至五个月（含五个整月）的，缴纳数额为全额年费的20%；

超过规定期限五个月至六个月的，缴纳数额为全额年费的25%。

凡在6个月的滞纳期内，第一次缴纳不足，再次补缴时，应依照实际补缴日所在滞纳金时段内的滞纳金标准，补足应缴纳的全部年费滞纳金。例如，年费滞纳金 5% 的缴纳时段为 7 月 8 日至 8 月 7 日，滞纳金为 45 元，但专利权人仅缴纳了 40 元。缴费人在 9 月 7 日补缴滞纳金时，应依照实际缴费日所对应的滞纳期时段的标准 10% 缴纳，该时段滞纳金为 90 元，所以专利权人还应补缴滞纳金 50 元。

表 9-5 至表 9-7 列出了各个专利年度的不同比例滞纳金数额。

表 9-5 发明专利年费滞纳金　　　　　　　　　　　单位：元

	专利年度	1~3 年	4~6 年	7~9 年	10~12 年	13~15 年	16~20 年
5% 滞纳金	应缴纳的滞纳金数额	45	60	100	200	300	400
	年费标准值+滞纳金	945	1260	2100	4200	6300	8400
10% 滞纳金	应缴纳的滞纳金数额	90	120	200	400	600	800
	年费标准值+滞纳金	990	1320	2200	4400	6600	8800
15% 滞纳金	应缴纳的滞纳金数额	135	180	300	600	900	1200
	年费标准值+滞纳金	1035	1380	2300	4600	6900	9200
20% 滞纳金	应缴纳的滞纳金数额	180	240	400	800	1200	1600
	年费标准值+滞纳金	1080	1440	2400	4800	7200	9600
25% 滞纳金	应缴纳的滞纳金数额	225	300	500	1000	1500	2000
	年费标准值+滞纳金	1125	1500	2500	5000	7500	10000

表 9-6 实用新型专利年费滞纳金　　　　　　　　　　　单位：元

	专利年度	1~3 年	4~5 年	6~8 年	9~10 年
5% 滞纳金	应缴纳的滞纳金数额	30	45	60	100
	年费标准值+滞纳金	630	945	1260	2100
10% 滞纳金	应缴纳的滞纳金数额	60	90	120	200
	年费标准值+滞纳金	660	990	1320	2200
15% 滞纳金	应缴纳的滞纳金数额	90	135	180	300
	年费标准值+滞纳金	690	1035	1380	2300
20% 滞纳金	应缴纳的滞纳金数额	120	180	240	400
	年费标准值+滞纳金	720	1080	1440	2400
25% 滞纳金	应缴纳的滞纳金数额	150	225	300	500
	年费标准值+滞纳金	750	1125	1500	2500

表 9-7　外观设计专利年费滞纳金　　　　　　　　　　单位：元

专利年度		1~3年	4~5年	6~8年	9~10年	11~15年
5%滞纳金	应缴纳的滞纳金数额	30	45	60	100	150
	年费标准值+滞纳金	630	945	1260	2100	3150
10%滞纳金	应缴纳的滞纳金数额	60	90	120	200	300
	年费标准值+滞纳金	660	990	1320	2200	3300
15%滞纳金	应缴纳的滞纳金数额	90	135	180	300	450
	年费标准值+滞纳金	690	1035	1380	2300	3450
20%滞纳金	应缴纳的滞纳金数额	120	180	240	400	600
	年费标准值+滞纳金	720	1080	1440	2400	3600
25%滞纳金	应缴纳的滞纳金数额	150	225	300	500	750
	年费标准值+滞纳金	750	1125	1500	2500	3750

（二）计算示例

以上面授权后的发明专利为例，如果权利人第五年度的年费没有在规定期限内预缴，则若申请人能够在 2005 年 11 月 20 日之前补缴的话，则不会产生滞纳金；若在 11 月 20 日之后缴纳，则需要按超过的月份，缴纳相应比例的滞纳金。如权利人在 2006 年 2 月 5 日缴纳年费，则除要缴纳当年年费 1200 元之外，还要按照 15% 的比例缴纳滞纳金，即 180 元。因此，该权利人需要缴纳的总费用为 1380 元。

此外，我国的减缓政策是不包括对滞纳金的减缓，也就是说，即使该权利人办理了减缓手续，也要按照未减缓的比例缴纳滞纳金。如果是多个专利权人，需要缴纳减缓后的年费 360 元 + 滞纳金 180 元，总费用为 540 元；如果是单个专利权人，需要缴纳减缓后的年费 180 元 + 滞纳金 180 元，总费用为 360 元。

综上所述，不同国家有关年费的规定各不相同，各专利缴纳年费的数额和时间也不相同，不适当地缴纳年费会导致滞纳金的产生，严重时会导致权利终止。因此，对于向外申请专利以及授权比较多的企业来说，需要建立相应的年费管理系统，由专人负责或委托专门的单位来负责年费的监控及缴纳，以避免少缴、漏缴或错缴而导致专利权丧失。当然，年费缴纳事宜也可以委托专利代理机构处理。

第二节　专利权放弃管理

专利权维持需要一定的成本，因此即使该专利权仍在法定的保护期限内，但若对于企业的发展已没有太大价值的时候，企业也可以选择主动放弃该专利权。本节就放弃专利权考虑的因素和放弃专利权的管理程序进行阐述。

一、放弃专利权考虑的因素

在放弃专利权时，需要谨慎考虑，全面衡量。放弃专利权需考虑的因素通常包括相关技术的发展状况和技术实施的市场情况等。

（一）技术发展状况

如果相关的技术已经到了淘汰期，有了更新、更好的替代或者先进的技术，使得原有技术的市场需求非常小，这时候继续维持专利权只会使企业的利益受损，此时可以选择通过不继续缴纳年费的方式使专利权终止，专利权终止日是上一年度期限届满日。

但是需要注意的是，有关核心技术的专利权不应轻易放弃。在这方面，荷兰申请人的教训值得吸取。

荷兰申请人原本是生产盒式录音带的先驱，并就此拥有当时许多的专利技术，荷兰也因此而获得了高额利润。也许正是由于这一商业目的已经达到，荷兰人认为没有必要再为这些专利缴纳更多的专利维持费了，因而停止了缴费，使得这些专利成了失效专利，这为世界各国或地区无偿使用这些技术开了绿灯。荷兰专利权人的技术进入公有领域后，首先给日本人提供了机会，日本利用这些技术，将收录两用机销售到了世界的各个角落。不仅如此，为了进一步巩固自己的技术优势，日本的电器厂家还再接再厉，在荷兰专利权人的技术基础上积极开发出更新的产品，并为这些新技术做了周密的专利保护。这样，原本是生产盒式录音带"鼻祖"的荷兰，却在市场竞争中落后了。

由此可见，对于尚未完全失去意义的专利，要放弃专利权，必须特别慎重。有时候虽然付出了一些经济代价，但却能赢得整个垄断的市场利益，特别是在新产品开发方面，之前的技术很可能是未来核心技术的基础。如果没有经过审慎的考虑，就主动放弃专利权，那么很可能会失去未来参与新技术或新产品竞争的机会。

（二）市场状况

在某些情况下，当市场前景不是很明朗的时候，企业为了率先抢占市场，需要申请专利做必要的市场准备。例如，有的企业申请专利的目的是进行专利储备，而不是尽快开发专利产品投入市场。在运用专利储备策略时，潜在的市场而不是现实的市场是企业着重考虑的。但是，这种判断有时候是会有失误，当企业发现专利所保护的产品或工艺的潜在市场与最初判断有较大差距，已经失去投资价值的时候，就没有必要再花费大量的时间和金钱放在这些没有市场或已经失去市场的专利上，此时可以主动放弃这些专利。

例如，家电巨头日立公司每年都会对公司持有的专利进行复核，论证继续维持的必要性，以节省每年约12亿日元的专利费用。部分跨国企业还廉价出售部分自己没有使用同时也难以转让出去的专利，尽可能地通过转让专利来获取更多收益。

二、放弃专利权管理的程序

（一）设立审批程序

从操作上来讲，主动放弃专利权的方式非常简单，只要不再继续缴纳年费即可。但是，一旦专利权人已经放弃了某项专利权之后，且在规定期限内又未启动恢复程序的，出现反悔，是没有办法再恢复权利的。因此，企业作出放弃专利权的决定一定要非常慎重。为此，企业应当在内部设立专门的审批程序，凡是放弃专利权的决定，都要经该程序进行严格审批，防止决策失误。

（二）组成决策小组

上文中提到，企业在考虑是否放弃专利权时，既牵涉技术问题，也牵涉市场问题。因此，企业所设计的内部审批程序中，要体现专利管理部门、技术研发部门和市场部门人员的通力合作，组成决策小组，各方人员从自身的角度，共同就这一问题进行可行性论证的基础上，作出最终决定。

第三节 专利资产经营

专利资产经营简称为专利经营，从事专利经营的第一步是了解其基本内容。本节就专利经营的含义和专利经营的方式进行简要介绍。

一、专利经营的含义

专利经营有广义和狭义之分，通常所说的专利经营是指狭义的专利经营。

（一）广义专利经营

广义专利经营是指围绕专利所开展的各种活动，其包括专利战略制定与实施、专利申请与布局、专利信息利用、专利技术开发、专利实施、专利许可转让、专利预警和专利维权等等。

（二）狭义专利经营

狭义专利经营是指将专利作为资产，通过运营实现其商业价值的各种行为，其包括利用自身专利开展的专利经营活动和利用他人专利开展的专利经营活动，这些经营活动以直接产生经济效益为目的。利用自身专利开展的专利经营活动的主要形式为专利输出，利用他人专利开展的专利经营活动的主要形式为专利引进。

二、输出经营方式

企业作为权利人，利用自身专利从事经营活动的主要形式，即专利输出包括以下两种方式。

（一）专利转让

专利转让包括专利权转让和专利申请权转让，是指转让方将其所拥有的专利权（或专利申请权）转让给受让方，由此获得转让费的经营方式。专利转让是所有权的转让，实施前需要对专利技术的市场前景、法律状态、转让方式和转让价格等进行综合考量。

（二）专利许可

专利许可又称为专利实施许可，是指专利权人作为许可方在专利权有效期内，许可被许可方在一定时间和范围内实施其专利，由此获得专利使用费的经营方式。专利许可虽然只是使用权的转移，但是对许可方而言也存在一定的风险，实施前，需要结合企业的实施能力、产品或技术的市场需求、技术的先进程度、许可策略和许可价格等进行综合分析评估。

三、引进经营方式

企业作为引进方，利用他人专利从事经营活动的主要形式，即专利引进包括以下两种方式。

（一）受让专利

受让专利包括受让专利权或专利申请权，是指引进人作为受让方，受让转让方专利权（或专利申请权），通过合法使用该专利技术获得利润的经营方式。与接受专利许可相比，受让专利通常费用较高，从而风险也就较高，因此在实施专利受让前，需要从受让对象技术水平、权属状况、市场前景、纠纷风险、配套技术和消化能力等方面作好引进的可行性分析。

（二）接受专利许可

接受专利许可是指引进人作为被许可方，接受许可方许可在一定时间和范围内实施其专利，并通过合法使用该专利技术获得利润的经营方式。接受专利许可时，除必须对被许可对象从技术上、市场上、经济上和法律上的可行性进行分析外，还必须尽量避免出现搭售、独家交易和回授等限制竞争行为的出现。

四、其他经营方式

传统的专利经营方式主要是专利转让和专利许可，随着专利资产的经济价值日益获得重视后，专利权人选择采用更多元化的专利经营方式来提高和实现专利权价值，主要包括基于专利导航进行的专利组合、专利托管、专利产业化等；基于金融与知识产权结合进行的专利质押贷款（融资）、专利作价入股（投资）、受让后再经营、专利租赁等。

（一）专利权质押贷款

专利权质押贷款是指专利权人将专利权作为质押物，由此获得银行贷款的经营方式。专利权质押贷款是企业融资的良好途径,当对专利技术和产品市场前景乐观时,应当很好地利用这一方式。

(二) 专利作价入股

专利作价入股是指专利权人将专利权作为资本入股,由此获得股权收入的经营方式。反过来,接受专利权人将专利权作价入股也属于这种经营方式。以这种方式经营专利时,首先需要对专利权的价值作出合理的评估。

(三) 受让后再经营

受让后再经营是指引进人作为受让方,通过受让专利,对技术熟化或不经过熟化后,再实施转让、许可、作价入股或质押行为,从中赚取差价、赚取利润或进行融资的经营方式。这种经营方式具备了专利引进和专利输出两者的属性。实施这种经营方式要求受让方具有很好的眼光,能够从技术上、市场上和经济上对受让对象进行准确把关。

第四节 专利输出

专利输出的方式主要包括专利转让和专利许可,其中专利许可的类别繁多,最为复杂。本节主要就专利输出决策和注意事项进行阐述,也对专利许可的类别进行简单介绍。

一、专利输出决策

专利输出可以给企业带来收益,同时也可能增加竞争者,阻碍自身市场的发展,因此,实施专利输出前需要进行认真的分析。通常,企业在实施专利输出前可以从企业实施能力和技术发展趋势等方面进行考虑。

(一) 企业实施能力

1. 企业无力实施

在企业不直接生产某些产品或企业没有实施该专利技术的能力时,可以实施专利输出。比如,企业主要从事技术研发工作,该专利技术对企业不存在实施价值,采用许可/转让形式,可以获得一定收益。

2. 产品供不应求

企业的产品在市场上供不应求，或者企业无力开拓相应的市场时，可以实施专利输出。此时采用许可形式可以借助其他企业的力量开拓市场，提高其市场占有率，在专利许可时搭配商标许可还可以扩大其品牌的影响力。

（二）技术发展趋势

1. 即将出现替代技术

在企业预测到该专利技术的替代技术将很快出现时，可以实施专利输出。替代技术必将使企业的专利技术大大贬值，甚至被淘汰，此时采用许可/转让形式可以将风险转给引进人。

2. 希望成为技术标准

为了使专利技术成为所属领域的技术标准，企业可以实施专利输出。企业需要在相关领域内大力推广和普及企业的专利技术，采用许可形式可以增强专利技术成为技术标准的可能性。但是，在专利技术产业化早期阶段实施专利许可容易造成他人后来居上，自己反而受到牵制，因此应谨慎运用和避免过早实施专利输出。

二、专利输出注意事项

专利输出可以给专利权人即输出方带来巨大的经济利益，同时也可能带来一定的商业风险。进行专利输出时，应当注意以下事项。

（一）履行合同手续

进行专利许可转让时，双方必须签订书面的许可/转让合同，约定双方的权利和义务。专利转让合同应及时向专利行政部门登记，专利实施许可合同也应及时在专利行政管理部门备案。

此外，许可/转让合同中应设立以下条款：

1. 限制条款

专利许可使专利权人失去对其专利权的有效控制，失去相应的市场份额和商业机会，甚至可能给自己培养了一个有力的竞争对手。为了维护自己的利益，降低风险，许可方需要通过合同条款限制被许可方的专利实施行为，例如许可方要求被许可方只能在约定的地域实施专利权。

2. 免责条款

在与引进方或被许可方就专利无效责任、专利侵权责任及其责任限额谈判的基础上，要在合同中列出其免责的情形，如其不对间接损失、机会损失承担责任等。

(二) 建立报告制度

在许可使用费采用入门费加提成的情况下，应当要求被许可方提供销售报告，通常销售报告按季度提供较为合理。合同中应当约定报告必须记载的事项，比如销售数量和应付费用等。此外，应当要求被许可方同意许可方聘请会计师事务所审计被许可方。

三、专利许可类型

专利许可有基本许可类型和特殊许可类型，现具体介绍如下。

(一) 基本许可类型

1. 独占许可

独占许可是指专利权人许可被许可方在一定的条件下对专利拥有独占使用权的行为。采用这种许可时，专利权人和任何第三方都不得在约定的地域和期间内使用被许可专利。不过专利权人仍拥有该专利的所有权。

2. 独家许可

独家许可是指在一定的条件下，专利权人只允许一家单位或个人作为被许可方使用其专利的行为。采用这种许可时，专利权人保留自己使用其专利的权利。

3. 普通许可

普通许可是指在一定的条件下，专利权人许可一家单位或个人使用其专利，同时保留许可其他单位或个人使用其专利和自己使用其专利的行为。

4. 分许可

分许可是指在一定条件下，专利权人许可被许可方再许可他方实施专利的行为。一般情况下前一许可是独占或独家许可，后一许可是普通许可。

5. 交叉许可

交叉许可也称互惠许可、互换许可，其是指双方当事人对各自的专利互相许可对方实施的行为。不同于上述各种单向许可形式，交叉许可是一种双向许可形式，通常是在双方都需要使用对方的专利技术时，相互有条件或者无条件地容许对方使用己方的专利技术。

（二）特殊许可类型

1. 专利池许可

专利池许可是指联盟内部成员将各自的专利组合和搭配在一起，形成专利池后，在联盟内部实行交叉许可，在联盟外部实施普通许可的行为。专利池许可与联盟密切相关，它是一种特殊的专利许可形式。

2. 强制许可

我国现行《专利法》对发明专利和实用新型专利规定了强制许可。专利强制许可指在法定的特殊条件下，未经权利人的同意，他人可在履行完毕法定手续后取得实施专利的许可，但仍应向专利权人缴纳专利实施许可费。强制许可本质上属于独家许可或普通许可。

第五节 专利引进

专利引进的方式主要包括受让专利和接受专利许可。本节就专利引进决策和专利引进注意事项进行简要介绍。

一、专利引进决策

实施专利引进可以避免重复研究，带动企业技术进步和产生良好的经济效益，但专利引进存在一定的投资风险，需要做好一系列的调研论证工作和决策工作，主要包括评估专利引进必要性、考察专利引进对象和考察配套条件等。

（一）评估专利引进必要性

企业实施专利引进通常要考虑引进是否能够弥补研发能力不足，是否能够节约成本和节省研发时间。在生产活动所需的某项技术是他人所拥有的专利技术，而企业自身没有相应的研发能力研发替代技术时；在企业虽然有开发替代技术的能力，但企业自己研发替代技术所需成本过高时；在企业虽然有开发替代技术的能力，但企业自己研发所需时间过长时，都可以考虑受让他人专利或者取得他人专利许可，以获得对某专利技术的合法使用权。

（二）考察专利引进对象

1. 筛选引进对象

在确定要引进的技术主题后，首先要了解拟引进技术领域专利量的变化，同类专利技术数量，同类产品和技术的发展趋势；弄清楚各拟定对象的水平如何、在哪些方面有优势、专利技术是否已经实施、实施的可能性如何、其产品销售情况如何或投放市场后的销售情况可能如何、市场需求如何等。通过了解这些情况，就能对各拟定对象的情况做到心中有数，了解各方的技术实力，从而筛选出引进和谈判对象。

2. 了解权属状况

在筛选的基础上，应充分了解拟定对象的专利所属情况、有效情况和保护区域，即已在哪些国家或地区获得专利权，在哪些国家或地区专利权有效，哪些国家或地区专利已过期失效，哪些国家或地区专利即将到期；转让许可方是否是合法的所有权人或持有人，其资质和履约能力如何等。

3. 分析纠纷风险

接下来要对拟定对象专利保护范围进行分析。如果权利要求过宽，就有必要对该专利的稳定性进行考察，评估该专利是否有可能被宣告无效。另外，还要对拟定对象是否存在潜在的侵权风险进行分析，以及对该专利是否是他人专利的从属专利进行分析，以避免在实施时侵犯在先专利的专利权。

4. 评估专利价值

此后，需要对拟定对象的价值进行评估。一般来说，专利技术比非专利技术价值高，已授权专利比未授权申请价值高，发明专利比实用新型专利价值高；产品市场前景越好、技术含量越高，专利价值越高；受保护地域范围越广，专利价值越高，权利要求保护范围越大，专利价值越高。专利价值评估有一套系统、科学的评估方法，必要时可以委托专业机构进行评估。

（三）考察配套条件

1. 考察专有技术

专有技术又称技术诀窍或技术秘密，它与专利技术相辅相成，已成为当今世界技术贸易的主要对象。因为专利申请中允许申请人保留专有技术，但专有技术又往往是使专利技术达到最好实施效果所不可缺少的技术内容，如果只引进专利技术而不引进其相关的专有技术，就达不到很好的效果。因此，在考察拟定对象专利技术的同时，还需要考察是否有足够的专有技术与之配套。

2. 衡量消化吸收能力

在引进前需要对引进技术的复杂程度进行判断，分析企业是否具备消化吸收能力。对企业来说，消化吸收引进技术的能力主要取决于两大因素，一是企业本身的技术能力，二是技术本身的复杂程度。通过了解发明内容，分析拟定对象的关键技术和需要引进的专有技术，就可以判断企业是否具有消化吸收引进技术的能力。在判断企业的消化吸收能力时，除考虑技术因素外，还必须考虑投资额和所需要的其他物质条件等因素。

二、专利引进注意事项

在专利引进过程中，需要注意以下两个方面。

（一）把好谈判关

1. 组建团队

应当在谈判前组建谈判团队。一般而言，谈判团队中应当有技术人员、法务人员和商务决策人员。

2. 确定策略

引进方应采用一定的策略，尽可能通过谈判降低转让许可费用。比如，可以采用竞争性谈判策略，有意识地通过引入对方的竞争对手等方法施压于对方，力争以最少的成本达到既定的目的。

另外，在谈判前，要结合既定策略，收集、熟悉与此次专利引进相关的资料，明确自身的优势和劣势，在构思谈判中可能用到的扬长避短的方法，规划谈判步骤、应对理由、妥协程序等。

在谈判过程中，应当尽快确定双方的分歧点，制定解决分歧的策略，设计确定最优方案、次优方案和底线方案。

3. 把握谈判环节

要把握好技术谈判、法务谈判和商务谈判每一个环节。

技术谈判是决定转让许可范围、产品销售地域、转让许可费率乃至此次专利转让许可可能否达到商业目的的基础。应当指派既熟悉专利又精通技术的人员进行谈判。

法务谈判应当重点探讨定义条款、转让许可条款、保密条款、瑕疵担保条款、归属条款、侵权责任条款和争议解决条款的相关内容。

商务谈判应当重点探讨交付条款、转让许可费及支付条款和销售报告与审计条款的相关内容。

(二) 把好合同关

1. 提供基础文本

转让许可合同基础文本一般由输出方提供，但可以争取采用自己的合同文本作为谈判基础。

2. 审核条款内容

(1) 定义条款

定义条款是界定转让许可合同中特定用语含义的条款，其中应当定义转让许可的专利权、产品、地域等内容，引进方可以就有关定义是否满足研发、销售、风险防御等需求对有关定义提出意见。

(2) 转让许可条款

转让许可条款中需要明确输出方授予引进方何种权利和利益，该条款中引进方一定要提出自己的主张。

(3) 限制竞争条款

在竞争限制条款中，输出方通常会通过合同条款限制引进方的专利实施行为，引进方必须着重关注合同条款中的有关限制竞争的条款。比如涉及搭售、独家交易、回授等条款，以及禁止删除或修改输出方专利标记、禁止反向工程、禁止将所涉专利单独销售的相关条款。

(4) 转让许可费及支付条款

转让许可费及支付条款中需要明确转让许可费数额及其支付方式。许可使用费一般以阶梯式且有上限比较合适。涉外专利许可使用费的支付，因引进方需报外汇部门和税务部门审批款项，合同中需约定足够的付款时间，以免违约。

(5) 归属条款

归属条款需要说明后续改进的成果归属，引进方应当坚持由己方改进产生的成果的知识产权归自己所有。

（6）侵权责任条款

在侵权责任条款中，引进方应当要求输出方承诺，在输出方明知或应知的情况下，其转让许可的专利不侵犯特定地域范围内的第三方专利，否则，责任由输出方承担。为进一步明确责任，引进方还应与输出方订立更为明确、细致的责任条款。在输出方承担侵权赔偿责任时，引进方还应要求其对技术进行改进、更换等以使引进方可以继续使用有关技术方案，如这些活动仍不能使引进方合法使用有关技术方案，则引进方可以要求输出方退回已支付的全部转让许可费。

（7）瑕疵担保条款

在瑕疵担保条款中，引进方可以要求输出方承担由于其提供的专利瑕疵而导致后果的一切责任。

（8）争议解决条款

争议解决条款中应当约定转让许可合同适用哪国法律，争议由何机构管辖。一般而言，应当选择最有利于自己的国家法律。选择适用法律时，应当注意合同的内容与法律的规定是否相配，在发生争议时法律的运用、解释与案例是否有利等。

第六节　专利经营合同

专利经营合同主要包括专利许可合同、专利转让合同、专利权质押合同等。本节就三种主要专利经营合同的内容和签订时的注意事项进行阐述。

一、专利许可合同

进行专利许可行为时，通常需要签订书面专利许可合同，并应当自合同生效之日起3个月内向专利行政管理部门备案。

专利许可合同即专利实施许可合同，指专利权人作为许可方，将其专利权许可给被许可方在一定范围和一定时间内使用，而被许可方向其支付使用费所订立的合同。这种合同不转移专利所有权，被许可方只具有特定时间和范围内的使用权。

(一) 合同的内容

实施许可合同由序文和正文两部分组成。

序文一般包括项目名称；双方当事人的名称和法定地址；签订合同的目的。

正文一般包括许可种类；许可内容；许可范围；技术资料及其提交方式；保密范围和保密期限；验收标准和方法；使用费及支付方式；技术服务；后续改进的归属、提供和分享；违约金或者损失赔偿的计算方法；专利权无效的处理办法；侵权责任；瑕疵担保；豁免；争议的解决办法；术语解释；合同的生效；合同的变更和终止；其他。

对其中主要条款说明如下。

1. 许可种类

双方当事人应当在合同中明确约定对专利的实施权是独占性的、独家性的还是普通性的。

2. 许可范围

合同的双方当事人应当约定被许可方是否具有制造、使用、许诺销售、销售、进口等权利，是否具有分许可的权利。

合同中应明确约定许可的有效时间，该期间可以是专利权的整个有效期间，也可以是其中一部分，但是不能超出有效期限，否则超出期间的部分无效。

同样，许可约定的地域范围可以是专利权的整个有效地域范围，也可以是其中的一部分地区，但不能超出前一地域范围。

3. 使用费及支付方式

许可合同的双方应明确约定许可费的标准，例如最低年使用费、最高额使用费、按件付费标准或净收入标准等，同时约定其支付办法。

4. 后续改进的权利归属

专利许可后，被许可方可能会根据自己的实际情况改进专利技术，由此产生了改进技术的归属权问题。当事人应当在合同中对此事先约定以避免日后纠纷。专利权人不得禁止被许可方对专利技术进行改进，而且一般改进技术遵循

"谁改进，谁拥有"的原则。

5. 技术服务

合同中应约定许可方对被许可方提供必要的技术指导、技术培训和技术服务，以帮助被许可方正确实施专利技术。有时可以通过合同附件形式对此作出详细约定。涉及技术方案的修改、改进、移植、嵌入等因素时，双方应当就许可方提供技术支持的响应时间、支持方式、支持费用等作出约定。

6. 侵权责任

合同中应约定出现专利侵权时的法律责任。在许可方承担侵权赔偿责任时，被许可方通常要求其对技术进行改进、更换等以使被许可方可以继续使用有关技术方案。

7. 瑕疵担保

合同中应约定专利瑕疵责任，许可方通常会明示其不承担由于被许可方自身修改等行为、被许可方将所涉专利与其他技术方案结合使用、被许可方不使用或拒绝使用许可方提供的升级技术等情况而造成的专利瑕疵责任。

8. 豁免

合同中应当约定许可方豁免被许可方及其客户在合同签署前使用许可专利权而产生的责任。

9. 合同的生效

双方通常要约定各自授权代表签字并盖章后许可合同生效，重要的合同，双方授权代表应当对合同文本进行页签。

（二）签订注意事项

1. 主体资格

如果合同所涉及的专利为多个专利权人所共有，按照《专利法》规定，除非签订的是普通许可协议，否则仍需征得所有共有人的同意，而不能只与其中部分共有人单独签订许可合同。

2. 有效期

专利的有效期均自申请日起计算，专利实施许可合同中不能将专利的有效期从专利实施许可合同签订之日起或自专利授权之日起来计算，专利实施许可合同的许可期限应当与专利的有效期相一致或在其有效期内。另外，含有多个专利的实施许可合同，应尽可能对不同的专利许可期限单独进行约定。

3. 许可内容

在实施许可的内容部分应写明专利的申请日、申请号、专利号、授权日、公告日以及专利有效期限，并且应当写明许可的地域和时间等。其他部分要说明合同的有效期限、生效期、合同签订地点和合同签订时间等。

4. 许可种类

合同中要约定实施许可的种类。采用独占实施许可虽然许可方可以获得较高的使用费，但也束缚了自己的手脚，许可方应尽量避免使用。

二、专利转让合同

专利转让合同包括专利权转让合同和专利申请权转让合同。

专利权转让合同是指专利权人作为转让方，将其专利的所有权转让给受让方，而受让方向其支付转让费所订立的合同。专利申请权转让合同是指转让方将其发明创造申请专利的权利转让给受让方，受让方向其支付转让费所订立的合同。

（一）合同的内容

转让合同由序文和正文两部分组成。

序文一般包括项目名称；双方当事人的名称和法定地址；签订合同的目的。

正文一般包括转让的内容；转让方向受让方交付的资料；交付资料的时间、地点及方式；专利（或专利申请）的实施和实施许可的情况及处置办法；转让费及支付方式；优先权的处理办法；专利权被宣告无效（或专利申请被驳回）的处理；过渡期条款；违约金或者损失赔偿的计算方法；合同的变更和终止；争议的解决办法；术语解释；其他。上述主要条款的内容类似于专利许可合同中的相关条款，在此不再赘述。

（二）签订注意事项

1. 主体资格

签订转让合同前，要明确转让方是否是专利的合法持有人，转让方为共有人时是否得到了其他所有权利人的同意。向外国人、外国企业或者外国其他组织转让专利（申请）权时，注意要依照有关法律、行政法规的规定办理手续。

2. 法律状态

在签订转让合同时，受让方应认真核对被转让专利的法律状态，尤其是专利权人的变更信息和专利权的有效性信息。

3. 转让内容

在转让内容部分应写明专利（申请）的申请日、申请号、专利号、授权日、公告日以及专利有效期限等。

4. 实施

在订立专利（申请）权转让合同前，如果转让方已经实施，在订立合同时，当事人应当约定专利（申请）权转让后，转让方是否能够继续实施该专利（申请）技术；在订立专利（申请）权转让合同前，转让方如果已就专利（申请）技术与他人订立了实施许可合同，并且他人已在实施的，专利（申请）权转让合同成立以后，对原合同的效力没有影响，但合同的当事人应在合同中约定对于原合同中的权利和义务的处理办法。

5. 成果归属

在合同中要注意约定后续改进技术成果的权属。

6. 无效责任

由于专利权具有被宣告无效的特殊性，因此要注意在合同中明确约定专利被无效宣告后的法律后果及可能产生的责任。

7. 登记

按照《专利法》规定，专利（申请）权转让必须向国务院专利行政部门登记，并自登记之日起生效。

三、专利权质押合同

专利权质押合同是指债务人或者拥有专利权的第三方将其专利权移交债权人占有，以此作为债务的担保，当债务人不能如期履行债务时，债权人有权依法以该专利权折价或者以拍卖、变卖该专利权的价款优先受偿所订立的合同。其中，债务人或者第三人为出质人，债权人为质权人，用以质押的专利权为质物。

（一）合同的内容

质押合同由序文和正文两部分组成。

序文一般包括项目名称；双方当事人的名称和法定地址；签订合同的目的。

正文一般包括被担保的主债权种类；债务人履行债务的期限；专利权件数以及每项专利权的名称、专利号、申请日、颁证日；质押担保的范围；质押的金额与支付方式；对质押期间进行专利权转让或实施许可的约定；质押期间维持专利权有效的约定；出现专利权纠纷时出质人的责任；质押期间专利权被宣告无效时的处理；质押期满债务的清偿方式；合同的变更和终止；争议的解决办法；术语解释；其他。

对其中主要条款说明如下。

1. 被担保的主债权种类

被担保的主债权指质押担保的主债权性质及债务基本情况，属于何种法律上的原因产生的债权，如金钱债权、特定物给予债权等。

2. 债务人履行债务的期限

债务人履行债务的期限指债务清偿债务的时间，在此期间，当事人依法享有相应的权利和义务。根据《民法典》第407条规定，质权与其担保的债权同时存在，但质物（专利权）的有效期可能短于债务期限，所以履行债务的期限应在专利有效时间内，可称为质押期限。据此期限可以明确质权人开始实现质权的时间，以保障当事人的合法权益。

3. 质押担保的范围

质押担保的范围可以是以下几种费用的全部或其中几项：主债权及利息、违约金、损害赔偿金、质物保管费用、实现质权（变卖、拍卖或折价等）费用、专利年费、处理专利纠纷费用、转让或许可他人实施时可能产生的违约金、赔偿金、向第三人提存收益所需的保管费等。

4. 质押的金额与支付方式

质押的金额是指被担保的主债权以金钱来衡量的数量，不属于金钱债权的，应注明债权标的数量和价款，以明确实现质权时就质物优先清偿的债务数额。

对于以往的债务，不需要约定支付方式；对于因借贷、预付款等形成的未来债务，则需要由当事人约定质押金的支付时间、地点和次数等。

5. 质押期间维持专利权有效的约定

维持专利权有效的约定包括专利年费由谁交纳；出现专利纠纷时，一般以出质人负责处理为宜，也可由当事人另行约定；专利权被撤销或被宣告无效时的处理包括应诉及补救责任由哪方承担，一旦专利权被撤销或宣告无效，各方相应的对策等。

《民法典》第 432 条规定，质权人有妥善保管质物的义务，但是考虑到专利事务的特点，当事人可慎重约定。

6. 质押期满债务的清偿方式

质押期满，若债务不能得以清偿时，出质人可以与质权人协议以质物折价，也可以依法拍卖、变卖，以所得款项用以清偿债务，但不得约定质物自动移转为质权人所有。

(二) 签订注意事项

1. 主体资格

共有专利权需要权利人共同认可，如果一项专利权有两个以上的共同专利权人，则出质人应为全体专利权人，得不到全体专利权人共同认可的专利权质押合同无效。中国单位或个人向境外出质专利权时，须经国务院主管部门批准。

2. 法律状态

在签订专利权质押合同时，质权人应认真核对出质人的专利权的法律状态，尤其是专利权人的变更信息和专利权的有效性信息。

3. 质物

专利申请权虽然是获得专利权的前提，但存在不确定性，不是一种具有法律效力的财产权，因此签订质押合同不能将专利申请权作为质物。

4. 登记

因为质押合同自登记之日起生效，所以签订专利权质押合同后，应当向国家知识产权局提出专利权质押合同登记请求。

5. 属性

签订质押合同时要注意质权是为担保债权的履行而设定的，它是从属于主债权的担保物权，因而质押合同是主合同的从属合同。

6. 限制

签订质押合同时，一般应当约定出质人不得转让或许可他人使用质押物。

第十章

专利审查意见答复

在发明专利申请实质审查过程中,国家知识产权局通常会以通知书的形式将审查意见和倾向性结论告知申请人。申请人需要针对审查意见进行答复,而答复审查意见通常需要发明人、专利管理工作者和专利代理师的密切配合,因此企业相关人员了解审查意见答复的知识,对争取专利申请获得授权会很有帮助。

第一节 专利审查意见答复工作内容

收到审查意见通知书后,申请人需要在指定期限内提交意见陈述书,必要时需要对申请文件进行修改,其间的工作包括监视答复时限、分析审查意见和撰写答复意见,以下就这三个方面分别进行叙述。

一、监视答复时限

通常,第一次审查意见通知书的答复期限是自收到该通知书之日起 4 个月,第 N 次审查意见通知书的答复期限是自收到该通知书之日起 2 个月,答复期限届满日如遇星期六、星期日等休息日或者法定节假日的,顺延至休息日或法定节假日之后的第一个工作日。如果没有按期答复,会导致专利申请被视为撤回。收到该通知书之日被推定为专利局发文之日起满 15 日。例如,国家知识产权局于 2008 年 7 月 4 日给申请人发出审查意见通知书,则推定申请人收到该通知书之日为 2008 年 7 月 19 日。但是,对于进入加快审查程序的专利申请,其审查意见通知书的收到日以发文日为收到日,无 15 日推定收到日。

因此,在接到审查意见通知书后,申请人应当立即对答复审查意见通知书的期限设立监视。如果确有原因导致在规定期限内无法完成答复工作,应当在期限届满日之前提出延长期限的书面请求,并缴纳相关费用。延长的期限不得超过2个月,对一次通知书答复一般只允许延长一次。

二、分析审查意见

审查意见通知书包括标准表格和通知书正文。申请人收到审查意见通知书后,应仔细阅读通知书的所有内容和所引用的对比文件,认真对其加以分析,具体包括以下三个方面。

(一)明确总体倾向性意见

审查意见通知书对申请文件的总体倾向性意见分为倾向授权、倾向驳回和无倾向性三类意见。通常可以通过以下方式判断。

1. 借助标准表格中给出的选项

在标准表格中,有一栏(第一次审查意见通知书表格的第7栏,或者第N次审查意见通知书表格的第6栏)内容为:

基于上述结论性意见,审查员认为:

a. 申请人应按照通知书正文部分提出的要求,对申请文件进行修改。

b. 申请人应在意见陈述书中论述其专利申请可以被授予专利权的理由,并对通知书正文部分中指出的不符合规定之处进行修改,否则将不能授予专利权。

c. 专利申请中没有可以被授予专利权的实质性内容,如果申请人没有陈述理由或者陈述理由不充分,其申请将被驳回。

在上述三个选项中,第一项相当于倾向授权性意见,第二项相当于无倾向性意见,第三项相当于倾向驳回性意见。通过查看审查员的选择,可以得知通知书意见的总体倾向性。

2. 借助正文中指出的缺陷

一般说来,若审查意见通知书仅指出了申请文件的形式性缺陷,甚至给出了修改建议,则相当于倾向授权性意见;如果既指出了申请文件的实质性缺陷,同时也指出了形式性缺陷,说明审查员对申请文件作了全面审查,则相当于无倾向性意见;如果仅指出了实质性缺陷,对明显存在的形式性缺陷未予提及，意味着审查员未对申请文件作全面审查，没有授权前景，相当于倾向驳回性意见。

3. 借助正文中给出的结论

通常，在审查意见通知书的正文结尾部分，审查员会给出一段结论。从该结论部分的描述，也可以看出审查员对该申请的总体倾向性意见。

（二）归纳整理存在的问题

要使专利申请获得授权，申请人必须通过答复审查意见克服审查员所指出的所有缺陷。如果有缺陷未能克服，严重的情况会导致专利申请被驳回。即使是非实质性缺陷，也会导致审查员发出第二次审查意见通知书，无形中拖延了授权时间。

因此，申请人在接到审查意见通知书后，无论其总体倾向性意见如何，都应当对其中提出的所有问题进行认真的归纳和整理，以保证在意见陈述书中针对所有问题进行答复，克服所有缺陷，从而加快授权进程。

（三）分析所指出的缺陷

通常审查员会在经过检索获得相关的对比文件后，结合对比文件，在审查意见通知书的正文部分对申请文件中存在的实质性缺陷和形式性缺陷逐条进行分析，最后得出结论性意见。申请人这时需要仔细研究审查员的理由和其所引用的对比文件。

由于申请文件存在的实质性缺陷将会导致专利申请被驳回，对专利申请是否具有授权前景起决定性作用，因而在阅读审查意见通知书时，需要尤其重视其中所指出的实质性缺陷。

在正确理解通知书具体意见的基础上，应初步考虑可否通过修改申请文件来克服通知书所指出的缺陷，以便确定按照什么方向对专利申请文件进行修改，才有利于为专利申请争取到比较有利的结果。

另外，如果审查意见通知书中对某个从属权利要求并未指出其实质性缺陷，这种情况下很可能是一种暗示：将此权利要求限定部分的技术特征补充到引用的权利要求中，并将其改写成新的独立权利要求，就有可能克服原独立权利要求存在的实质性缺陷。

三、撰写答复意见

在对审查意见通知书和对比文件进行了全面、认真的分析之后，应当在综合考虑授权前景和权利要求保护范围宽窄的基础上，对审查意见进行答复，必要时对申请文件进行修改。如果对申请文件进行了修改，则应根据修改后的申请文件撰写意见陈述书。

对于基本上按照通知书的意见修改申请文件的情况，意见陈述书中要指出在哪些地方根据通知书的哪些意见作了相应修改，同时简要说明修改后的文件如何消除了通知书指出的实质性缺陷和形式性缺陷即可。

对于未完全按照通知书的意见修改申请文件的情况，尤其是完全不同意通知书所指出的实质性缺陷时，意见陈述书的重点应当放在论述新修改的申请文件怎样消除了通知书所指出的实质性缺陷，或者将重点放在论述原申请文件不存在通知书所指出的实质性缺陷的理由。

第二节　答复技巧和典型案例

通常，审查意见通知书中会明确指出申请文件存在何种缺陷。要作出有针对性的答复来消除各种缺陷，需要掌握一些技巧。本节就一些常见缺陷的答复技巧进行阐述。

一、公开不充分

如果审查员认为专利申请文件不符合《专利法》第 26 条第 3 款关于"清楚、完整、能够实现"的规定，即说明书公开不充分，通常会在审查意见通知书中首先指出这一缺陷。

导致审查员认为说明书公开不充分的原因可能有多种，有可能是因为说明书确实存在没有全面完整地描述发明创造的技术方案等不可克服的实质性缺陷造成的，也有可能是因为其他一些可以克服的缺陷造成的。例如说明书存在文字输入错误、翻译错误；说明书的某些语句不通顺，不易理解；说明书使用的术语不规范；审查员对发明的背景技术掌握不够，认为说明书缺少对该发明的描述；审查员没有准确理解发明内容等。

申请人应当仔细阅读审查意见通知书给出的具体理由，分析清楚造成审查员得出这种结论的原因所在，并针对不同情况陈述意见或者修改文件。此时，申请人需要特别注意理解与掌握《专利审查指南（2010）》❶ 第二部分第二章的相关规定。

如果经分析认为，审查员认定说明书公开不充分的原因是由于语句不通顺、文字或语句存在歧义、上下文描述不一致或相矛盾或翻译错误等原因造成的，则可以通过修改说明书以克服此类缺陷。申请人修改时应充分说明修改的依据，指出修改的内容可以从原说明书和权利要求书的记载直接导出，否则将导致产生修改超范围的缺陷。

如果经分析认为，由于审查员对发明的背景技术掌握不够，从而导致其认为说明书未对某技术内容作出清楚的描述，则应当在意见陈述书中详细说明所述技术内容属于该领域技术人员的公知常识，此时最好提供相关的现有技术文献，例如相关领域的教科书、辞典等作为辅证。

如果经分析认为，审查员认定说明书公开不充分的原因是其没能准确理解发明内容而造成的，则应当在意见陈述书中向审查员作出澄清性说明，必要时对申请文件作澄清性修改，并说明这样的修改未超出原说明书和权利要求书记载的范围。

【案例一】涉及名称为"一种电泳装置"的发明专利申请。

【审查意见】本发明要求保护一种能够使电泳条带发生转移的电泳装置，申请人没有在说明书中给出可实现标记抗原槽内的样品沿着斜线分别电泳到标准品加样槽和样品加样槽中的具体实施手段，致使该领域技术人员根据说明书的记载不能实现该发明所希望达到的"标记抗原槽内的样品沿着斜线分别电泳到标准品加样槽和样品加样槽"的效果。

【答复意见】电泳时带电粒子会沿着电势差的方向以最短的距离前进，是为本领域技术人员熟知的常识。对于本发明而言，本领域技术人员在看到说明书及其附图后，尤其是在看到附图中标识的电泳方向后，能够显而易见地看出，该直线和斜线代表的是分别设置有支持电泳样品沿着该方向前进的一组常

---

❶ 除非另有说明，本书论述均依据现行《专利审查指南（2010）》（2019 年修订）。

规构造,来支持这种电泳的进行。本发明的关键点在于设置直线和斜线方向的设置,以及利用这种设置原理,将本发明的装置中各部件合理地连接,在某一方向设置何种具体型号、具体规格的配套装置,这属于现有技术的内容,完全可以采用不同的配套结构来进行,都不会影响本发明的实施以及本发明优异的技术效果的实现。因此,在说明书中给出了所述电泳前进方向的基础上,本领域技术人员能够根据现有技术合理地选择现有技术中的配件,即可实现本发明所述电泳方向。本发明说明书公开充分,符合《专利法》第 26 条第 3 款的规定。

【案例二】涉及名称为"一种鉴定玉米胞质不育材料的方法"的发明专利申请。

【审查意见】本发明要求保护一种能够用于鉴定玉米胞质不育材料的分子标记,经检索该分子标记在玉米品种 B73 基因组上的位置与其多态性均不能对应,说明书给出的技术手段不能解决所声称的技术问题,致使所属技术领域的技术人员根据说明书的记载不能实现该发明。本发明说明书不符合《专利法》第 26 条第 3 款的规定。

【答复意见】玉米 B73 参考基因组自 2009 年发布第一个版本 AGPv1 以来,随着测序技术的发展,其基因组的序列的完整度和质量也一直在升级,并且在一个版本发布之后,围绕该版本还会陆续修改优化。比如在本申请中用的 AGPv3 版本,在 maizeGDB 网站上可以下载到 30 多个系列,分别命名为 AGPv3.01、AGPv3.02 等。参考基因组每优化一次,基因组总序列长度都会发生变化。长度变化的原因有三点:①原来没有测通的某些区域的序列是用 NNN 表示的,再测通之后长度会发生变化;②重复序列区域序列准确度提升,长度可能会发生变化;③物理位置排序(序列拼接)发生了变化,长度也可能会发生变化。因此每个多态变异位点的具体物理位置即多少 bp,是一个相对的概念,在不同版本或者同一个版本不同系列中物理位置均不同。鉴于此,相关研究人员一般是用侧翼序列去比对确认标记位点。侧翼序列的碱基组成高度保守。本领域技术人员会以动态、发展、多维的视角,从标记在基因组上的具体物理位置和侧翼序列等,说明书中记载的有关该标记的整体信息出发来确定本申请中的分子标记,不会仅根据标记在玉米基因组上的物理位置这一信息而片面、一成不变地认定本申请分子标记的确切指代。因此本申请说明书记载的内容公开充分，符合《专利法》第26条第3款的规定。

二、属于非授权主题

如果审查员认为专利申请的主题属于《专利法》明确排除的不能被授予专利权的主题，会指出该专利申请不符合《专利法》第2条、第5条或者第25条的相关规定。

如果审查员的具体理由是，权利要求的技术方案属于智力活动的规则和方法，或者属于疾病的诊断和治疗方法，则申请人需要认真研究《专利审查指南（2010）》第二部分第一章4.2节或者4.3节的规定，并考虑是否有可能将权利要求改写为装置或用途的权利要求，或者陈述权利要求限定的发明实质内容是一种产品，而不是方法。

在某些情况下，发明的主题并不属于或者主要不属于智力活动的规则和方法、疾病的诊断和治疗方法等不能授予专利权的客体，只是由于描述方式或者权利要求所涵盖的范围包括了不能授予专利权的客体，使得权利要求限定的内容不符合《专利法》和《专利审查指南（2010）》的有关规定。在这种情况下，可以通过修改权利要求的描述方式或者删除关于不授予专利权客体的内容，往往能够克服这种缺陷。

如果权利要求涉及数学公式、计算机程序等特殊问题，则申请人应当仔细研究《专利审查指南（2010）》第二部分第九章的规定，根据具体情况修改权利要求，或者陈述意见表明权利要求符合《专利法》的规定。

【案例三】涉及名称为"一种强化学习方法"的发明专利申请。

【审查意见】申请文件请求保护一种强化学习方法，通过将智能体的观测状态映射为规则状态，基于规则状态确定当前行动效用值。该方案不涉及任何技术领域，其处理对象、过程和结果都是针对通用数据，实质上是对抽象的数学方法的优化，其针对的并非技术问题，其优化手段不是技术手段，也并没有取得技术效果。由此可见，不符合《专利法》第2条第2款的规定，不属于《专利法》保护的客体。

【答复意见】可以从以下四个方面答复：第一，"智能体属于工程应用，并非数学概念"。当技术方案涉及控制工程领域时，不应因为这种控制算法没有指出具体的细分的技术领域而被归为"非技术方案"。第二，强调申请要解决问题为技术问题。本申请针对计算设备进行强化学习时存在的可解释性差、计算量大且学习效率较低的问题，实现了在计算设备无须升级新硬件配置的情况下，缩减强化学习模型的计算量，优化学习效率，进而提升了计算机处理性能的目的。第三，本申请采用的手段为应用了自然规律的技术手段。本申请的强化学习算法，其本质上是一种信息处理技术，是输入至计算机中的处理程序，借助于计算机的存储器、控制器、输入设备、输出设备等结构对输入的信息进行算数运算或者逻辑运算才能获得处理结果。第四，本申请产生的效果为技术效果。本申请的强化学习方法，缩减了计算维度，提升了强化学习效率，通过强化学习软件算法的优化，使现有的计算机配置能够满足强化学习的需要。

【案例四】涉及名称为"一种检测军团菌的方法"的发明专利申请。

【审查意见】申请文件中记载了军团菌可导致人类呼吸道疾病，因此检测该菌的方法实际为疾病的诊断方法，属于《专利法》第25条第1款3项规定的不授予专利权的主题。

【答复意见】本领域公知军团菌大量存在于空调水、环境水中，在一定条件下，军团菌可导致人类呼吸道疾病，可以看出该检测方法直接目的并非唯一用于疾病诊断，还可以应于环境水中军团菌的检测。可通过排除式限定，例如可将权利要求请求保护的主题修改为：一种非疾病诊断目的的军团菌的方法，以克服属于疾病诊断方法而不能授权的缺陷。

三、不具备单一性

如果审查员认为权利要求书中的两个或多个技术方案不属于一个总的发明构思，会指出该专利申请的权利要求不具有单一性，不符合《专利法》第31条的规定。审查员通常会建议申请人将不具备单一性的部分技术方案删除并分案。有关单一性的详细规定，申请人可以参阅《专利审查指南（2010）》第二部分第六章的内容。

如果审查员指出该权利要求存在单一性问题，要求申请人分案，则申请人一定要针对审查员提出的特定问题，研究《专利审查指南（2010）》的相关举例，可能的情况下与审查员会晤或者电话讨论，就该问题充分陈述意见。

若权利要求书中的两个或多个技术方案确实不具有单一性时，应当将不符合单一性要求的技术方案从权利要求书中删除。申请人可以对该删除的发明提交分案申请。

四、缺少必要技术特征

如果审查员认为权利要求记载的技术方案不能解决说明书中指出的所要解决的技术问题并达到预期的技术效果,则会作出权利要求缺少解决技术问题的必要技术特征,不符合《专利法实施细则》第20条第2款相关规定的审查意见。

在确定权利要求是否缺少必要技术特征时,应当分析该权利要求记载的技术特征的集合是否能够解决说明书中所指出的技术问题并达到预期的技术效果,特别要分析权利要求是否记载了对现有技术作出创造性贡献的区别技术特征。

如果独立权利要求缺少某个或某些技术特征就不能解决说明书中指出的最主要的技术问题,则应当修改独立权利要求,以克服上述缺陷。

如果独立权利要求记载了对现有技术作出创造性贡献的技术特征,审查员指出的未写入的技术特征只是为解决说明书中提及的次要技术问题,则可以不修改权利要求,而修改说明书发明内容部分中有关技术问题的相关描述,使其与独立权利要求的技术方案相适应。

【案例五】涉及名称为"一种多媒体数据传输装置"的发明专利申请。

【审查意见】本发明要解决的技术问题是"在多媒体数据传输过程中,如何避免声音和画面的抖动,以提高语音和画面的质量",权利要求1的特征中仅仅可以得出发送数据时的时间间隔与返回的时间间隔相同,而无法确定发送的具体位置,如收发装置、缓存装置或者其他外部装置等。从属权利要求2限定部分的特征是解决其技术问题必不可少的技术特征。因此权利要求1的技术方案缺少解决技术问题的必要技术特征。

【答复意见】必要技术特征是指,发明为解决其技术问题所必不可少的技术特征,其总和足以构成发明的技术方案,使之区别于背景技术中的其他技术方案。将从属权利要求2限定部分的技术特征限定入权利要求1中,以克服原权利要求1缺少必要技术特征的缺陷。

五、保护范围不清楚

如果审查员认为权利要求没有清楚地限定保护范围，则会引用《专利法》第 26 条第 4 款，指出其不符合相关规定。

《专利审查指南（2010）》第二部分第二章 3.2.2 节具体规定：权利要求书应当清楚，具体包括两个方面：一是每一项权利要求应当清楚；二是构成权利要求书的所有权利要求作为一个整体也应当清楚。申请人在看到通知书中指出的这类问题时，一定要准确理解审查员指出这一缺陷的具体原因，有针对性地分析通知书中的意见是否正确，必要时针对所指出的缺陷进行修改。

通常，造成权利要求不清楚的情况有三种：第一类属于文字表达不清，不影响权利要求的保护范围，对于这种情况，可采用与审查员沟通的方式，具体商讨在文字上如何修改以克服此缺陷；第二类不清楚的情况则有可能导致权利要求保护范围的变化，此时对该权利要求修改时，应考虑如何增加较少的技术特征来克服所指出的缺陷；第三类是原权利要求的文字表达错误，未能正确表述其技术方案而导致权利要求不清楚，此时应当根据说明书中记载的内容对权利要求作出正确的限定，以清楚表述权利要求的保护范围。

此外，权利要求不清楚也可能是一些非实质性的形式性缺陷造成的，只要克服这些形式性缺陷即可。还有一些情况是因为描述不当造成的，对于这种缺陷的修改，根据说明书，换一种表述方式即可。

【案例六】涉及名称为"一种纳米材料的制备方法"的发明专利申请，其相关权利要求如下：

6. 如权利要求 1 所述的制备方法，其特征在于：所述 $CuInS_x$ 纳米晶前驱体的制备包括：将二水氯化铜、四水氯化铟、硫代乙酰胺和乙二胺溶液按质量体积比为 30～40：50～65：40～50：2～4 混合，进行溶剂热反应。

【审查意见】权利要求 6 中对二水氯化铜、四水氯化铟、硫代乙酰胺和乙二胺溶液按质量体积比进行描述，但未给出相应的质量体积比例单位，导致权利要求保护的比例不清楚。

【答复意见】根据说明书具体实施方式的记载，可知二水氯化铜、四水氯化铟、硫代乙酰胺和乙二胺溶液按质量体积比是按照质量（g）、体积（L）的比例关系进行配置的。因此将权利要求 6 修改为：如权利要求 1 所述的制备方法，其特征在于，所述 CuInS$_x$ 纳米晶前驱体的制备包括：将二水氯化铜、四水氯化铟、硫代乙酰胺和乙二胺溶液按质量体积比为 30~40 g：50~65 g：40~50 g：2~4 L 混合，进行溶剂热反应。将质量单位和体积单位进行限定后，比例用量清楚，修改后的权利要求 6 符合《专利法》第 26 条第 4 款的规定。

六、得不到说明书支持

如果审查员在审查意见通知书中指出权利要求不符合《专利法》第 26 条第 4 款规定的"以说明书为依据"的要求，即权利要求得不到说明书的支持，此时对申请文件有两种修改方式。

如果确定上述问题是指权利要求的概括不适当，则应当考虑对权利要求作进一步限定，使其与说明书中公开的实施方式或实施例相适应。若认为本领域技术人员从说明书中记载的内容能够合理地推出权利要求的概括限定，则可以陈述意见，并提供相应的证据，说明本领域技术人员根据说明书记载的内容能够合理概括出相应的技术方案，以争取到一个较好的保护范围。

如果确定上述问题是由于权利要求的用语与说明书中的用语不一致，或者是说明书发明内容部分缺少与权利要求技术方案相应的文字描述造成的，则可通过对说明书进行修改来克服上述缺陷。

【案例七】涉及名称为"一种可调轨道角动量量子光源生产装置"的发明专利申请，其相关权利要求如下：

1. 一种可调轨道角动量量子光源生成装置，其特征在于，包括：空间上分离的集成 OAM 发射器和可预报单光子源，其中，

所述可预报单光子源在泵浦光作用下产生信号光子；

所述信号光子作为被预报的光子耦合进集成 OAM 发射器中，并经集成 OAM 发射器转换为 OAM 模式后散射到自由空间；

所述 OAM 模式为通过调节所述集成 OAM 发射器的参数、动态调控信号光子的 OAM 模式的阶次。

【审查意见】上位概念"可预报单光子源"概况了一个较大的保护范围，根据说明书具体实施方式的记载，可预报单光子源的工作原理为"基于非线性介质中自发四波混频，湮灭一对泵浦光产生信号光子和闲频光子，将闲频光子作为预报光子，信号光子为被预报的单光子"；集成 OAM 发生器概况了一个较大的保护范围，根据说明书具体实施方式，集成 OAM 发生器至少包括带有角向均匀分布的 32 根下载波导的微环谐振腔，微环腔上覆盖钛电极，同心环形散射光栅。本领域技术人员难以预见可以以说明书具体实施方式之外的其他方式构成所述可预报单光子源、集成 OAM 发射器，该概况没有以说明书为依据。

【答复意见】根据说明书具体实施方式的记载，对权利要求 1 中"可预报单光子源"作进一步的描述，对"集成 OAM 发生器"的构造和主要部件进行描述，使权利要求 1 请求保护的技术方案得到说明书的支持。

【案例八】涉及名称为"一种抗虫基因和应用"的发明专利申请，其相关权利要求如下：

8. 权利要求 1 所述的蛋白或其编码基因在制备杀虫剂中的应用，所述杀虫剂对华北大黑鳃金龟具有杀虫活性。

9. 权利要求 1 所述的蛋白或其编码基因在制备具有抗虫性植物中的应用，所述虫为华北大黑鳃金龟。

【审查意见】说明书实施例仅证实了本发明蛋白能够对华北大黑鳃金龟具有杀灭活性，并未给出将该蛋白的编码基因转入植物细胞中的实验方案及结果数据，由于芽孢杆菌与植物在细胞代谢途径、蛋白表达调控方面差异极大，因此能在芽孢杆菌中表达的蛋白是否能在植物细胞中表达、即使能表达是否还具有其原有的活性都是需要试验来验证的。本申请说明书没有给出这方面的实验方案和结果数据，本领域技术人员无法预期本发明蛋白的编码基因转入植物细胞能成功表达，因此权利要求 8、9 得不到说明书的支持。

【答复意见】本发明实施例 3 证实本发明蛋白具有抗虫活性，虽然本申请说明书未给出将该蛋白的编码基因转入植物细胞中的实验方案及结果数据，但实施例 2 记载了将该蛋白的编码基因转化入大肠杆菌细胞获得蛋白表达的实例。况且将含有目的基因的表达载体转化植物宿主细胞是常规技术，并不需要烦杂的劳动。结合现有技术，本领域技术人员可以合理预期将含有该蛋白的编码基因的表达载体转化入植物宿主细胞获得表达该发明蛋白的植物细胞，并用于培育转基因植物以提高植物的抗虫性是具有可行性的。因而，仅提供了该蛋白抗虫的活性数据并不会导致"该蛋白的编码基因用于制备杀虫剂"和"制备具有抗虫性植物"的技术方案得不到说明书的支持。

七、不具备新颖性

如果审查员认为某权利要求所要保护的技术方案在申请日前已被公开，则会引用相关对比文件作出该权利要求不具备《专利法》第 22 条第 2 款规定的新颖性的审查意见。

申请人在进行答复时，应当找出本发明与审查员引用的对比文件之间的区别特征。如果该区别特征没有被写入权利要求中，则应当修改权利要求书，将区别特征补入权利要求中，并在意见陈述书中向审查员说明修改之处；如果权利要求中已经明确写明了该区别特征，则应当陈述意见，向审查员说明和解释本发明与对比文件的区别之处，以及权利要求在哪一部分明确写明了该区别特征。

需要注意的是，在这种情况下，申请人不仅应当在意见陈述书中论述上述权利要求相对于对比文件具备新颖性的理由，还应当论述其具备创造性的理由。

【案例九】涉及名称为"一种托球架组件"的发明专利申请，其相关权利要求如下：

1. 一种托球架，其特征在于，包括弧杆、纵杆、横杆和安装杆。

2. 根据权利要求 1 所述的托球架，其特征在于，所述纵杆的上部和下部均连接有所述横杆以构成主承力面，所述弧杆跨接在所述纵杆上方的所述横杆上，所述纵杆的下部还连接有用于将所述托球架安装在锚泊设施上的所述安装杆。

【审查意见】对比文件 1 公开了一种用于放置物体的架子，该架子包括弧杆、纵杆、横杆和安装杆。对比文件 1 的技术领域、技术方案、技术效果和要解决的技术问题与本申请相同，因此权利要求 1 相对于对比文件 1 不具备新颖性。

【答复意见】将权利要求 2 的技术特征限定入权利要求 1 中，形成新的权利要求 1。修改后的权利要求 1 的技术方案与对比文件 1 不同，区别在于，权利要求 1 限定了纵杆的上部和下部均连接有所述横杆以构成主承力面，所述弧杆跨接在所述纵杆上方的所述横杆上，所述纵杆的下部还连接有用于将所述托球架安装在锚泊设施上的所述安装杆；而对比文件 1 无此特征。因此修改后的权利要求 1 相对于对比文件 1 具备新颖性。并对权利要求 1 具备创造性作进一步论述。

八、不具备创造性

如果审查员指出，某一项权利要求不具备《专利法》第 22 条第 3 款规定的创造性，则申请人应当针对具体情况分别处理，或者修改权利要求，或者陈述权利要求所限定的技术方案具备创造性的理由。

对有关创造性规定的理解，申请人需要仔细研究《专利审查指南（2010）》第二部分第四章 3.2 节的具体内容。通常审查员在分析权利要求是否具有创造性时，会采用该部分所述的"三步法"，即：

第一步，确定最接近的现有技术；

第二步，确定发明的区别特征和发明实际解决的技术问题；

第三步，判断要求保护的发明对该领域的技术人员来说是否显而易见。

此外，在分析权利要求的创造性时，审查员通常会采用《专利审查指南（2010）》中设立的辅助审查基准，即判断权利要求限定的发明是否解决了人们一直渴望解决但始终未能获得成功的技术难题；是否克服了技术偏见；是否取得了预料不到的技术效果；是否在商业上获得了成功。

申请人在答复有关创造性的问题时，同样可以借鉴上述"三步法"的实质，判断审查员的意见是否合理，从而在意见陈述中作出妥当的答复。一般步骤如下：

首先，判断审查员作为审查基础的对比文件是否公开了与该发明最为接近的现有技术。

其次，如果审查员作为审查基础的对比文件确实为与该发明最接近的现有技术对比文件，则应当找出权利要求与该对比文件相区别的技术特征，分析这些区别特征带来了哪些技术效果、解决了哪些技术问题、对现有技术作出了哪些改进。

最后，在确定了区别特征和实际解决的技术问题后，接下来就要判断权利要求限定的技术方案是否显而易见。

判断是否显而易见的具体方法是：查看审查员引用的另一篇或者多篇对比文件是否给出了一种启示，根据该启示，本领域技术人员可以将该区别特征应用到该最接近的对比文件中，以解决该最接近的对比文件中存在的技术问题，取得该发明的技术效果，从而形成本申请权利要求限定的技术方案。如果不存在这样的启示，则权利要求限定的技术方案具备《专利法》规定的创造性，此时可以不对权利要求进行修改，但应当向审查员陈述意见，详细说明支持自己观点的理由，必要时还应当争取与审查员讨论的机会，努力说服审查员改变其观点，使其接受申请人关于权利要求具有创造性的意见。如果经过分析发现审查员的理由较为充分，不对权利要求进行修改则难以说服审查员时，就应当按照审查员的建议，或者根据该发明的实际情况，对权利要求进行修改。

在对权利要求进行修改后，必要时还要对说明书的发明名称、技术领域、背景技术、发明内容以及说明书摘要等部分作适应性修改。

【案例十】涉及名称为"一种鉴别牛及其早期胚胎性别的方法"的发明专利申请，其相关权利要求如下：

1. 一种鉴别牛及其早期胚胎性别的方法，其特征在于：采用两温度循环的聚合酶链式反应。

2. 如权利要求1所述的方法，其中所述的两温度循环包括：（1）在温度92~94℃下，反应1~15 s；（2）在温度56~58℃下，反应1~15 s。

3. 如权利要求1或2所述的方法，其特征在于：所述的聚合酶链式反应的产物大小为100~300 bp。

4. 如权利要求1所述的方法，其特征在于：所述的聚合酶链式反应的反应时间为35~55 min。

5. 如任一权利要求1~4所述的方法，其特征在于：所述的聚合酶链式反应的反应体系中含有两种引物。

6. 如权利要求5所述的方法，其特征在于：所述的引物为A12和

B34，或者 A12 和 B78，其中 A12 的引物序列为 5'－TCG TCA GAA ACC GCA CAC TG 和 5'－TGG AAG CAA AGA ACC CCG CT；B34 的引物序列为 5'－TCT TTG TCT CGG GTT GTG GT 和 5'－GAA TCC TAC TCC TCA GAA TG；B78 的引物序列为 5'－GAT CAC TAT ACA TAC ACC ACT 和 5'－GCT ATG CTA ACA CAA ATT CTG。

7. 如权利要求 6 所述的方法，其特征在于：引物 A12、B34 和 B78 的扩增产物大小分别为 216 bp、268 bp 和 141 bp。

【审查意见】权利要求 1~7 不具备创造性。

对比文件 1 公开了一种通过常规的 PCR 方法鉴别牛早期胚胎性别的方法，包括变性、退火和延伸的三温度循环 PCR。对比文件 2 公开了一种两步 PCR 方法，并且指出与标准 PCR 相比，这种 PCR 操作更简便、快速。

由此可见，本领域技术人员很容易想到将两者结合而得到权利要求 1 的技术方案。因此权利要求 1 相对于对比文件 1 和对比文件 2 的结合不具备突出的实质性特点和显著的进步，不具备创造性。

权利要求 2~7 对 PCR 条件等进行了进一步的限定，然而，根据引物、模板以及产物的大小，对 PCR 反应的条件作适当的调整，是本领域技术人员所熟知的常规技术，在权利要求 1 不具备创造性的情况下，其从属权利要求亦不具备创造性。

【答复意见】针对该审查意见，申请人对申请文件进行了修改，并提交了意见陈述。其修改后的权利要求如下：

1. 一种鉴别牛及其早期胚胎性别的方法，其特征在于：采用两温度循环的聚合酶链式反应，

其中用于聚合酶链式反应的因物为 A12 和 B34，或者 A12 和 B78，其中 A12 的引物序列为 5'－TCG TCA GAA ACC GCA CAC TG 和 5'－TGG AAG CAA AGA ACC CCG CT；B34 的引物序列为 5'－TCT TTG TCT CGG GTT GTG GT 和 5'－GAA TCC TAC TCC TCA GAA TG；B78 的引物序列为 5'－GAT CAC TAT ACA TAC ACC ACT 和 5'－GCT ATG CTA ACA CAA ATT CTG，

其中所述的两温度循环包括：（1）在温度 92~94 ℃下，反应 1~15 s；

(2) 在温度 56~58 ℃下，反应 1~15 s。

2. 如权利要求 1 所述的方法，其特征在于：所述的聚合酶链式反应的产物大小为 100~300 bp。

3. 如权利要求 1 所述的方法，其特征在于：所述的聚合酶链式反应的反应时间为 35~55 min。

4. 如权利要求 1~3 任一项所述的方法，其特征在于：引物 A12、B34 和 B78 的扩增产物大小分别为 216 bp、268 bp 和 141 bp。

同时，申请人作了以下意见陈述：

本发明公开了一种采用两温度循环 PCR 方法鉴定牛早期胚胎性别的方法，针对特定的引物，申请人通过研究发现，通过两温度循环 PCR 即能够有效地得到目标产物，从而可以有效地节约时间。对比文件 1 公开了一种常规的 PCR 方法鉴别牛早期胚胎性别的方法，其采用三温度循环 PCR，包括 94 ℃变性 30 s，55 ℃退火 30 s，72 ℃延伸 30 s。此外，对比文件 2 指出，"对于相对较短的 DNA 片段（100~200 bp）"，则可采用两温循环 PCR，而本发明 A12 和 B34 引物对扩增的片段长度均在 200 bp 以上，因而，根据这种教导，本领域技术人员难以将对比文件 1 与对比文件 2 结合，而得到本发明的两步扩增法。

并且，即使将对比文件 1 与对比文件 2 相结合也得不到本发明的技术方案。对比文件 2 公开了一种两温度循环 PCR 方法，其包括在 94 ℃变性 1 min，以及 65~68 ℃退火延伸 1 min，虽然其指出采用两步法更简便快速，然而，对比文件 1 的三温度循环 PCR，由于其在变性和退火延伸所用的时间较长，因而，虽然其减少了步骤，但并不能有效节约时间。本发明两温度循环 PCR 法采用 92~94 ℃下，反应 1~15 s，56~58 ℃下，反应 1~15 s 的两步循环，整个反应时间可以缩短到 30 多分钟，而对比文件 1 或对比文件 2 的方案则需要 2 h 左右，在时间上有着显著的差别。从 1 min 到 1~15 s 是一个很大的时间差异，按照常规理解，扩增片段越长，则需要较长的变性时间和延伸时间，从而，将变性和退火延伸的时间缩短到 1~15 s 是非显而易见的。

由上述可知，修改后权利要求 1 所要保护的技术方案具备突出的实质性特点和显著的进步，具备创造性。由于权利要求 1 具备了创造性，其从属权利要求亦具备创造性。

【案例十一】涉及名称为"基于车载设备的场景模拟方法"的发明专利申请。

【审查意见】在审查意见通知书中，审查员引用了如下对比文件：①对比文件1：CN108528371A，公开日为2018年9月14日；②对比文件2：CN201390123Y，公开日为2010年1月27日。

并且在审查意见中指出本申请权利要求1~6不具备创造性，不符合《专利法》第22条第3款的规定。

【答复意见】针对上述审查意见通知书，申请人提交了意见陈述书，并同时提交了权利要求书和说明书的替换页。在修改后的权利要求书中，申请人从说明书中提取相关技术内容补充至权利要求1中，并对其余权利要求进行重新编号，新修改的权利要求书内容如下：

1. 一种基于车载设备的场景模拟方法，其特征在于，包括：

在预先设定的场景中确定待模拟场景；

根据预先存储的所述场景与场景模拟器的控制参数之间的对应关系，确定所述待模拟场景对应的每种场景模拟器的控制参数；

基于所确定的控制参数，分别控制每种场景模拟器模拟所述待模拟场景；

确定所述待模拟场景对应的车窗玻璃透光参数；

根据所述车窗玻璃透光参数，调节车窗玻璃的透光率。

2. 根据权利要求1所述的方法，其特征在于，所述基于所确定的控制参数，分别控制每种场景模拟器模拟所述待模拟场景，包括以下任意两个步骤或两个以上步骤：

基于所确定的声音播放器的控制参数，控制声音播放器播放所述待模拟场景对应的声音；

基于所确定的气味发生器的控制参数，控制气味发生器调节气味配比，以产生所述待模拟场景对应的气味；

基于所确定的风量控制器的控制参数，控制风量控制器产生所述待模拟场景对应的风量；

基于所确定的湿度控制器的控制参数，控制湿度控制器将当前环境中的湿度调节至所述待模拟场景对应的湿度范围。

3. 根据权利要求2所述的方法，其特征在于，所述方法还包括：

基于所确定的温度控制器的控制参数，控制温度控制器将当前环境中的温度调节至所述待模拟场景对应的温度范围；和/或，

基于所确定的灯光参数，控制发光器发射所述待模拟场景对应的灯光。

4. 根据权利要求1所述的方法，其特征在于，若所述待模拟场景为海边场景，则所述基于所确定的控制参数，分别控制每种场景模拟器模拟所述待模拟场景，包括以下任意两个步骤或两个以上步骤：

基于所确定的声音播放器的控制参数，控制声音播放器播放预先存储的海边场景中的声音；

基于所确定的气味发生器的控制参数，控制气味发生器调节气味配比，以产生海边场景中的气味；

基于所确定的风量控制器的控制参数，控制风量控制器产生海边场景对应的风量；

基于所确定的湿度控制器的控制参数，控制湿度控制器将当前环境中的湿度调节至海边场景的湿度范围。

5. 根据权利要求1所述的方法，其特征在于，所述确定待模拟场景，包括：

根据用户的选择指令，确定待模拟场景；或者，根据存储的历史模拟记录，确定待模拟场景；或者，根据配置信息，确定待模拟场景。

6. 根据权利要求1所述的方法，其特征在于，所述基于所确定的控制参数，分别控制每种场景模拟器模拟所述待模拟场景之后，还包括：

根据用户指令确定待调整场景模拟器以及所述待调整场景模拟器的调整参数；

基于所述调整参数，调节所述待调整场景模拟器的输出；

根据所述待调整场景模拟器的调整参数，修改预先存储的场景与场景控制器的控制参数之间的对应关系。

在意见陈述中，申请人针对创造性的主要陈述意见如下。

首先，申请人指出，相比对比文件1，独立权利要求1包括如下区别特征：

（1）区别特征A

在预先设定的场景中确定待模拟场景；

根据所述预先存储的所述预先设定的场景与场景模拟器的控制参数之间的对应关系，确定所述待模拟场景对应的每种场景模拟器的控制参数。

（2）区别特征B

确定所述待模拟场景对应的车窗玻璃透光参数；根据所述车窗玻璃透光参数，调节车窗玻璃的透光率。

接下来，申请人分析为何对比文件1没有公开区别特征A和B。

（1）从如下五个角度证明对比文件1没有披露区别特征A中的"待模拟场景"，进而与待模拟场景直接相关的技术特征A没有被公开，具体为：

第一，本申请中的"待模拟场景"是预先存储在本地的，例如可以预先存储在车载设备的控制器中，而对比文件1所公开的"目标环境"并非是预先设定好并存储在车载设备中。

第二，本申请中的"待模拟场景"是固定不变的，而对比文件1所公开的"目标环境"是随着驾驶员不同的身心状态而动态改变的，是不可预知的。

第三，本申请中的"待模拟场景"是具有"主题性"的，而对比文件1所公开的"目标环境"不具有任何主题性。

第四，本申请中在车内形成"待模拟场景"是具有车内人的主观意愿的，而对比文件1中的"目标环境"的形成完全不具有任何的车内人的主观意愿，而是被动生成的。

第五，本申请中的"待模拟场景"与对比文件1中的"车内最优的目标环境"的触发条件完全不同。

（2）技术特征B"确定所述待模拟场景对应的车窗玻璃透光参数；根据所述车窗玻璃透光参数，调节车窗玻璃的透光率"在对比文件1中并未提及，是本申请相对于对比文件1的第二个区别技术特征。

在接下来，申请人基于区别特征A和区别特征B，重新确定本申请要解决的技术问题：提供一种基于车载设备的车内场景模拟技术，以缓解车内人员的疲劳，增加行车的安全性。

最后，论述修改后的权利要求对本领域技术人员来说并非显而易见，具体理由如下：

对比文件 1 和对比文件 3 中均未公开区别技术特征 A。并且，现有技术也没有给出采用区别技术特征 A 实现基于车载设备的车内场景模拟，以缓解车内人员的疲劳，增加行车的安全性的技术启示。因此，仅从区别技术特征 A 的角度来看，修改后权利要求 1 具有突出的实质性特点，并非显而易见。

并且，申请人还针对审查意见，对区别特征 B 单独补充了进一步的分析：

第一，本申请的区别技术特征 B 与对比文件 3 中公开的"ECU 在自动模式下支持很多人性化的扩展功能，如汽车在行驶转弯时、停车时、倒车时、使用防盗功能时（即不同的场景）改变车窗颜色、透明度（即透光率）或柔和度"并不相同，现说明如下。

①对比文件 3 中"汽车在行驶转弯时、停车时、倒车时、使用防盗功能"指的是汽车的行车或使用状态；本申请中区别技术特征 B 中的"模拟场景"指的是车内创建的主题环境。

②对比文件 3 中调节玻璃的亮度、颜色、透明度、柔和度的参数是基于外界实际环境信息（例如汽车外部的温度和阳光照射的强度）有关，而本申请区别技术特征 B 中玻璃的参数控制是作为待模拟场景的一个因素，玻璃参数的控制服务于特定主题的待模拟场景，与车辆当前实际所处于的外围环境没有关系，二者不同。

③对比文件 3 虽然记载了"ECU 在自动模式下支持很多人性化的扩展功能，如改变车窗颜色、透明度（即透光率）或柔和度"的技术内容，但是，对比文件 3 并没有公开车内光线具有"缓解车内人员疲劳，增加行车的安全性"的作用，更没有公开控制车内光线与在车内创造待模拟场景有关。对比文件 3 中仅公开了通过调节玻璃的亮度、颜色、透明度、柔和度来控制车内光线的作用（参照具体实施方式第 4 段：ECU 根据预先内部设定的程序，选择一种适合目前环境的玻璃的透明度、柔和度、颜色等参数，控制汽车内光线）。

而且，本申请区别特征 B 的作用和对比文件 3 对应技术特征的作用不同，本申请区别特征 B 的作用是"通过调节车窗玻璃的透光率来配合'待模拟场景'的营造，即车内光线是模拟场景的一个控制要素"；对比文件 3 中相关手段的作用是：调节玻璃的亮度、颜色、透明度、柔和度"，其不服务于任何场景，二者的作用显然不同。

故，即使不考虑区别技术特征 A，也无法将对比文件 1 与对比文件 3 进行结合获得本申请修改后的权利要求 1 所保护的技术方案。因此，从区别技术特征 B 的角度来看，本申请修改后的权利要求 1 也具有突出的实质性特点，并非显而易见。

第二，申请人还从对比文件 1 和对比文件 2 没有结合启示的角度，进一步论证了本申请的创造性。具体理由如下：

对比文件 1 所要解决的技术问题是"因手动操作而引发的安全问题"，具体是要检测驾驶员的生理状态参数来自动控制车内的多媒体系统，不用人为地手动调节车内多媒体系统。而对比文件 3 所要解决的问题是"车内的光线不能智能化控制"，具体地，在对比文件 3 的实施例中公开了手动和自动两种工作模式。很明显，手动模式是对比文件 1 所要摒弃的操作模式，因此基于手动操作模式下，二者不能结合，具有相反的技术启示。

而对比文件 3 在自动工作模式下，由于对比文件 1 是要基于驾驶员这个人的生理状态参数来调节车内环境，而对比文件 3 则是要基于实际的车外环境来调节车内光线，汽车外部的温度和阳光照射的强度与驾驶员的生理状态参数完全无关，因此二者基于的参考因素（起源）不同，没有结合启示。

综上所述，本申请修改后的权利要求 1 具有突出的实质性特点，具有非显而易见性。

同时，本申请在预先设定的场景中选择待模拟场景，并基于待模拟场景对应的每种场景模拟器的控制参数分别控制每种场景模拟器，实现了基于车载设备的车内场景模拟。由于模拟场景中各种控制参数（例如，声音、气味、风量、温度、湿度、光线等至少两种环境控制参数）是以某一特定主题（例如，海边、丛林、乡间小路、沙漠等）为目标，各个控制参数相互关联、相互配合，有机结合，形成一个多角度、立体式情境，供用户身临其境，沉浸其中。

并且，玻璃的参数控制是作为待模拟场景的一个必要因素，其对于特定主题待模拟场景氛围的营造显得非常重要，通过调节车窗玻璃的透光率以及各种场景模拟器的配合，更好地缓解车内人员（驾驶人员和同车人员）的疲劳，增加（驾驶人员）行车的安全性。

综合上述，修改后的权利要求 1 具有突出的实质性特点和显著的进步，具备《专利法》第22条第3款所规定的创造性。

权利要求2~6作为权利要求1的从属权利要求，对其技术方案进行进一步限定，因此同样具备创造性。

基于上述理由，权利要求1~9相对于对比文件1和对比文件2具有突出的实质性特点和显著的进步，符合《专利法》第22条第3款的规定，具备创造性。

九、修改超范围

如果审查意见通知书中指出，申请人对申请文件的修改不符合《专利法》第33条的规定，即超出了原说明书和权利要求书记载的范围，则申请人应当根据《专利审查指南（2010）》第二部分第八章5.2节的规定，认真分析审查员的意见，确定修改是否超出了范围。

对于可从原申请文件记载的内容直接导出的修改，可以在意见陈述书中详细说明如何从原说明书和权利要求书中记载的内容导出新修改的内容。为了更好地说服审查员，可以采用会晤或电话讨论的方式。

对于修改的确超出原申请文件记载内容的部分，应当按照审查意见通知书中的要求将其删去，以克服修改超范围的缺陷，否则本申请会被驳回。

十、同时存在多种缺陷

【案例十二】化学领域针对审查意见通知书答复一份完整的意见陈述书。该案例的原始权利要求书如下：

1. 一种甲胺磷半抗原，其特征在于它的分子结构式为：

$$\begin{matrix} CH_3O \\ CH_3S \end{matrix} P-NH(CH_2)_nCOOH$$

其中 n 为1至9的自然数。

2. 一种甲胺磷人工抗原，其特征在于它的分子结构式为：

$$\begin{matrix} CH_3O \\ CH_3S \end{matrix} P-NH(CH_2)_n-C-NH-Protein$$

其中 n 为 1 至 9 的自然数。

3. 一种制备权利要求 1 所述甲胺磷半抗原的方法,其特征在于包括步骤:

1) 将 O,S-二甲基硫代磷酰氯用无水甲醇或无水乙醇稀释;

2) 将 $NH_2(CH_2)_nCOOH$ 溶于无水甲醇或无水乙醇,加入 KOH 或 NaOH 至溶液呈碱性;

3) 将 2) 溶液逐滴加入搅拌状态下的 1) 溶液中,加完继续搅拌反应,产物用 HCl-氯仿调节 pH,取氯仿层过无水 $MgSO_4$ 干燥,减压浓缩至近干,得油状粗产物;过硅胶柱,洗脱液为甲醇和石油醚,将产物管合并,减压浓缩至干得油状产物甲胺磷半抗原。

4. 根据权利要求 3 所述的方法,其步骤包括:

1) 将 1 份 O,S-二甲基硫代磷酰氯用 5~15 份无水甲醇或无水乙醇稀释;

2) 将 1~5 份 $NH_2(CH_2)_nCOOH$ 溶于 5~15 份无水甲醇或无水乙醇,加入 KOH 或 NaOH 至溶液呈碱性;

3) 将 2) 溶液逐滴加入搅拌状态下的 1) 溶液中,加完继续搅拌反应 10~30 min,产物用 1 N HCl-氯仿调节 pH 至 2~5,取氯仿层过无水 $MgSO_4$ 干燥,减压浓缩至近干,得油状粗产物;过硅胶柱,洗脱液为甲醇:石油醚=1:1~3:1,将产物管合并,减压浓缩至干得油状产物甲胺磷半抗原。

5. 根据任一权利要求 3~4 所述的方法,其特征在于:$NH_2(CH_2)_nCOOH$ 中的 n 为 1~9 的自然数。

6. 一种制备权利要求 2 所述甲胺磷人工抗原的方法,其特征在于采用活泼酯法或混合酸酐法。

7. 根据权利要求 6 所述的方法,其特征在于包括步骤:将 80~100 μmol N,N'-二环已基碳二亚胺溶于 1~2 mL N,N—二甲基甲酰胺,逐滴滴入搅拌状态下含有等当量的甲胺磷半抗原与 N-羟基琥珀亚胺的 DMF 溶液中,搅拌反应过夜;将反应的上清液逐滴滴入 5~10 mL 10 mg/mL 的蛋白质的碳酸盐缓冲溶液中,缓慢搅拌反应过夜,产物转移入透析袋中,用磷酸盐缓冲液于 4℃ 透析,冷冻干燥后分装,冻存。

8. 根据权利要求 6 所述的方法，其特征在于包括步骤：80~100 μmol 上述甲胺磷半抗原与等当量的三正丁胺溶于 1~2 mL DMF 中，搅拌反应 20 min，再加入等当量的氯甲酸异丁酯，用 1M NaOH 调节 pH 至 8.0~9.0，搅拌反应 1 h。将反应液逐滴滴入 5~10 mL 15 mg/mL 的蛋白质/DMF 的碳酸盐缓冲溶液中，缓慢搅拌反应 4 h，产物转移入透析袋中，用磷酸盐缓冲液于 4℃ 透析 3 天，冷冻干燥后分装，冻存。

【审查意见】该案例的审查意见要点包括：

（1）权利要求 1~2、6~7 相对于对比文件 1 不具备新颖性；

（2）权利要求 3~5 相对于对比文件 3、权利要求 8 相对于对比文件 4 不具备创造性；

（3）权利要求 3、4、7 和 8 保护范围不清楚。

【答复意见】

意见陈述书

尊敬的审查员：

您好！

首先，感谢您对本申请所做的认真细致的审查工作。

申请人收到国家知识产权局于××年××月××日发出的关于申请号为×××的第×次审查意见通知书，认真细致地研究了您关于本专利的审查意见。针对该审查意见，申请人对申请文件进行了修改，并陈述意见如下：

一）权利要求书修改说明

1. 将权利要求 1 和 2 中的"n 为 1 至 9 的自然数"，修改为"n 为 6 至 9 的自然数"；

2. 将权利要求 3 和 4 中的 n 限定为 6 至 9 的自然数；

3. 删除权利要求 5；

4. 将原权利要求 7 中所述的甲胺磷半抗原限定为权利要求 1 所述的甲胺磷半抗原。

5. 将权利要求的序号和引用关系作了适应性的调整。

……

三）意见陈述

1. 关于新颖性问题

对比文件 1 公开的甲胺磷半抗原（化合物 12），为本申请权利要求 1 中 n 值为 5 情形的化合物。将权利要求 1 中的 n 值修改为 6～9 的自然数时，对比文件 1 的化合物没有落入权利要求 1 所要保护化合物的范围内。从而，修改后权利要求 1 的技术方案具备新颖性。

与上述相同的理由，权利要求 2 的技术方案也具备新颖性。

修改后权利要求 5 是制备权利要求 1 所述化合物的方法，由于权利要求 1 具备了新颖性，其制备方法也是新颖的，因此，权利要求 5 具备新颖性。修改后权利要求 6 是权利要求 5 的从属权利要求，因此修改后权利要求 6 也具备新颖性。

2. 关于创造性问题

对比文件 1 提供的甲胺磷半抗原（化合物 12），为本申请权利要求 1 中 n 值为 5 情形的化合物。修改后，本发明权利要求 1 与对比文件 1 技术方案的区别技术特征在于甲胺磷半抗原结构式中的 n 为 6 至 9 的自然数。

当 n 值取较大的数值时半抗原的手臂结构更长，有利于偶联蛋白后免疫动物时，动物机体更好地识别偶联在蛋白质上的半抗原结构，避免被大分子蛋白质掩蔽。事实上，申请人通过抗血清间接竞争 ELISA 发现，在不添加原药的情况下（原药浓度为 0），当 $n=6$～9 时，其吸光值明显高于 $n=2$～5 的情形，这表示抗血清中产生了更高浓度的抗体。随着原药浓度的增大，$n=6$～9 比 $n=2$～5 的情形吸光值下降更明显，下降的趋势（曲线的斜率）更大，这表示前者特异性结合甲胺磷原药的能力更强。以上两点充分说明 $n=6$～9 的抗原能够更好地与免疫识别细胞结合，更有利于产生特异性的抗体，特别是在 n 值为 5 和 6 之间存在一个跳跃。

不同 n 值抗原制备的抗血清间接竞争 ELISA 分析结果图（除采用的抗血清不同，其余条件均一致）

上述技术方案在对比文件 1 中并未提及，也不是本领域的公知常识，当 n 值为 6～9 时取得了意想不到的效果。由此可见，修改后本申请权利要求 1 所要保护的技术方案具备突出的实质性特点和显著的进步，因此具备创造性。

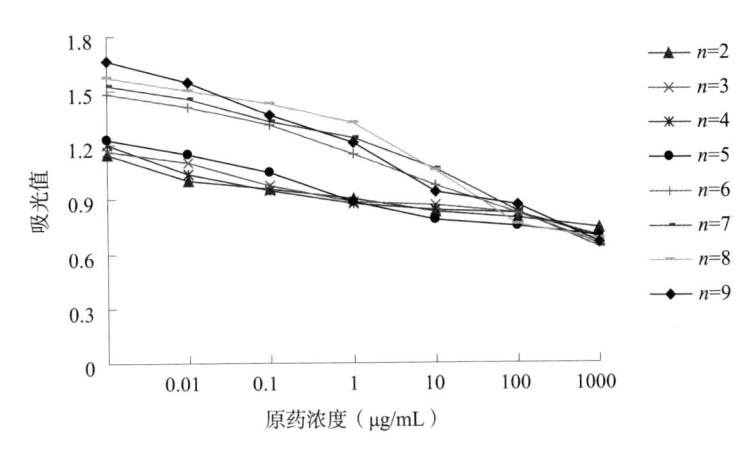

图表：横轴为原药浓度（μg/mL），纵轴为吸光值，曲线分别对应 $n=2$ 至 $n=9$。

申请人将权利要求2中"其中 n 为1至9的自然数"修改为"其中 n 为6至9的自然数"。基于上述相同的理由，权利要求2也具备创造性。

权利要求3、4和权利要求5~7分别是制备权利要求1所述甲胺磷半抗原的方法和制备权利要求2所述甲胺磷抗原的方法，由于权利要求1和2具备了创造性，因此，其制备方法也具备创造性。

此外，对比文件3公布的一种甲胺磷抗原的制备方法，其合成O，S－二甲基硫代磷酰化赖氨酸的步骤与本发明权利要求3所要保护的技术方案（半抗原合成方法）表面上比较类似，但本发明方法与之相比有三点明显优势：

1）反应的重要原料O，S－二甲基硫代磷酰氯，由于活性氯的存在，化学性质非常活泼，遇水会发生剧烈反应，而本发明和对比文件3以此作为原料，正是要利用其活性氯与氨基酸或赖氨酸发生取代反应获得半抗原，因此，为使反应有效进行，必须尽量保护其活性氯原子，所以制备半抗原反应中应严格无水，否则其会迅速与水反应，失去活性氯原子而失效，反应产率非常低。本发明方法中，酰氯的稀释及另一反应物（氨基酸）的溶解、碱化均采用无水甲醇或无水乙醇作为溶剂，较好保护了氯原子的反应活性，而对比文件3则采用了乙醇水溶液＋氯仿作为反应物的溶剂和稀释剂，酰氯在反应中与水直接接触，其活性氯必定损失较多，仅有少部分能与赖氨酸发生预期反应。

2）酰氯溶于氯仿不溶于水（遇水剧烈反应），而赖氨酸溶于水、微溶于乙醇、不溶于氯仿，因此，对比文件3的反应是在两相（水相＋有机相)体系进行,并且没有相转移催化剂的存在,这样的两相反应其实很难发生,即使发生效率也相当低。而本发明的方法中,两反应物在溶剂中均能完全溶解和分散,保证了反应的均一性和充分性,反应非常容易进行。

3)对比文件3与本发明的半抗原在结构上也有明显区别,对比文件将O,S-二甲基硫代磷酰氯与赖氨酸相联,其中甲胺磷的类似结构(核心结构)在于酰氯部分,赖氨酸部分仅起到"桥"的作用,以利于后续联接蛋白质载体、免疫动物后容易被免疫细胞识别产生抗体。本发明则是以 $n=2\sim9$ 的直链氨基酸作为"桥",两者的不同在于:一个为有分支的氨基酸,一个为无分支、直链;一个合成后留有两个可与蛋白质连接的活性基团($-NH_2$、$-COOH$),一个仅保留1个$-COOH$。通常应该用直链结构作为"桥"(桥的结构更为简单,可有效避免和减少针对桥结构产生的抗体,即文献中所说的"桥抗体"),并且仅保留1个活性基团与蛋白质连接(半抗原活性基团越多,则1分子半抗原就能连接越多的蛋白质,造成结合比下降,载体对核心结构的屏蔽效应增加),更有利于提高抗体的质量。

3. 关于不清楚的问题

1)关于权利要求3和4中的 n 没有定义的问题,现将 n 定义为 $6\sim9$ 的自然数。

2)关于原权利要求7和8中的甲胺磷半抗原不清楚的问题,现将其限定为权利要求1中所述的半抗原。

3)关于权利要求4及说明书中的"份"不清楚的问题。

本发明中所述的"份"是指重量份。在本领域中,当涉及固体的份数比即是指重量份比;涉及液体的份数比即是指体积份比;当同时涉及固体和液体时通常是指重量份之比,因为固体和液体同时存在时,在计量中只有用重量份才能便于计算和比较。这可以从下面例子中得到印证:

①《化学配方集锦》(邓舜扬编,化学工业出版社精细化工出版中心,2001)

· P70~71 "2.1.51" 2000份混合物与20份乙二醇双-2-巯基乙醚反应,首先该混合物为固体,可排除体积份,混合物的配方标明是质量

分数，并且其为混合物，没有固定分子量，无法以摩尔数来表示，因此可推测此处的"份"只能是指质量份。（附件1）

·P45～46"2.1.16"、P46"氢氧化钠0.05份""环氧树脂溶液304份""二甲基乙醇胺"未特别说明"份"，根据此处"份"既说明固态反应物，又说明液态反应物，可排除"体积份"，环氧树脂没有固定分子量，故此处也不可能是"摩尔份"，因此只能指质量份。（附件2）

②《精细化学品精编》（张跃、王丽娟主编，化学工业出版社，2003）

·P168～169 对氨基苯甲醛合成三：1.（3）"投料比（质量）……"，原料中固液体并存，投料比为质量比。（附件3）

·P144～145 苄胺合成的工艺过程"氯苄：农用碳酸氢铵：20%氨水：50%液碱=1:（2.5-3.0）:（18-20）:（1.2-1.5）"，反应物既有液态也有固态，但并不需要特别说明其投料比为质量比还是体积比，由于固态反应物难以计算体积，故此处应为质量比。（附件4）

③《精细化学品配方1000例》（王志明编，中国石化出版社，2001）

·P350 聚丙烯乳化沥青配方，配方中既有液态也有固态，制法中说明"聚丙烯：沥青=1:1.5质量份"，与配方中"聚丙烯1000份……石油沥青1500份"相吻合，故此处配分中的"份"显然指的是质量份。（附件5）

事实上，对于本发明而言，酰氯和氨基酸是反应物，而甲醇、乙醇等只起到介质或溶剂的作用，其量的多少对反应影响不大，本领域的技术人员可以根据情况适量添加即可，而氨基酸是固体，酰氯是黏稠的液体（操作上很难量取其体积，一般的计量方法是以重量计），其份数比为重量份比是显而易见的。

综上所述，申请人认为，本发明经意见陈述和修改后，已克服了审查员在审查意见通知书中所指出的所有缺陷，希望审查员同意申请人的修改，并授予专利权。若审查员仍不同意申请人的意见陈述，请再给予一次意见陈述或会晤的机会。谢谢！

【案例十三】机械领域针对审查意见通知书答复一份完整的意见陈述书。

【审查意见】 该案例的审查意见要点包括：

权利要求1不具备创造性以及修改后的权利要求2~6不具备创造性。

【答复意见】

意见陈述书

尊敬的审查员：

您好！

首先，感谢您对本专利申请审查所付出的辛勤工作。

申请人收到国家知识产权局于××年××月××日发出的关于申请号为×××的第×次审查意见通知书，认真细致地研究了您关于本专利的审查意见。针对该审查意见，申请人对申请文件进行了修改，并陈述意见如下：

一）权利要求书修改说明

1. 修改了独立权利要求1，将前序部分的"包括导电材料制成的外底（1）以及内底（2）"修改为"包括内底（2）以及由导电材料制成的外底（1）"，该修改依据来自于说明书第4页第7~13行。将原权利要求6、7的内容追加到独立权利要求1中。

2. 将原权利要求3的特征部分"所述外底（1）上相应于内底（2）的孔的位置设有与其成一体的凸块（9）"修改为"所述外底（1）上相应于内底（2）的孔的位置设有与所述外底（1）成一体的凸块（9）"。该修改依据来自于说明书第3页第8~15行，附图1~3。

3. 删除了原权利要求6、7和权利要求9，并对权利要求的序号进行了相应的修改。

4. 根据权利要求的修改，对说明书的技术方案部分进行了相应的修改。

……

三）意见陈述

1. 修改后的权利要求1具备创造性

审查员在第一次审查意见通知书中指出，对比文件1公开了一种防静电鞋，包括：用导电材料制成的外底；内底；内底上有两个孔。对比文件

2公开了一种防静电鞋，包括鞋底和鞋面，鞋底包括最外层的含有导电碳黑的RB鞋底，以及包含导电布、导电线的内层，各层之间通过导电胶水连接起来。

申请人针对审查员的第一次审查意见通知书，对原独立权利要求1进行了修改，修改后的独立权利要求1与对比文件1的区别特征在于，"所述孔上覆盖有导电布（4），所述导电布（4）为一块，并设置在相应于脚弓位置；或者所述导电布（4）为多块，对应设置在多个与外底（1）成一体的凸块（9）上，并且位于脚部承重点位置处的凸块（9）的厚度小于内底（2）厚度1~2mm"。

审查员在审查意见通知书第6条中指出，"对比文件1公开的技术方案中，一个凸块位于鞋中的弓形部位，也就是脚弓位置"。对此审查意见，申请人尊敬地持有不同意见，申请人认为：对比文件1公开的凸块的位置并非在脚弓位置，请参见对比文件1的说明书第2栏37~42行、附图1、附图2，可以明显地看出，凸块1的位置应该在脚掌位置处，并且，对比文件1关于凸块1的位置在权利要求书中进行了详细的限定，指出第一凸块（凸块1）的位置处于相对于在脚掌的第二趾骨和第三趾骨的中间位置处（参见对比文件1第3栏第48~53行，第4栏第5~10行、第28~34行、第51~56行，第5栏第4~11行，第6栏第3~9行）。显然，第二趾骨与第三趾骨中间部分属于脚掌部分，即脚的支撑部分，而并非脚弓部位。

而本发明修改后的权利要求1中，凸块和孔的位置处于脚弓的位置，主要是为了避开脚部主要的受力点（参见本申请说明书第3页第10~15行）。因此，对比文件1中公开的凸块1的位置与本技术方案中的凸块位置并不一致。

同时，审查员在审查意见通知书第6条中指出，"对比文件2公开的技术方案中，导电布覆盖为一块，覆盖在内底上。那么当内底上具有孔时，该导电布必然也是位于脚弓位置的"。

对此审查意见，申请人尊敬地持有不同意见，申请人仔细研究了对比文件2，发现其导电布并不是位于脚弓位置，而是位于前掌着地点部位（参见对比文件2的权利要求2，以及说明书第2页倒数第8行、倒数第

10行)。因此,对比文件2公开的技术特征也与修改后的独立权利要求1的技术方案不同。

审查员在审查意见通知书第7条中指出,"位于脚部承重点位置处的凸块(9)的厚度小于内底(2)厚度1~2mm"为公知常识。但是申请人尊敬地持有不同意见,具体理由如下:申请人发现,当导电布4必需位于脚掌、脚跟位置时,使凸块9的厚度小于内底2厚度1~2mm,这样在穿用时,脚掌、脚跟受力较大,内底2变薄,保证导电布4与凸块9接触释放电荷,同时,又可保证凸块9的上表面与内底2的上表面在同一平面上,故不会压迫脚部,穿着舒适。而关于上述数值范围,在对比文件1和对比文件2中没有任何公开或者教导,关于本发明所能够达到的技术效果也没有任何提及。

另外,虽然对比文件2包括导电布这一技术特征,但是对比文件2的技术方案已经可以实现鞋的防静电效果,因此对比文件2并没有给出任何技术启示,使本领域技术人员能够结合对比文件1得出本申请的技术方案。

因为穿防静电鞋的人大多数是处于站立工作状态,而且对比文件1也是通过利用人的体重向下压凸块,来实现有效的防静电效果,显然,如果将导电布设置于脚掌的承重部位,必然造成鞋底的不平,脚掌长期压在不平的鞋底上,肯定会不舒适,甚至会造成穿着者的脚掌疾病。而本申请修改后的权利要求1,将导电布设置在脚弓部位,或者令位于脚部承重点位置处的凸块的厚度小于内底厚度1~2mm,这样穿着者在穿着防静电鞋工作时,因为脚弓部位不是主要支撑点,所以导电布不会对脚造成任何不适的感觉。而如果由于一些原因,需要将导电布设置在脚部承重点位置时,由于凸块的厚度小于内底厚度1~2mm,在人的体重压力下,使内底和凸块以及导电布几乎处于同一个平面内,最大限度保证了防静电鞋的舒适度,减轻了穿着者的不适感。

综上所述,修改后的独立权利要求1与对比文件1、2相比,具有上述区别技术特征,而上述区别技术特征在对比文件1和2中均没有任何公开或者教导,并且本发明修改后的权利要求1的技术方案能够产生不同的技术效果,修改后的独立权利要求1具有突出的实质性特点和显著的进步，符合《专利法》第 22 条第 3 款关于创造性的规定。

2. 修改后的权利要求 2~6 具备创造性

本发明修改后的独立权利要求 1 具备创造性，因此，直接或者间接引用权利要求 1 的权利要求 2~6 也具备创造性，符合《专利法》第 22 条第 3 款关于创造性的规定。

3. 关于审查意见第 10 条的意见陈述

审查员在第一次审查意见通知书中指出权利要求 1 不清楚，不符合《专利法》第 26 条第 4 款的规定。根据该审查意见，申请人对权利要求 1 进行了修改，将前序部分的"包括导电材料制成的外底（1）以及内底（2）"修改为"包括内底（2）以及由导电材料制成的外底（1）"，通过上述修改，克服了审查意见中所指出的缺陷，修改后的权利要求 1 符合《专利法》第 26 条第 4 款的规定。

4. 关于审查意见第 11 条的意见陈述

审查员在第一次审查意见通知书中指出权利要求 3 不清楚，不符合《专利法》第 26 条第 4 款的规定。根据该审查意见，申请人对权利要求 3 进行了修改，将原权利要求 3 的特征部分"所述外底（1）上相应于内底（2）的孔的位置设有与其成一体的凸块（9）"修改为"所述外底（1）上相应于内底（2）的孔的位置设有与所述外底（1）成一体的凸块（9）"。通过上述修改，克服了审查意见中所指出的缺陷，修改后的权利要求 3 符合《专利法》第 26 条第 4 款的规定。

5. 关于审查意见第 12 条的意见陈述

审查员在第一次审查意见通知书中指出权利要求 9 不清楚，不符合《专利法》第 26 条第 4 款的规定。鉴于该审查意见，申请人删除了权利要求 9，这样，审查员所指出的缺陷也就不复存在。

综上所述，本发明修改后的申请文件已经完全克服了审查意见通知书所指出的缺陷，符合《专利法》《专利法实施细则》和《专利审查指南（2010）》的有关规定，请审查员在其基础上继续进行审查。若审查员认为修改后的专利申请仍然存在不符合《专利法》的有关规定之处，请再给予一次意见陈述或会晤的机会。

参考文献

[1] 国家知识产权局．专利审查指南 2010（2019 年修订）［M］．北京：知识产权出版社，2020.

[2] 国家知识产权局条法司．新专利法详解［M］．北京：知识产权出版社，2001.

[3] 吴观乐．专利代理实务［M］．2 版．北京：知识产权出版社，2007.

[4] 朱雪忠．企业知识产权管理［M］．北京：知识产权出版社，2008.

[5] 冯晓青．企业知识产权战略［M］．3 版．北京：知识产权出版社，2008.

[6] 陈燕，黄迎燕，方建国，等．专利信息采集与分析［M］．北京：清华大学出版社，2006.

[7] 中华全国专利代理师协会．专利代理行业发展与创新型国家建设：中华全国专利代理师协会成立 20 周年优秀论文集［M］．北京：知识产权出版社，2009.

[8] 王玉民，马维野．专利商用化的策略与运用［M］．北京：科学出版社，2007.

[9] 胡佐超，余平．企业专利管理［M］．北京：北京理工大学出版社，2008.

[10] 张荣彦．机械领域专利申请文件的撰写与审查［M］．2 版．北京：知识产权出版社，2006.

[11] 鄞迅．电学专利申请文件的撰写［M］．北京：知识产权出版社，2007.

[12] 张清奎．化学领域发明专利申请的文件撰写与审查［M］．2 版．北京：知识产权出版社，2006.

[13] 程永顺．中国专利诉讼［M］．北京：知识产权出版社，2005.

[14] 尹新天．专利权的保护［M］．2 版．北京：知识产权出版社，2005.

[15] 张清奎．医药及生物技术领域知识产权战略实务［M］．北京：知识产权出版社，2008.

[16] 专利代理人考核委员会办公室．全国专利代理人资格考试指南［M］．北京：知识产权出版社，2007.

[17] 汤舜宗．专利法教程［M］．3 版．北京：法律出版社，2003.

[18] 袁德. 论专利程序的基本要素复合程序 [J]. 中国专利与商标, 1997: 17-22.

[19] 刘宇巍, 徐宁, 张武军. 试论专利代理人的重要作用 [J]. 北京科技大学学报 (社会科学版), 2006 (1): 94-97.

[20] 冯晓青. 我国企业知识产权管理存在的问题与对策 [J]. 科技管理研究, 2005 (5): 38-40.

[21] 柯晓鹏, 林炮勤. IP之道: 30家一线创新公司的知识产权是如何运营的 [M]. 北京: 企业管理出版社, 2017.

[22] 企业知识产权管理规范 [G]. 北京: 中华人民共和国国家质量监督检验检疫总局, 中国国家标准化管理委员会, 2013.

[23] CARL S. Navigating the Patent Thicket: Cross Licenses, Patent Pools, and Standard-Setting [J]. Innovation Policy and the Economy, 2001 (1).

[24] DEEPAK S, DAVID J T. Combining Inventions in Multi-Invention Products: Organizational Choices, Patents, and Public Policy [P]. Hass School of Business CCC Working Paper No. 99-4, 2001.

[25] CARLSON S. Patent Pools and the Antitrust Dilemma [J]. Yale Journal on Regulation, 1999 (16): 359-399.

附录一

专利研究报告目录示例

报告一 ×××集团专利战略研究报告目录

第一章 研究背景

　一、集团产业发展状况

　　（一）集团总体状况

　　（二）板块一状况

　　（三）板块二状况

　　（四）板块三状况

　二、集团专利状况

　　（一）集团总体状况

　　（二）板块一状况

　　（三）板块二状况

　　（四）板块三状况

　三、竞争对手状况

　四、产业技术发展状况

第二章 战略分析

　一、现状分析

　二、战略思想

第三章 战略目标

　一、总体目标

　　（一）近期目标

　　（二）远期目标

二、阶段目标

  （一）起步阶段

  （二）推进阶段

  （三）提升阶段

  （四）巩固阶段

第四章　战略措施

  一、创造类措施

  二、运用类措施

  三、保护类措施

  四、管理类措施

第五章　战略步骤

  一、起步阶段

  二、推进阶段

  三、提升阶段

  四、巩固阶段

结束语

附件一　调查问卷

附件二　×××集团经济发展规划

报告二　×××技术领域专利分析报告目录

第一章　背景分析

  一、技术发展状况

  二、市场发展状况

第二章　分析目标与数据来源

  一、分析目标

  二、数据来源

第三章　分析内容与结果

  一、专利申请总体状况分析

   （一）全球申请趋势分析

   （二）地域申请趋势分析

   （三）专利地域分布分析

（四）申请人排名分析

（五）发明人排名分析

（六）技术构成分析

二、专利技术构成分析

（一）技术构成申请趋势分析

（二）技术构成发展态势分析

（三）技术构成发展路线分析

（四）技术构成功效矩阵分析

（五）重点专利技术分析

三、重点竞争对手分析

（一）竞争对手专利申请趋势分析

（二）竞争对手技术分布分析

（三）竞争对手技术地域布局分析

（四）竞争对手重点专利分析

第四章 结论与建议

一、结论

二、建议

（一）技术研发方向

（二）专利保护策略

附件一 数据说明

附件二 重点专利列表

报告三 ×××技术专利预警分析报告目录

第一章 分析背景

一、预警目的

二、预警对象

第二章 专利预警分析

一、风险专利筛选

（一）检索过程与方法

（二）疑似风险专利

二、专利侵权分析

（一）专利侵权判定原则

（二）侵权分析

第三章 对策建议

一、风险专利应对

（一）应对原则

（二）规避方案设计

二、应急救助方案

（一）工作内容

（二）具体措施

三、研发建议

附件一 风险专利列表

附件二 相关法规简介

附录二

技术交底书模板

模板一 计算机类发明技术交底书提纲

本提纲适用于计算机网络、图形图像处理、计算机性能改进、加密解密、汉字输入等技术领域。

一、本发明的名称

该部分简要揭示发明主题，需要清楚说明本发明的产品名称和/或方法名称，不要含有人名、单位名、商标、代号和型号等非技术术语。

【示例1】一种内存数据库主备同步的方法

【示例2】一种网络处理器对数据流量进行限速的方法

二、背景技术的方案

该部分简要说明现有技术是怎么做的？需要先简要介绍本发明涉及的技术和/或产品的性质和用途等；接下来简要介绍1~2项与本发明最接近的背景技术，即与本发明有相同目的或相同技术手段或相同用途的产品或方法，建议不是综述。

背景技术既可以是文献中的技术，也可以是常识或现有产品。涉及文献时需详细说明背景技术的文献出处，如专利文献号，或期刊名称、卷号、期号和页码，或书籍名称、作者、出版者、版次和页码。介绍背景技术时，应当重点说明背景技术方案的功能和实现过程。

【示例1】处理灾难性故障的主要技术是数据库备份。通常情况下，全部数据库和日志要周期性地备份在廉价存储介质上。当系统遇到灾难性故障时，可以从最近一次备份中重新装入数据库，并启动系统。

为避免丢失自上次备份之后的所有更新，通常要以更高的频率将系统日志备份到备用存储介质。由于系统日志比数据库小得多，因此可以更频繁地备份。这样用户就不会丢失最后一次备份后的所有事务。通过对日志中所有已提交事务进行恢复可把数据库恢复到崩溃时的状态。另外，每次数据库备份后都要开始一个新的日志。因此从备用存储介质故障恢复时，首先根据备用存储介质上最后一次的数据库备份，在主存储介质上创建数据库，然后根据系统日志的备份对已提交事务进行恢复。

由于对交换机的数据库速度要求很高，必须采用内存数据库。同样，当主数据库出现故障时，恢复速度是最优先考虑的因素，因此传统的根据系统日志的备份对已提交事务进行恢复已不能满足系统要求，要求能及时有现成的数据库可供使用，这样，主备存储介质应具有相同的性能，而且主备数据库应实时同步。这就必须提出一套高效的主备同步方法，以确保在主数据库出现故障时，备份数据库可以及时使用。

中国专利CN1437348（通信系统中主备板数据实时同步的方法）提供了一种内存数据库的主备同步方法。此专利在主、备板中各设置一数据缓冲区；当主板数据修改时，向其缓冲区中写入主板修改过的数据；缓冲区对数据进行处理；当缓冲区数据量达到一定时，主板实时同步进程从缓冲区中读数据并发送到备板实时同步进程；更新备板数据库，并将操作结果返回主板；如果操作结果是同步成功，则删除缓冲区中相应的数据，否则重新发送数据，直至缓冲区内记录为空。

【示例2】随着Internet的普及和商用化，提供IP接入服务的运营商面对的用户群体不断增多，网上的增值业务类型也不断丰富。当大量的话音/视频和数据业务在同一网络中传输时，只有对业务类型进行划分和对用户的服务等级（QOS）级别进行更有力的控制，才能使运营商能够针对不同用户提供不同服务等级（QOS）、具有个性化的宽带数据服务。实现这些差别服务的关键技术之一是对业务类型进行分类，在网络设备中采用线速网络处理器结构，针对不同的业务类型，网络处理器采用不同的带宽管理策略，对用户数据流量进行有效的限速。

在采用网络处理器进行线速数据包处理的网络设备（如路由器、交换机、接入服务器）中，现在大多采用的漏斗算法进行速率控制。漏斗算法的具体实现是，网络处理器开辟一定的数据包缓冲区作为缓冲队列，该队列被称为"漏斗"。当数据流量输入速率超过设置的最高速率时，将超出部分的包保存在缓冲队列即漏斗中，并在以后合适的时机将它调度出去。

三、背景技术的缺陷

该部分简要说明现有技术做的有什么缺陷？需要客观说明各背景技术的方法或产品在

工艺或性能上的不足。但最好能结合背景技术的技术方案，介绍为什么会存在这样的缺陷。

【示例1】中国专利 CN1437348（通信系统中主备板数据实时同步的方法）所述的技术方案在实现主、备同步时，将有变化的数据全部写入缓冲区，如果所有数据都有可能变化，为保证不丢失数据，则缓冲区容量必须与数据库大小相同，如果数据库相当大，缓冲区也一样大，则无疑会浪费空间；如果缓冲区的容量小于数据库，这样又会出现丢数据的可能。

【示例2】漏斗算法需要网络设备要有比较大的数据缓冲区进行数据包的缓存，才能进行有效的线速。在没有较大缓冲区作缓存的网络设备中，漏斗算法比较难实现，限速效果不好，不能达到增值业务的要求。

四、本发明的目的

该部分简要说明申请人要做什么？需要简要说明本发明要克服的缺陷，或要解决的问题，或要达到的目的，应当结合上述"背景技术的缺陷"进行说明。

【示例1】本发明的目的就是提出一种既能够节省存储空间，又能够避免数据丢失的内存数据库主、备同步的方法。

【示例2】本发明的目的是提供了一种网络处理器对数据流量进行限速的方法，根据简单的业务分类方法针对高速网络中的线速网络处理器数据处理流程，对输入网络处理器的数据包输入速率进行业务类型区别处理，采用定时严格限制法，用定时内允许通过的字节数作为数据包丢弃的依据，实现对输出速率的控制。克服了现有网络中，缺乏数据包的带宽控制，在对带宽严格要求的应用场合，不能提供有效增值服务的缺陷。

五、本发明的方案

该部分详细说明申请人是怎么做的？需要详细说明本发明的总体技术方案，该部分内容是技术交底材料的核心部分，也是内容最多的部分。该部分的内容需要重点突出展现本发明的技术原理、实现过程、技术措施、技术改进点等，如果技术改进点在于系统结构（或硬件结构）的变化，则最好给出系统硬件结构图，并且结合系统硬件结构图说明系统的工作原理和工作过程。如果技术改进点还包括数据处理过程或步骤，则最好还能给出类似软件设计中常用的时序图（流程图）和功能框图，特别对于某些设计算法改进型的技术方案，还必须给出改进后的算法计算式。

【示例1】图1是本发明技术方案的主流程图。如图1所示，本发明提出的内存数据库主、备同步的方法包括下列步骤：

（1）初始化数据库的失步映象注册区、失步映象区、失步队列和传输数据控制区。在本发明中，创建了以下数据结构：

失步映象注册区：用于记载所有可能要同步表的相关属性和操作方法；

失步映象区：由失步标志和分割标签字段组成，失步标志用于存储表中记录发生变化的类型，当记录发生修改时，分割标签用于存储发生变化的字段；

失步队列：用于存储发生变化的记录号；

传输数据控制区：用于存储主备数据库之间通信的控制数据。

（2）将数据库中要进行同步的表在失步映象注册区中注册，并初始对应失步映象区和失步队列。

（3）主数据库发生变化时，将变化表的变化记录号写入相应表的失步队列中，并在相应失步映象区记载对应的变化。

（4）启动实时同步进程，将失步记录打包发送到接受端数据库，同时将失步映象区和失步队列中的相应记录删除。

（5）接受端数据库接受数据，并更新相应表记录，返回应答消息。

（6）收到同步确认后，继续同步其他失步数据。

在指定的时间内没有收到响应或错误应答，可以重传一定次数（例如3次），重传时，使用同一流水号进行控制。当抛弃数据包时，需要根据包中失步类型对失步映象区中现有类型进行重置，以确保与主、备数据库中的差别一致。

为了更好地实现上述方案，所述同步传送可以为周期性传送：若传送次数在指定次数内，则重复上面的过程，直到同步结束，然后等待下次时间周期。若在指定次数内未同步完成，因为持续同步而可能影响其他操作的执行也要停止同步，在下一个同步周期开始启动时从当前失步记录处开始同步。

图2是传输数据控制区的数据结构示意图。可以通过定时器启动数据同步。同步开始时，首先填充传输数据控制区，用于控制数据同步，如图2所示，字段"数据库当前状态"用于判断数据库在正常工作状态，还是在主、备切换状态，如果在切换状态，禁止主、备同步。如果是主、备第一次同步，字段："发包数""当前包重发次数""传输失败包数"设置0。"流水号"字段用于控制包的顺序传输，用此字段与包中的流水号字段比较可以判别是否是当前传输的包。"传送状态"字段用于判别处于空闲状态还是传输状态，禁止同时传输。"发包数"字段用于控制CPU的占有率，以免影响其他操作的速度。"当前包重发次数"用于避免一直发送同一包。"当前包发送长度"字段用于控制数据的打包和解包操作。"传送失败包数"用于统计观察。数据库利用"当前同步映象区号"同步相应映象区对应的表。"失步映象区集"用于存储所有要同步的失步表，在开始同步时，将发生变化表的失步映象区号写入失步映象区集。

图3是失步记录的打包格式结构图。根据当前失步映象区号遍历失步队列，根据失步

记录的类型打包。如图 2 所示，分别填入记录长度、失步类型、记录号。失步记录内容字段按失步类型不同而不同：

失步类型为插入时，失步记录内容为整个记录；

失步类型为删除时，失步记录内容为空；

失步类型为修改时，失步记录内容的头两个字节为失步标签，随后是修改的字段值。

因此，包中的记录长度是不定的，解包是通过记录长度确定单个记录。因为对于数据库中的记录，要么是插入记录、删除记录，要么是修改某个或很少的字段，出现一条记录中仅有少数字段不修改的概率相当少，因此此种不等长传输可以以少量代价，有效减少传输的数据量。

在从失步映象区读取失步类型打包的同时，清空映象区中的相应记录，并从失步队列中释放。

【示例2】本发明所述的网络处理器对数据流量进行限速的方法，对具体应用进行业务类型分类，根据不同的业务类型，网络处理器采用不同的数据包丢弃策略，满足限速要求。

业务类型分为以下两种：恒定比特率（Constant Bit Rate，CBR）业务、未定义比特率（Unspecified Bit Rate，UBR）业务。

（1）恒定比特率（CBR）业务

CBR 业务是指那些要求在整个连接周期内保持固定带宽的业务。业务所需求的带宽用参数平均速率 rate 来描述。网络应该保证数据源在任何时刻都可以以 rate 进行数据发送。比如说视频点播业务（VOD）就需要固定带宽平滑播放。

（2）未定义比特率（UBR）业务

面向对时延和时延变化没有严格要求的非实时的应用，数据源的发送速率可能随时间变化。

如图 1 所示，本发明的限速方法的处理流程包括以下步骤：

步骤一：定义具体的服务等级（QOS）参数，区分以上两种业务类型恒定比特率（CBR）业务、未定义比特率（UBR）业务，以及恒定比特率（CBR）业务平均速率；

步骤二：定义采样周期和限速的门限值；

设置采样周期，并计算出采样周期内允许通过的字节数作为限速的门限值。如限速 512 kbps，采样周期设为 2 s，那么限速的门限值为 512 kbps×2÷8 字节。

步骤三：根据业务类型，设置 QOS 带宽控制参数，下载到网络处理器中的路由表中。路由表中包含数据包的统计、时间参数。网络处理器收到数据包，提取搜索关键字，查找路由表。

步骤四：根据数据包的目的地址，查到与该地址相对应的路由表。参看路由表项中带宽控制参数，如果是未定义比特率业务，就直接转发数据包，不作限速处理，跳转到步骤十。否则是恒定比特率（CBR）业务，进行下面的限速处理。

步骤五：读取网络处理器的定时器数值 timer，判断当前时间和前次时间的时间间隔是否大于采样周期时间？

步骤六：时间间隔如果大于采样周期时间值，那么：

（1）记录当前时间，和当前已转发数据包字节数；

（2）转发数据包；

（3）记录此次转发的字节总数；

（4）跳转到步骤十。

步骤七：当前时间和前次时间的时间间隔如果小于采样周期时间值，那么判断此次转发的字节总数和前次已转发数据包字节数差值是否小于限速门限值？

步骤八：此次转发的字节总数和前次已转发数据包字节数差值如果小于限速门限值，那么：

（1）记录当前时间，和当前已转发数据包字节数；

（2）转发数据包；

（3）记录此次转发的字节总数。

（4）跳转到步骤十。

步骤九：此次转发的字节总数和前次已转发数据包字节数差值如果大于限速门限值，那么：丢弃该数据包；

步骤十：跳转到步骤四，循环以上的处理过程。

下面通过具体的实施例并结合附图 2 对本发明作进一步详细的描述。

在具体实施例中，IP 接入专线用户（IP 地址是 136.1.23.87）希望得到 2M 的带宽用 FTP 下载文件。采用本专利，申请人设置该种业务类型为恒定比特率（CBR）业务，网络处理器对目的 IP 地址是 136.1.23.87 的数据包进行限速。

六、本发明的关键点

该部分的作用是让专利代理师能更清楚地认识本发明技术方案的关键点或"发明点"，便于专利代理师在撰写专利申请文件时把握正确的方向。

【示例1】本发明通过用数组表示的链表来管理失步记录号，所有的连接指示都是通过数组下标完成，在所有的操作中对数据搜索都是直接定位，提高了整个运行速度。

结合交换机数据的特点：数据变化时，要么是插入、删除，要么是局部少量字段的修改。针对这种情况，在数据变化类型中有修改这一项，此种变化避免了每一条记录都要传输整条记录的情况，减小了整个传输负荷。

由于交换机数据的实时性要求，当实时同步进程启动时，只要有失步数据存在，都会传输数据。同时由于三种失步类型的存在，无法使数据报自然达到固定的长度，因此在此机制中，只规定了数据包的最大长度，通过增加少量控制字段控制数据包的读写，来减少固定长度包对数据空间的浪费。

由于在数据同步时，交换机还会有其他业务在处理，所以要避免因数据同步导致其他业务无法正常处理的情况。因此在传输数据控制区内增加相关字段防止一直连续同步未响应的数据包以及持续的失步记录的同步。

【示例2】本发明在网络处理器收到数据包后，提取数据包头中的搜索关键字，匹配网络处理器中的用户路由表，再按照该用户记录中的业务类型参数，识别数据包的业务类型，采用相应的带宽控制策略进行限速处理，从而实现对不同业务类型数据包进行带宽控制。

七、本发明的效果

该部分详细说明申请人做的有哪些优点？需要详细阐述本发明所达到的效果和优点。可以用产量、品质、收率产率、质量、精度、效率提高，能耗、原材料、工序的节省，加工、操作、控制、使用的简便，有利于环保、降低劳动强度，出现有用性能等的数据说明。最好与背景技术比较，用实验数据来说明发明效果；也可以从理论推导或特点分析来说明发明效果。当采用实验数据时，应给出必要的试验条件和方法。

计算机领域发明应说明其带来的突出效果，例如数据安全、资源节省等。计算产品发明应说明与现有产品相比所具有的优点，例如在数据处理速度、准确度、制造成本等方面的优点。

【示例1】与现有技术相比，本发明提出的技术方案中建立了失步映象区对象用于描述对应表对象的变化信息，仅用了较小的空间来记录变化，避免了开辟缓冲区来直接存储变化记录时如何开辟缓冲区大小的难题。在这种机制下申请人用较小的空间可以存储所有变化信息，从而避免因数据同步时数据丢失导致的掉话。

【示例2】采用本发明所述网络处理器对数据流量进行限速的方法，在采用网络处理器的宽带接入服务器上，用FTP传文件分别对128K、256K、512K、1M、2M、4M、8M进行测试，结果表明，稳定在所限速率左右，误差较小。从试验的结果来看，采用该限速后，视频点播（VOD）的图像效果很好。基本满足了有需要限速的增值业务（如视频点播）的要求。本发明实现简单，限速有效，达到了应用的要求。

八、背景技术和本发明的附图

该部分是上述各部分的辅助部分，需要清晰给出背景技术和本发明的工艺流程图和产品结构图等及其说明。该部分可有可无，可以是一幅，也可以是多幅。工艺流程图可以在框图内说明各工艺步骤名称，产品结构图可以将各部件用引出线通过阿拉伯数字统一标号。剖面图或局部放大图要单独给出图号。附图说明需简略说明各附图的名称以及各标记的含义。

计算机技术领域的附图主要包括系统结构图、数据流程图和功能框图等。

【示例1】处理过程方法流程图

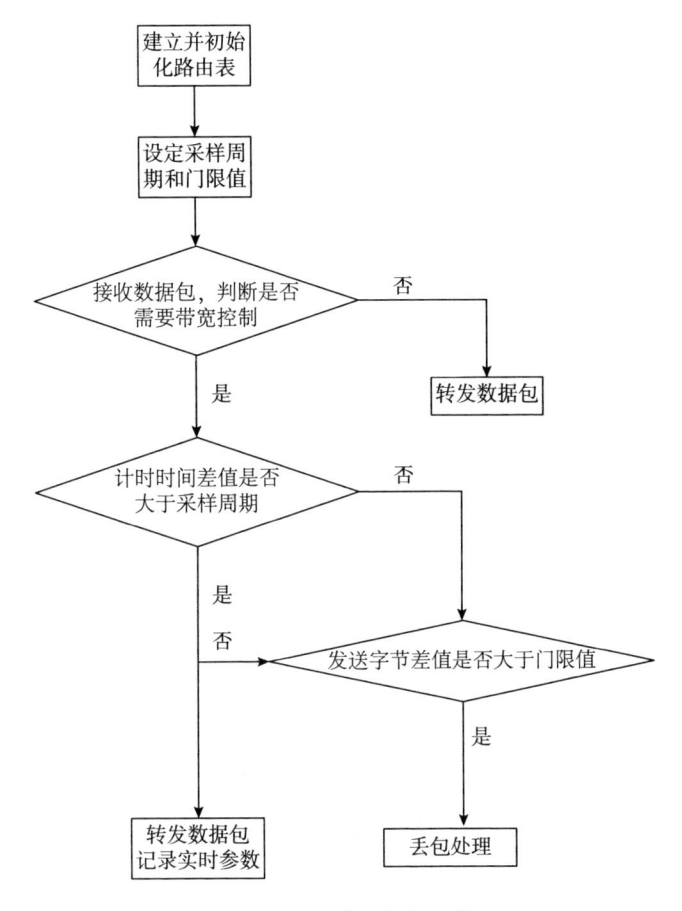

图1 处理过程方法流程

【示例2】 处理过程优选实施例流程图

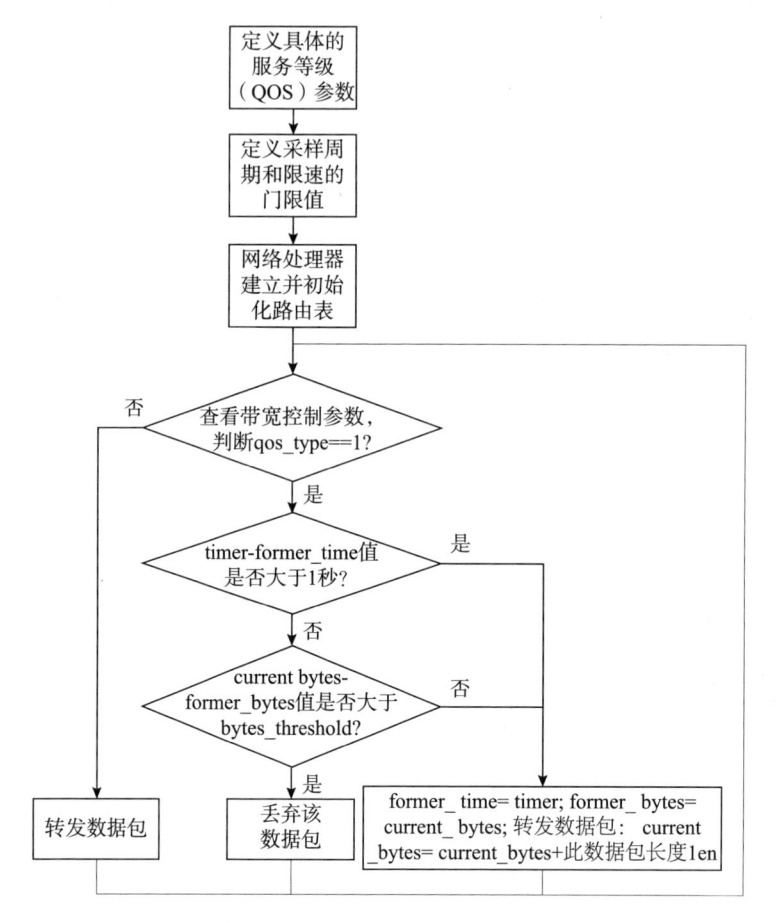

图2 处理过程优选实施例流程

模板二 通信类发明技术交底书提纲

一、本发明的名称

该部分简要揭示发明主题，需清楚说明本发明的产品名称和/或方法名称，不要含有人名、单位名、商标、代号和型号等非技术术语。

【示例1】一种基于双重身份的多方通信方法

【示例2】与便携式电脑配合使用的无线通信装置

二、背景技术的方案

该部分简要说明现有技术是怎么做的？需要先简要介绍本发明涉及的技术和/或产品的性质和用途等；接下来简要介绍1~2项与本发明最接近的背景技术，即与本发明有相同目的或相同技术手段或相同用途的产品或方法，建议不要综述。

背景技术既可以是文献中的技术，也可以是常识或现有产品。涉及文献时需详细说明背景技术的文献出处，如专利文献号，或期刊名称、卷号、期号和页码，或书籍名称、作者、出版者、版次和页码。介绍背景技术时需简要说明背景技术的技术措施和/或产品构成，以及各步骤和构成的相互关系。

【示例1】目前的网络通信模式大多是客户端/服务器模式，客户端和服务器端是不对等的，服务器端只用来提供服务，客户端只提出服务请求，即服务器端不可能通过客户端和服务器端之间建立的通信连接向客户端提出服务请求。如果服务器端和客户端之间存在防火墙并且需要服务器端在内网，由于防火墙安全策略要求不允许外网用户访问内网，这种网络部署就很难实现。P2P（peer to peer）方式是一种对等连接通信模式（计算机工程，12：36-39，2000），P2P的通信模式打破了上述网络通信的模式，允许每个通信实体既充当客户端，又可以作为服务器端，针对应用层的各种应用存在多种协议，分别实现不同的功能，例如，文件传输协议（FTP）传输文件；Telnet协议远程登录；HTTP协议浏览网页等。

【示例2】公知的一些移动办公用的无线通信装置，如WAP手机，虽然具有打电话、发短信及上网的功能，但屏幕太小，发送短信时输入字符非常不方便，且其上网功能十分有限，不可能满足人们的上网需求；大量使用的GSM手机是可以作为无线MODEM使用的，将手机连接到电脑上就可以上网，但按照GSM协议规定，GSM手机上网速率仅为9.6 kbps。上网速度太慢导致成本升高，则阻碍了它们的应用与发展；无线局域网卡一类的无线接入装置，与笔记本电脑连接，虽可提高上网速度，但这种上网方式是受到上网地点限制的，如果近距离内没有无线接入点，则不可能解决随时随地上网的问题，此外，这种无线局域网卡也不具备语音通信和发送短信的功能，无法满足人们实现移动办公时对通信的要求。

三、背景技术的缺陷

该部分简要说明现有技术做的有什么缺陷？需要客观说明各背景技术的方法或产品在工艺或性能上的不足。

【示例1】P2P通信要求双方功能必须对等，不能提供一种支持上述所有功能的通信协议；现有网络通信中很多通信协议是不安全的，虽然给出了IP层安全协议IPSEC和传输层加密套接字SSL协议，但是实际部署的很少，绝大部分网络流量都是明文传输，黑客可以注入或窜改网络流量；通信双方没有通过严格认证，不法人员可以轻易连接到服务端。

【示例2】普通的无线通信装置的功能对移动办公来说是不完善的，不能满足移动办公用户的需求。

四、本发明的目的

该部分简要说明申请人要做什么？需要简要说明本发明要克服的缺陷，或要解决的问题，或要达到的目的。

【示例1】本发明的目的在于提供一种基于双重身份的多方通信方法，使任意通信设备在不对等连接情况下能同时以服务器端和客户端的身份安全地进行通信。

【示例2】本发明的目的在于提供一种与便携式电脑配合使用的无线通信装置，用户使用便携式电脑和本发明提供的无线通信装置，不仅能进行语音通信，同时可利用便携式电脑信息输入方便、处理功能强大等优势来发送短消息，提高发送短消息的速度，同时还可利用该无线通信装置作为无线的调制解调器使用，可实现随时随地上网，且上网速度很快。

五、本发明的方案

该部分详细说明申请人是怎么做的？需要详细说明本发明的总体技术方案，即从若干次研发试验结果总结出来的技术方案。该部分是技术交底书的核心，需要对结构组成、方法步骤、条件参数等进行十分详细的说明。

涉及产品时，要详述产品的结构、各部件的位置、部件间的相互关系等；涉及方法时，要详述工艺步骤、参数等。

涉及通信中数据传输方法的发明，需要描述从数据的发送到数据的接收过程中所经历的各个步骤，在各个步骤中对数据所进行的处理及完成上述处理的功能部件，实现上述各个功能部件的电路结构或装置不属于现有技术时，还要提供其具体的电路结构框图。

涉及通信中数据处理终端的发明，需要描述清楚终端内的各个组成部分，及各个组成部分是如何配合实现对信号的处理完成终端具有的功能。

【示例1】本发明提供的基于双重身份的多方通信方法，适用于一个以上通信设备的互连互通，该方法的主要步骤包括：每个通信设备实时监听与自身连接的所有通信设备，判断是否有向自身发起的网络连接请求，如果有，则以服务器端的身份与发起网络连接请求的通信设备建立连接并与其交互；否则，继续进行监听；并且，每个通信设备根据配置要求，随时以客户端的身份向与自身连接的通信设备主动发起网络连接请求。

该方法中在每个通信设备中设置并存储当前通信设备的通信对象，以及与每个通信对象进行通信时当前通信设备的身份，即部署了每个设备的通信范围，及与通信范围内的设备通信时当前设备的身份。

该方法中为保证安全通信在每个通信设备中存储有用于安全认证的数字证书，其中的一个设备作为客户端主动发起网络连接时，发起方向对方发送自身存储的数字证书，同时接收对方发送来的数字证书，通信双方进行认证身份；在双方均通过身份认证后进行数据发送或接收。其中的一个设备作为服务器端监听其他网络设备向自身发起的网络连接，监听方接收向自身发起网络连接方发来的数字证书，对发起网络连接方进行身份认证，同时监听方向发起方发送网络连接方发送自身存储的数字证书，请求对自身的身份进行认证；在判断通信双方均通过认证后，进行数据发送或接收。

该方法中为防止黑客注入或窃改网络流量，要发送的数据不是明文发送，而是将要发送的数据封装为数据包，并采用自身存储的数字证书中的公共密钥对封装后的数据进行加密并发送，封装的过程中将数据段的前面添加了数据包的类型，接收方在接收到数据包后根据自身存储的数字证书中的公共密钥进行解密，然后从解密后的数据中解析出表示数据包类型的字段，根据数据包类型进行相应处理。

【示例2】本发明提供的与便携式电脑配合使用的无线通信装置，其电路结构包括四个部分，分别为GSM/GPRS无线模块、音频电路、接口转换电路和微控制器电路，使用GSM/GPRS无线模块对语音、信令和数据传输的处理，实现便携式电脑与GSM/GPRS网络侧间的无线通信；音频电路与GSM/GPRS无线模块连接，实现GSM/GPRS无线模块语音信号的输入与输出；接口转换电路通过串行总线连接GSM/GPRS无线模块，实现便携式电脑与GSM/GPRS无线模块间标准接口信号与串行接口信号间的转换；微控制器电路分别通过总线连接上述接口转换电路和通过电源激活线连接GSM/GPRS无线模块，微控制器电路对接口转换电路进行初始化及控制接口转换电路的状态转换，同时还控制GSM/GPRS无线模块的加电。

六、本发明的关键点

该部分详细说明申请人做的关键点在哪里？需要逐条列出本发明的技术关键点。

【示例1】本发明的技术关键点在于：

1. 网络中每个设备既实时监听其他设备的连接请求又随时以客户端身份向与自身连接的通信设备发起网络连接请求；

2. 网络中每个设备中存储有用于安全认证的数字证书；

3. 网络中每个设备将要发送的数据封装为数据包，数据包中封装了数据包类型；

4. 网络中每个设备在发送、接收数据时分别用户自身存储的数字证书中的公共密钥对封装后的数据进行加密、解密。

【示例2】本发明的技术关键点在于：

1. 集成了 GSM/GPRS 无线模块，通过接口电路实现便携式电脑接入 GSM/GPRS 网络；

2. 集成了音频电路，可以实现拨打电话等语音通信。

七、本发明的效果

该部分详细说明申请人做的有哪些优点？需要详细阐述本发明所达到的效果和优点。可以用产量、品质、收率产率、质量、精度、效率提高，能耗、原材料、工序的节省，加工、操作、控制、使用的简便，有利于环保、降低劳动强度，出现有用性能等数据说明。最好与背景技术比较，用实验数据来说明发明效果；也可以从理论推导或特点分析来说明发明效果。当采用实验数据时，应给出必要的试验条件和方法。

通信领域发明应说明其带来的突出效果，例如数据安全、网络资源节省等。例如，通信终端发明应说明与现有产品相比所具有的优点，如在数据处理速度、准确度、制造成本等方面的优点。

【示例1】利用本发明提供的方法在对于多于一台的网络中进行通信，具有以下优点：

1. 解决了现有技术 P2P 只有在对等情况下设备才作为客户端和服务器使用的情况；

2. 通信过程中通过数字证书进行身份认证，不法人员无法通过安全认证，从而提高了网络的安全可靠性；

3. 将数据封装为统一的类型，添加了表示数据包类型的数据，使所有的设备可以根据数据包类对数据包进行相应的操作，省去了现有技术中需要根据不同的协议实现不同功能的数据处理；

4. 采用自身存储的数字证书中的公共密钥对封装后的数据进行加密或解密，使黑客无从下手，保证了数据传输的安全性。

【示例2】利用本发明提供的与便携式电脑配合使用的无线通信装置，具有如下优点：

本发明所提供的无线通信装置，将 GSM/GPRS 技术引入到便携式电脑上，形成一种多模式的无线通信卡，在 GPRS、GSM 覆盖区内可提供随时在线的互联网接入数据和语音通信，可以满足在便携式电脑上同时进行 E-mail 收发、浏览互联网、拨打电话和收发短消息的功能，为用户实现方便可靠的移动办公提供了一种基础装置。

八、本发明的实例

该部分举例说明申请人是怎么做的？需要具体说明本发明某一次研发试验的方案和效果，具体程度类似学生实验教材。方案中的数据一般是一个具体的点，而不是一个范围，比如，工艺参数是一个具体值。实例一般要求三个以上。可以将一个实例理解为一次试验的详细记录，改变一个或多个参数再做一次试验，就是另一个实例。

【示例1】基于双重身份的多方通信方法

实例 1

以通信设备 A 向通信设备 B 发起网络连接为例：

（1）通信设备 A 以客户端的身份主动向通信设备 B 发起网络连接请求。

（2）通信设备 A 判断主动连接是否成功，如果连接成功，则执行步骤（3），否则，结束当前网络连接流程。

（3）根据传输层加密套接字 SSL 协议，通信设备 A 向通信设备 B 发送自身存储的数字证书，请求通信设备 B 认证身份，同时，通信设备 A 也要接收通信设备 B 发来的数字证书，认证通信设备 B 的身份是否合法。

（4）判断通信设备 A 与通信设备 B 是否都通过对方的认证，如果通过对方认证，则执行步骤（5），否则说明有通信设备可能不合法，结束当前网络连接流程。

（5）判断是否有数据需要发送，如果需要发送数据，则执行步骤（6），否则，执行步骤（7）。

（6）通信设备 A 对要发送的数据按照表1的数据报文格式进行封装，然后根据自身存储的数字证书中的公共密钥对封装后的数据进行加密并发送。

（7）判断是否有数据需要接收，如果需要接收数据，进行步骤（8），否则，结束当前网络连接流程。

（8）通信设备 A 根据自身存储的数字证书中的公共密钥，对接收到的数据进行解密，然后分析该收到的数据，解析出数据中的报文类型，根据报文类型作相应处理。例如解析出报文类型是防火墙联动配置文件，则将该文件保存等。

其中，设备间完成各种功能均采用统一的通信协议，即设备间传输的数据采用统一的数据封装格式，所定义的数据报文封装格式如表1所示。

表1 数据包封装格式

Type	Seq_num	Length	Data

在表1中，Type 表示数据包的类型，Seq_num 表示数据包的序号，Length 表示数据包长度，Date 表示数据包的内容。

Type 占用两个字节，类型包括：报警信息、系统状态信息、通信配置文件数据、系统日志文件数据、规则文件数据、升级包数据、启动/停止/获取日志命令、响应、探测引擎配置文件数据、规则屏蔽命令、会话文件建立命令、会话处理配置文件数据、连接状态数据、会话文件建立命令、会话文件数据、会话处理命令文件数据、流量统计数据、地址解析协议、欺骗配置文件数据、拨号检测配置文件数据、防火墙联动密钥文件数据、与控制台时钟同步命令、报警代理配置文件数据；Seq_num 占用 4 个字节；Length 占用 4 个字节。

实例 2

每个通信设备都预先配置需要与其他哪些设备通信，并且预先配置与每个设备进行通信时采用的身份：作为客户端还是服务器端，同时，在各通信设备自身保存认证服务器端分配的数字证书，即用于鉴权的数字签名，以进行安全认证。每个设备根据实际需要，可以定制不同的服务功能和不同的请求服务功能。客户端和服务器端设备运行时，在主动发起网络连接的同时，会实时检测是否有其他设备向自身发起网络连接。

传输层采用 SSL 作为传输层安全协议，以通信设备 A 监听其他设备向自身发起网络连接的过程为例，包括步骤：

（1）通信设备 A 实时监听其他设备向自身发起的网络连接；

（2）判断是否有网络连接请求，如果有请求，执行步骤（3），否则，返回步骤（1）继续监听；

（3）根据 SSL 协议，向监听到的发起网络连接的通信设备发送自身存储的数字证书，请求对方进行身份认证，同时接收对方设备发来的数字证书，认证对方设备的身份；

（4）判断对方设备是否都通过认证，如果通过认证，则执行步骤（5），否则返回继续监听；

（5）判断是否有数据需要发送，如果需要发送数据，则执行步骤（6），否则，执行步骤（7）；

（6）通信设备 A 对要发送的数据按照表 1 所示的数据报文格式进行封装，然后根据自身存储的数字证书中的公共密钥对封装后的数据进行加密并发送；

（7）判断是否有数据需要接收，如果需要接收数据，执行步骤（8），否则，返回步骤（3）继续监听；

（8）通信设备 A 根据自身存储的数字证书中的公共密钥，对接收到的数据解密，然后分析该接收到的数据，解析出数据中的报文类型，根据报文类型作相应处理。

【示例 2】与便携式电脑配合使用的无线通信装置

GSM/GPRS 无线模块由 GSM/GPRS 协议栈、基带处理器和射频电路组成（带天线装置），完成对语音、信令、数据传输的处理，模块对外的接口为 RS232 串行接口。通过无线 GSM/GPRS 模块，可将用户通过便携式电脑主机下达的指令与数据发送到 GSM/GPRS 网络侧，也可接收来自 GSM/GPRS 网络侧的数据并传递给便携式电脑主机用户。与 GSM/GPRS 无线模块连接的音频电路包括语音输入与输出电路，确保语音功能的实现。

标准接口与串行接口信号转换电路是无线通信装置与便携式电脑间的通信接口，便携式电脑配置有标准接口如 PCMCIA、CF 接口,用户发出的指令通过便携式电脑的接口插槽传送到接口电路,接口电路实现标准接口信号到 RS232 接口的转换,将指令转换为 GSM/GPRS 无线模块能识别的信号,该信号符合 RS232 标准。接口电路还直接从便携式电脑的插槽引入电源作为无线通信装置的供电电源。

微控制器电路完成无线通信装置内部的逻辑控制,主要包括对接口转换电路的初始化和控制接口电路的状态转换、控制 GSM/GPRS 无线模块的加电和对 GSM/GPRS 无线模块的工作情况特别是用电情况进行实时检测。

语音通信过程包括打电话和接电话两种过程,具体为:

接电话过程,GSM/GPRS 无线模块 11 接收来自 GSM/GPRS 网络侧的振铃指示信号,通过 RS232 总线将振铃指示信号传送给接口转换电路,接口转换电路将串行的 RS232 信号转换为便携式电脑标准接口信号,再将标准信号发送给便携式电脑 2,供用户自行处理该通话请求。若用户同意该通话请求,用户发出同意通话的指令,该指令通过接口转换电路传送给 GSM/GPRS 无线模块,由 GSM/GPRS 无线模块负责建立一条与呼叫方进行通信的语音链路,用户通过音频电路的麦克风和耳机就可以与呼叫方进行语音通话。

打电话过程,用户操作便携式电脑请求与被呼叫方通话,请求通话指令通过接口转换电路传送给 GSM/GPRS 无线模块,GSM/GPRS 无线模块将用户请求发送给 GSM/GPRS 网络,当被叫方应答时,在呼叫方与被呼方间建立起一条语音链路,用户通过音频电路的麦克风和耳机就可以与被叫方进行语音通话。

无线通信装置配合便携式电脑进行短信收发的过程为:发送短信时,用户操作便携式电脑主机制作短信,短信消息通过接口转换电路发送到 GSM/GPRS 无线模块上,由 GSM/GPRS 无线模块将短信内容发送给短信服务中心。接收短信时,GSM/GPRS 无线模块接收来自 GSM/GPRS 网络侧的短消息,并存储于 GSM/GPRS 无线模块中或 SIM 卡中。用户通过操作便携式电脑主机访问 GSM/GPRS 无线模或 SIM 卡来读取存储的短消息,该短消息显示在便携式电脑主机上。

九、背景技术和本发明的附图

该部分是上述各部分的辅助部分,需要清晰给出背景技术和本发明的工艺流程图和产品结构图等及其说明。该部分可有可无,可以是一幅,也可以是多幅。工艺流程图可以在框图内说明各工艺步骤名称,产品结构图可以将各部件用引出线通过阿拉伯数字统一标号。局部放大图要单独给出图号。附图说明须简略说明各附图的名称以及各标记的含义。

通信领域方法步骤流程图、网络系统组成框图、装置内部结构图等都应按以上要求制成附图。

【示例1】

图1是本发明方法中其中一个以通信设备向其他通信设备发起网络连接的流程图。

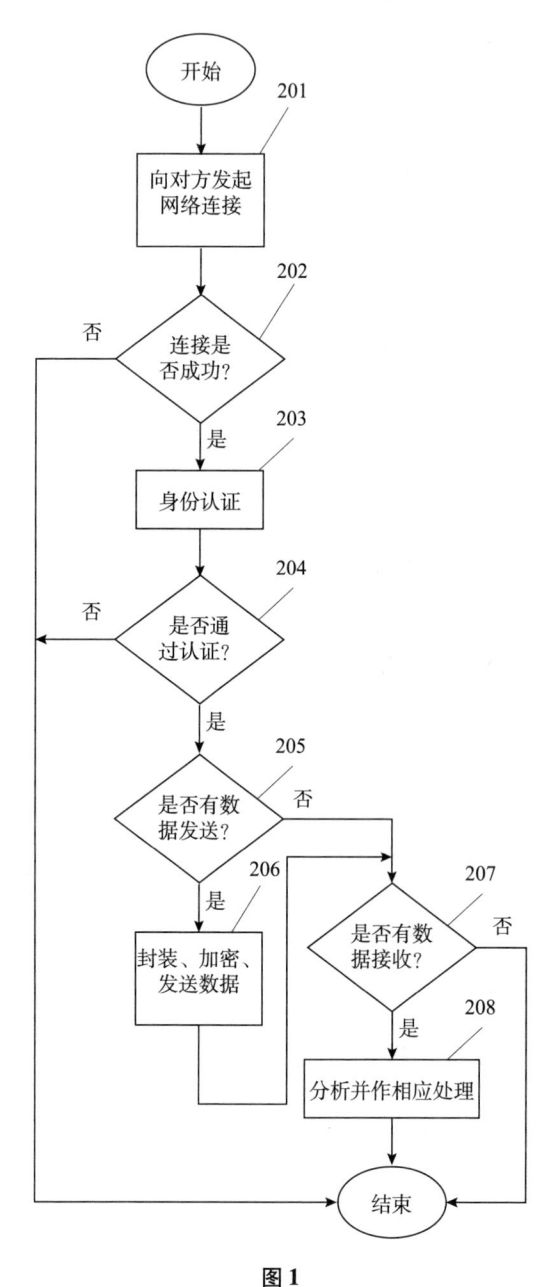

图1

【示例2】

图1为使用本发明与具有PIMCIA接口的笔记本电脑配合使用时所形成的无线通信装置结构框图。

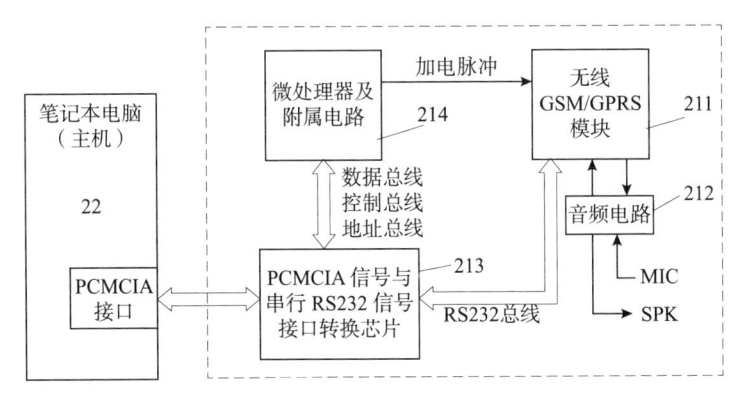

图1

模板三 机械类发明技术交底书提纲

本提纲适用于汽车机械、纺织机械、农业机械、工程机械、建筑机械等领域。

一、本发明的名称

该部分简要揭示发明主题，需要清楚说明本发明的产品名称和/或方法名称，方便专利代理师看了本发明的名称以后，可以直观地知道该发明属于哪一类产品或方法即可，不一定必须包含发明技术的关键词，但含有人名、单位名、商标、代号和型号等非技术术语是没有必要的。

【示例1】一种螺钉

【示例2】一种螺纹的加工方法

二、背景技术的方案

该部分简要说明现有技术是怎么做的？需要先简要介绍本发明涉及的技术和/或产品的性质和用途等；接下来简要介绍1~2项与本发明最接近的背景技术，即与本发明有相同目的或相同技术手段或相同用途的产品或方法，建议不要综述。

背景技术既可以是文献中的技术，也可以是常识或现有产品。涉及文献时需详细说明

◎ 企业专利工作教程

背景技术的文献出处,如专利文献号,或期刊名称、卷号、期号和页码,或书籍名称、作者、出版者、版次和页码。介绍背景技术时需简要说明背景技术的技术措施和/或产品构成,以及各步骤和构成的相互关系,最好结合表现背景技术的技术方案的结构图、装配图、流程图等来描述。结构图、装配图应该按照机械制图标准绘制,用数字对零部件进行标号。

【示例1】现有机房通风装置是由风机、防尘装置和防雨装置等部件组成,由加温湿度传感器、智能控制器就可组成智能通风系统,广泛用于通信、广电等机房或其他需要通风降温场所的一种环境调节系统。如图1所示,现有机房通风装置的防雨装置多采用一个防雨罩1,防雨罩1是作为一个单独的单元安装,对于水泥墙壁,在室外墙面上用膨胀螺栓2固定;如图2所示,对于夹心板墙壁,墙壁外表为薄钢板,就用柳钉3铆接在室外墙面上。

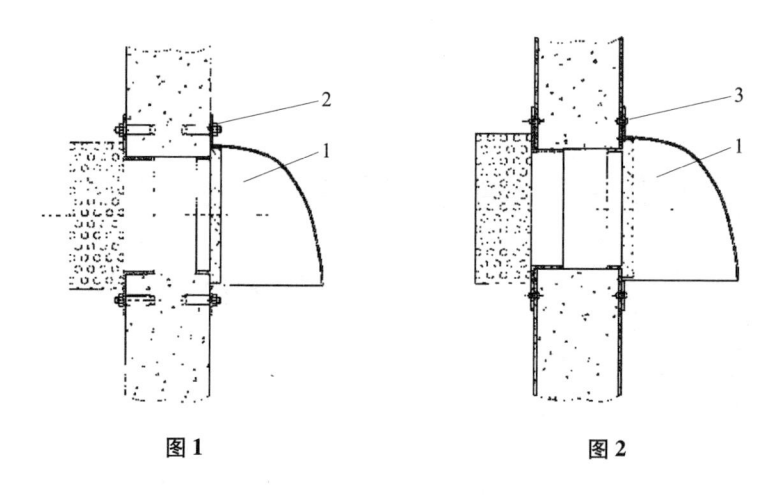

图1　　　　　　　　　　图2

【示例2】为了适应各种马达的转速,轴承的种类也各种各样,现有技术经常以液体动压轴承(Fluid Dynamic Bearing,FDB)提供转轴必要的润滑。请参照图3所示,一种现有的含油动压轴承1主要包括本体10,本体10具有端部11、13及中间部12,该各端部11、13的内壁面形成多个压沟14,该各压沟14可为人字形、V字形、鱼骨形、斜纹或直条纹。中间部12形成储油槽,以提供转轴必要的润滑。请参照图4所示,当一转轴S运转时,压沟14带动润滑流体O产生作用力f均匀作用于转轴S的周缘,以提供转轴S润滑与支撑。

图 3

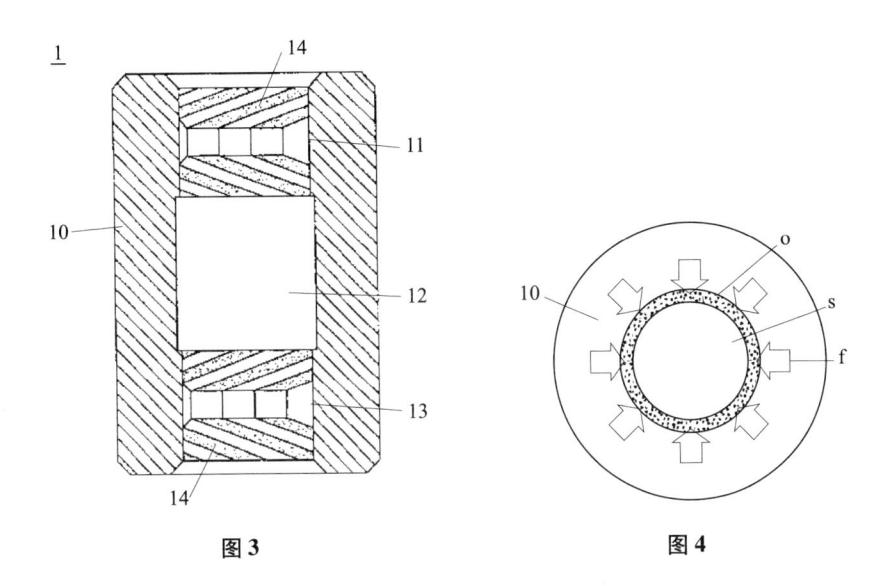

图 4

三、背景技术的缺陷

该部分简要说明现有技术做的有什么缺陷？需要客观说明各背景技术的方法或产品在工艺或性能上的不足。

【示例1】首先，结合图1、图2，因为防雨罩1自身的重量比较重，对于夹心板墙壁，薄钢板承受全部重量，而墙体承受力比较弱，用铆钉3将其固定在墙面上，时间长了受风等外力及本身重力的影响，会使夹心板墙壁的薄钢层与中间填充物分离，墙壁钢板起拱，影响房屋安全。

其次，由于膨胀螺栓2与铆钉3均直接裸露在室外，时间久了膨胀螺栓2与铆钉3会生锈，不仅影响美观，还会影响其强度。防雨罩1在风雨外力作用下就会松裂，甚至脱落。

再次，这种用膨胀螺栓2或铆钉3将防雨罩1安装在墙面上的方式，由于无法实现防雨罩1与墙面间的完全密封，其防水性能不理想，雨水可以沿着防雨罩1与墙面之间的夹缝，以及膨胀螺栓2或铆钉3的安装孔渗进机房内。

最后，这种安装方式的防盗性能不好，盗贼用扳手、螺丝刀等比较简单的工具就能将其撬开，从而通过通风口进入机房内，而且安装时费时费力，增加安装成本。

【示例2】结合图3、图4，随着转轴S的运转，不论该各压沟14如何设计，润滑流体O沿着转轴S的轴向外漏，而会产生轴向漏压，导致含油动压轴承1的润滑与支撑效用降低，影响含油动压轴承1的可靠度及使用寿命。

四、本发明的目的

该部分简要说明申请人要做什么？需要简要说明本发明要克服的缺陷，或要解决的问题，或要达到的目的。

【示例1】本发明的目的是提供一种通风装置，改变通风装置的组成结构及在墙体上的安装方式，具有不损坏墙体，牢固耐用，外表美观，防水、防盗，安装方便等优点。

【示例2】本发明的目的在于提供一种自密性含油动压轴承，通过轴承本体的结构设计，以防止润滑油的轴向漏压，维持稳定的润滑与支撑作用，增进轴承的可靠度及使用寿命。

本发明的另一目的在于提供一种自密性含油动压轴承，通过轴承本体搭配转轴的结构设计，以防止润滑油的轴向漏压，维持稳定的润滑与支撑作用，增进轴承的可靠度及使用寿命。

五、本发明的方案

该部分详细说明申请人是怎么做的？需要详细说明本发明的总体技术方案，即从若干次研发试验结果总结出来的技术方案。方案中的数据一般不是一个具体的点，而是一个范围，比如，工艺参数是一个数值范围。该部分是技术交底书的核心，需要对结构组成、方法步骤、条件参数、工具设备等进行十分详细的说明。

涉及产品时，要详述产品的组成、产品性能、产品用途，或者产品的结构、各零部件的位置、零部件间的相互关系、产品规格和产品性能指标等。涉及方法时，要详述工艺步骤、检测方法、工艺参数等。

由于机械产品通常都是具有特定形状的零部件组装而成，因此，机械产品方案的描述，首先是描述产品由哪些部件组成，然后依次描述各个部件的安装位置和安装关系。最后介绍构成各个部件的零件的形状和位置关系。由于构成部件的零件，通常都是发明人自己设计的零件，因此，要对发明人自己设计的零件形状进行详细描述，但选用标准件的零件，则不必描述其形状，只要写出其型号即可。最后，结合产品的结构，对产品的工作原理和工作过程进行详细描述。另外，机械产品的描述应该结合附图来描述，附图应该根据国家机械制图规定进行绘制，产品应该绘制为装配图。在特定情况下，也可以用结构示意图进行表示。图中同一个零部件应该使用相同编号，图中的所有标号应该在文字部分进行描述。

【示例1】本发明的通风装置，由外通风总成、内通风总成及连接装置组成，外通风总成由外套筒与防护装置组成，外通风总成与内通风总成通过连接装置在通风孔内相连。通风装置的具体实施方式如图5与图6所示。

实例一

如图 5 所示，通风装置主要由防雨罩 1、外套筒 5、防尘罩 12、内套筒 7、风机 6 及连接装置组成；外套筒 5 的外端为外法兰，外套筒 5 通过外法兰与防雨罩 1 连成一体。外法兰（这里可以看成防雨罩 1）与墙体间设有密封圈 4。防尘罩 12 设于外法兰上。内套筒 7 的内端为内法兰，内法兰与风机 6 相连。连接装置由设于外套筒内端的内连接块 13 上的轴向螺纹孔、设于内套筒内端的外连接块 14 上的轴向螺钉孔及连接螺栓 8 组成；连接螺栓穿过螺钉孔与螺纹孔联接。此实例图中所示为混凝土墙体 9，用于其他墙体也可以。安装时将外套筒 5、防雨罩 1 和密封圈 4 从墙体通风孔的外侧装入，将内套筒 7 由墙体通风孔的内侧装入，对准螺纹孔与螺纹孔，用连接螺栓 8 拧紧。拧紧后外套筒 5 外端的外法兰与内套筒 7 内端的内法兰夹持于墙体通风孔处，由于，在外法兰与墙体间设有密封圈 4，可以实现防雨罩 1 与墙体间的密封。

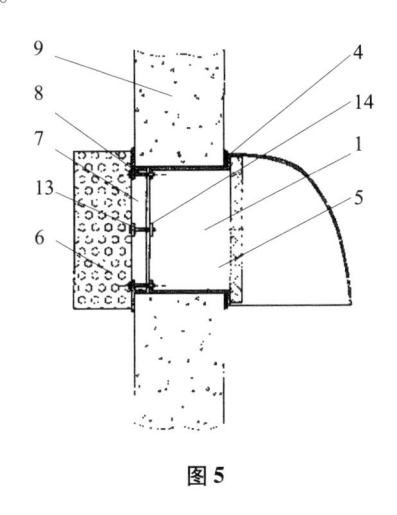

图 5

实例二

如图 6 所示，通风装置主要由防雨罩 1、外套筒 5、防尘罩 12、内套筒 7、风机 6 及连接装置组成；外套筒 5 的外端为外法兰，外套筒 5 通过外法兰与墙体将防雨罩 1 夹住且固定于墙体上。防雨罩 1 与墙体间设有密封圈 4。防尘罩 12 设于外法兰上。内套筒 7 的内端为内法兰，内法兰与风机 6 相连。连接装置由设于外套筒 5 的外连接法兰 15 上的轴向螺柱 11、设于内套筒 7 的内连接法兰 16 上的轴向通孔及螺母 17 组成；螺柱 11 穿过通孔与螺母 17 相连。此实例图中所示为夹心板墙体 10，用于其他墙体也可以。

图 6

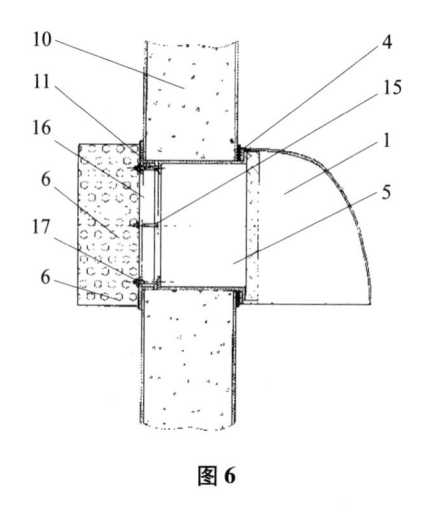

安装时将外套筒 5、防雨罩丁和密封圈 4 从墙体通风孔的外侧装入，将内套筒 7 由墙体通风孔的内侧装入，螺柱对通孔，用螺母拧紧。拧紧后外套筒 5 外端的外法兰与内套筒 7 内端的内法兰夹持于墙体通风孔处，由于，在防雨罩 1 与墙体间设有密封圈 4，可以实现防雨罩 1 与墙体间的密封。

上述的防尘罩 12 可以由防尘网和通风活门组成，也可以由防尘网和通风活门其中之一组成。

【示例2】

实例一

参照图 7 所示，本发明的自密性含油动压轴承的部分切面图，轴承 2 为一转轴（图未显示）所穿设且包括一本体 20 以及一动压结构 24。本体 20 为中空环柱状并具有一穿孔 25 供转轴穿设。本体 20 沿轴向可区分为第一端部 21、中间部 22 及第二端部 23。在本实例中，第一端部 21 及第二端部 23 的内壁为一正圆弧结构。需要注意的是，第一端部 21 及第二端部 23 的孔径略大于转轴的直径，以使转轴与本体 20 的第一端部 21 及第二端部 23 的内壁之间具有近似封闭的最小间隙，防止润滑油的轴向漏压。动压结构 24 具有多个沟槽 240，该各沟槽 240 设置于中间部 22 的内壁 221。在本实例中，动压结构 24 与本体 20 一体成型制成，该各沟槽 240 为斜弧状沟槽，并与圆弧状内壁 221 间隔设置。自密性含油动压轴承 2 的动压结构 24 容置并导引润滑流体，分布于该各沟槽 240 与转轴之间。

图 7

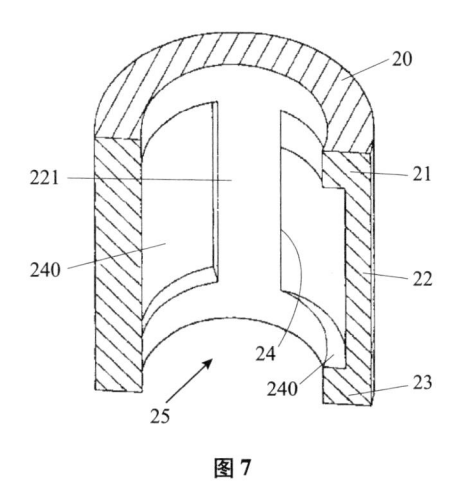

图 8 显示自密性含油动压轴承的中间部的示意图。如图 8 所示，动压结构 24 的该各沟槽 240 的分布是可呈对称分布，设置方式可为间隔设置或连续设置；沟槽形状可呈斜弧状沟槽或直弧状沟槽，沟槽与转轴的距离为变动的，例如渐增或渐减；且沟槽可与转轴方向呈平行设置，也可与转轴方向呈斜向设置，亦即沟槽可以类似螺旋方式设置于中间部 22 的内壁 221。在本实例中，该各沟槽 240 为斜弧状沟槽，并呈对称分布，且相对于轴心所跨占的圆心角大约相等。各斜弧状沟槽 240 与转轴的距离沿着转轴的旋转方向而呈渐减，该各斜弧状沟槽 240 为间隔设置于中间部 22 的圆弧状内壁 221。

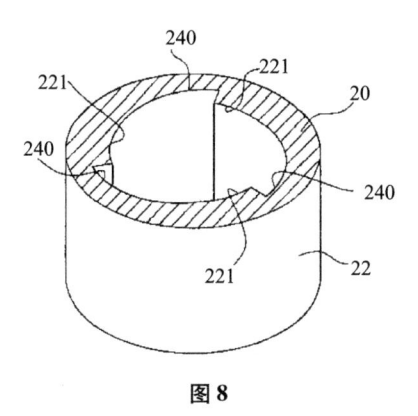

图 8

图 9 显示自密性含油动压轴承经转轴穿设之后的中间部剖视图。如图 9 所示，一转轴 S 穿设自密性含油动压轴承 2 的穿孔 25。当转轴 S 以逆时针方向运转时，转轴 S 与本体 20 的内壁 221 的润滑流体 O 受转轴 S 带动，由于动压结构 24 的各斜弧状沟槽 240 相对于转轴 S 旋转方向的距离为渐减。此时，润滑流体 O 在各斜弧状沟槽 240 邻近于内壁 221 处，由于

与转轴 S 的距离最小，润滑流体 O 相对于转轴 S 产生一最大径向作用力 F，用以提供转轴 S 一支撑力。由于该各斜弧状沟槽 240 对称间隔分布于中间部 22 的内壁 221，该各作用力 F 处于平衡状态，使转轴 S 能够依其轴心旋转而不偏摆。此外，随着转轴 S 旋转与动压结构 24 的交互作用，在转轴方向便产生一轴向压力，由于第一端部 21 及第二端部 23 并无动压结构，便阻断中间部 22 产生的轴向压力，形成一防漏压结构，使自密性含油动压轴承 2 在径向与轴向的压力都可封闭的情况下，增进可靠度及使用寿命。

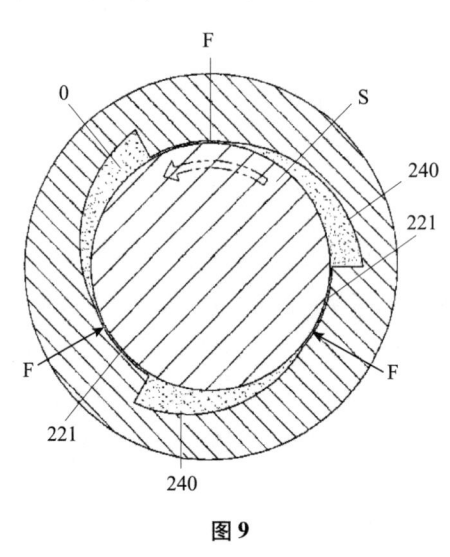

图 9

实例二

参照图 10 与图 11 所示，其为一轴承组件，由一转轴及一自密性含油动压轴承 3 所构成。自密性含油动压轴承 3 包括一本体 30 以及一动压结构 34。在本实例中，本体 30 及动压结构 34 的构成与功能与上述实例一的自密性含油动压轴承 2 相同，故不再赘述。本实例不同之处在于：动压结构 34 设置于转轴 S′ 的外壁且对应于本体 30 的中间部 32，并具有多个斜弧状沟槽 340。当转轴 S′ 以顺时针方向运转时，转轴 S′ 与本体 30 的内壁的润滑流体 O 受转轴 S′ 带动，由于动压结构 34 的各斜弧状沟槽 340 相对于转轴 S′ 旋转方向与本体 30 的内壁的距离为渐减。此时，润滑流体 O′ 在各斜弧状沟槽 340 邻近于本体 30 的内壁处，由于转轴 S′ 与本体 30 的内壁的距离最小，润滑流体 O′ 产生一最大径向作用力 F′，同样能够提供转轴 S′ 一稳定的支撑力，避免转轴 S′ 摩擦本体 30 的内壁，增进可靠度及使用寿命。

图 10

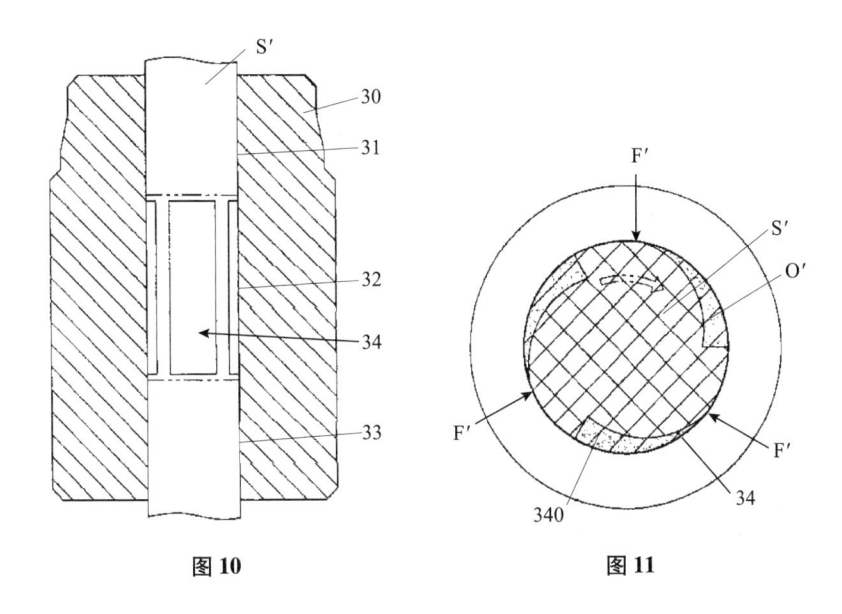

图 11

六、本发明的关键点

该部分详细说明申请人做的关键点在哪里？主要是列出申请人认为竞争对手可能会侵权的关键技术点。需要逐条列出本发明的技术关键点。

【示例1】

1. 通风装置由外通风总成、内通风总成及连接装置组成，外通风总成与内通风总成通过连接装置相连。

2. 外通风总成由外套筒与防护装置组成，外套筒内端与内通风总成相连，外端与防护装置相连。

3. 内通风总成包括内套筒和风机，内套筒内端安装风机，外端与外通风总成相连。

【示例2】

1. 一种轴承，包括本体和动压结构，本体具有供转轴穿设的穿孔，本体沿着该转轴方向区分为第一端部、中间部和第二端部；动压结构具有多个设置在中间部的内壁上的沟槽，

2. 第一端部和第二端部的内壁是一正圆弧结构。

3. 第一端部及第二端部的孔径大于转轴的直径。

4. 一种轴承组件，包括轴承、本体和动压结构，本体具有供转轴穿设的穿孔，本体沿着该转轴方向区分为第一端部、中间部和第二端部；动压结构具有多个设置在中间部的内壁上的沟槽。

七、本发明的效果

该部分详细说明申请人做的有哪些优点？需要详细阐述本发明所达到的效果和优点。可以用产量、品质、收率/产率、质量、精度、效率提高，能耗、原材料、工序的节省，加工、操作、控制、使用的简便，有利于环保、降低劳动强度，出现有用性能等数据说明。最好与背景技术比较，用实验数据来说明发明效果；也可以从理论推导或特点分析来说明发明效果。当采用实验数据时，应给出必要的试验条件和方法。

涉及机械产品的效果，应该结合产品的特定结构进行描述，因描述由产品的特定结构所直接带来的效果，也就是说，因为这种机械结构而必然带来的技术效果，而不是没有依据的效果，夸大的效果则更不行。

【示例1】本发明的优点在于，通风装置，由外通风总成、内通风总成及连接装置组成，外通风总成与内通风总成通过连接装置在通风孔内相连。外通风总成中的防雨罩与墙体间设有密封圈，可以保证不向室内漏水。再者，由于连接装置在通风孔内相连，从户外无法对其进行拆除。因此，本实用新型不仅改变了结构，还改变了通风装置在墙体上的安装方式，具有不损坏墙体，牢固耐用，外表美观，防水、防盗，安装方便等优点。

【示例2】本发明的优点在于，其所提供的一种自密性含油动压轴承，通过将动压结构设置于轴承本体的中间部的内壁，或将动压结构设置于转轴的外壁且对应轴承的中间部，轴承本体的二端部与转轴之间具有近似封闭的最小间隙。相比较于现有技术，本实用新型能够有效防止润滑油的轴向漏压，维持稳定的液体压力，使自密性含油动压轴承提供稳定的润滑与径向支撑，增加轴承的可靠度及使用寿命。

模板四　化合物类发明技术交底书提纲

本提纲适用于无机化合物、有机化合物及有机高分子化合物技术领域，也适用于药物化合物领域。

一、本发明的名称

该部分简要揭示发明主题，需要清楚说明本发明的产品名称和/或方法名称，不要含有人名、单位名、商标、代号和型号等非技术术语。

【示例1】7-（3-肟基-4-氨基-4-烷基-1-哌啶基）喹啉羧酸衍生物及其制备方法

【示例2】一种三元共聚高分子化合物及其制法

二、背景技术的方案

该部分简要说明现有技术是怎么做的？需要先简要介绍本发明涉及的技术和/或产品的性质和用途等；接下来简要介绍1~2项与本发明最接近的背景技术，即与本发明有相同的目的或相同的技术手段或相同的用途的产品或方法，建议不要综述。

背景技术既可以是文献中的技术，也可以是常识或现有产品。涉及文献时需详细说明背景技术的文献出处，如专利文献号，或期刊名称、卷号、期号和页码，或书籍名称、作者、出版者、版次和页码。介绍背景技术时需要简要说明背景技术的技术措施和/或产品构成，以及各步骤和构成的相互关系。

【示例1】喹诺酮类药物从1962年的萘啶酸（nalidixic acid，J. Med. Chem. 1962，5，1063）发展到现在已经成为一类广谱、高效、低毒的抗感染化疗药物。由于它们被广泛地使用，甚至滥用，使其耐药菌迅速增加，特别是耐甲氧西林金黄色葡萄球菌（MRSA），耐甲氧西林表皮葡萄球菌（MRSE）和耐万古霉素肠球菌（VRE）感染的不断出现，已经成为临床医师面临的棘手问题之一，人们迫切需要寻找到抗菌谱更广，抗菌活性更强，尤其是对这些耐药菌活性更强的新喹诺酮类抗菌药，以对付这些日益增多的耐药菌感染。1994年，韩国学者公开了7位具有3-肟基-4-氨甲基-1-吡咯烷基的氟喹诺酮类化合物的合成与生物活性（KR13604/1994、KR39915/1994、KR39930/1994、CN1114959A/1996），其中的优秀代表药物是已经开发成功并被FDA批准在美国上市的吉米沙星（gemifloxacin）。

【示例2】在像以涂料、胶黏剂及薄膜为代表的那样对最终产品要求具有柔软性及韧性的用途中，为赋予产品适度的可塑性及挠性，以往是在产品的原料中添加烷基酯衍生物等挠性赋予剂。作为可成为合适的挠性赋予剂的烷基酯衍生物的代表例，已知有双酚（Bisphen 01）型烷基酯类（参照特开昭60—243135号公报、特开昭63—39963号公报、特开昭61—275346号公报、特开2003—278084号公报）。

三、背景技术的缺陷

该部分简要说明现有技术做的有什么缺陷？需要客观说明各背景技术的方法或产品在工艺或性能上的不足。

【示例1】吉米沙星（gemifloxacin）除了具有广谱活性外，其突出优点是对肺炎链球菌的活性优于已上市的其他喹诺酮类抗菌药，它的缺点是对临床上常见的金黄色葡萄球菌（包括日益增多的MRSA）活性不强，从而限制了它在临床上的应用范围。

【示例2】但是，近年来，对最终产品要求具有柔软性及韧性方面的应用已涉及很广泛的范围,而其技术领域也并不只限于以半导体设备及显示设备为代表的光信息电子学领域,目前已扩大至土木建筑领域以至医疗领域。在此种状况下,很难通过使用已有的双酚型烷基酯类,在最终产品中获得充分的特性,而对包括可塑性及挠性在内的最终产品的特性的要求却愈发严格。

四、本发明的目的

该部分简要说明申请人要做什么?需要简要说明本发明要克服的缺陷,或要解决的问题,或要达到的目的。

【示例1】本发明的目的是提供具有优良抗菌活性的7-(3-肟基-4-氨基-4-烷基-1-哌啶基)喹啉羧酸衍生物。本发明的另一目的是提供7-(3-肟基-4-氨基-4-烷基-1-哌啶基)喹啉羧酸衍生物的制备方法。

【示例2】本发明的目的是提供一种具有优良可塑性及挠性的高分子化合物。

五、本发明的方案

该部分详细说明申请人是怎么做的?需要详细说明本发明的总体技术方案,即从若干次研发试验结果总结出来的技术方案。方案中的数据一般不是一个具体的点,而是一个范围,所涉及的物质常常有替代物,比如,工艺参数是数值范围,原料是一类物质。该部分是技术交底书的核心,需要对原料试剂、结构组成、方法步骤、条件参数、工具设备等进行十分详细的说明。

涉及产品时,要详述产品的组成、原料组分、工艺步骤、产品性能、产品用途,或者产品的结构、各零部件的位置、零部件间的相互关系、产品规格和产品性能指标等。涉及方法时,要详述原料组分、原料配比、中间产物、最终产物、催化剂、添加剂、工艺步骤、检测方法、原料预处理方法、产物的后处理方法、工艺参数、设备和容器等。

对于涉及无机化合物和有机化合物的发明,化合物需要用化学名称、化学式(包括分子式或结构式)、特性参数和/或其生产方法来进行描述,化合物应当按通用的命名法来命名。

对于涉及高分子化合物的发明,化合物多采用结构特征表征、结构特征和定量的性能参数结合表征以及用制备方法表征等方式。作为表示结构的特征有重复结构单元、重复机构单元的排列状态(均聚、共聚、嵌段、接枝、头尾连接等)、分子量及分子量分布、立体异构性(有规立构、顺反立构等)及局部结构特征(取代基、交联度、支化度、端基等)等,还需要提供对该化合物进行鉴定数据资料。

对于所有化合物来说,须公开至少一种制备该化合物的方法。

【示例1】本发明式（Ⅰ）所示喹诺酮羧酸类化合物及其药用盐、生理可水解酯、水合物或异构体，

$$\text{(I)}$$

其中：A 代表 CH、CF、CCl、COCH$_3$、COCHF$_2$、CCH$_3$ 或 N；R$_1$ 代表 C$_1$～C$_3$ 烷基、FCH$_2$CH$_2$ –、环丙基或可被卤素单取代至三取代的苯基，或者 A 和 R$_1$ 一起代表具有 C – O – CH$_2$ – CH（CH$_3$）– 结构的桥；R$_2$ 代表 C$_1$～C$_6$ – 的烷基；R$_3$ 代表 C$_1$～C$_6$ – 的烷基；R$_4$、R$_4'$ 可以是相同的，也可以是不同的，各自代表 H，C$_1$～C$_6$ – 烷基，氨基保护基等，这些氨基保护基有：甲酰基、乙酰基、三氟乙酰基、取代或未取代苯甲酰基、对甲苯磺酰基、甲氧或乙氧或叔丁氧或异丁氧或三氯乙氧羰基或芴基甲氧羰基、取代或未取代苄氧羰基、烷基酰氧甲基、取代或未取代苄基、三苯甲基、四氢呋喃基、5 – 甲基 – 2 – 氧代 – 1，3 – 氧杂环戊 – 4 – 烯甲基、α – 氨基烷基酰基；R$_5$ 代表 H、NH$_2$、CH$_3$。

本发明还涉及式（Ⅰ）化合物的制备方法，如反应路线 1 所示，式（Ⅰ）化合物可通过式（Ⅱ）化合物与式（Ⅲ）化合物或其盐反应来制备。

在反应中可通过在溶剂存在下并加入适当的碱，或不用溶剂，用过量的式（Ⅲ）化合物来满足需要，在室温到 200 ℃，有或无压力条件下搅拌反应式（Ⅱ）化合物和式（Ⅲ）化合物 0.5～10 h 来制备式（Ⅰ）化合物。在此反应中可用游离形式的式（Ⅲ）化合物或其与如盐酸、氢溴酸或三氟乙酸所形成的盐。

作为上述反应的溶剂，可使用对反应无不良影响的任何溶剂。优选使用乙腈、二甲基甲酰胺、二甲基亚砜、吡啶或六甲基磷酸酰胺。

本反应一般在酸接受体存在下进行。在此情形下，为了提高较贵的起始物式（Ⅱ）化合物的反应效率，使用过量的反应物式（Ⅲ）化合物，例如对相对起始物为等摩尔到 10 倍摩尔量，优选等摩尔量到 5 倍摩尔量。当使用过量反应物式（Ⅲ）化合物时，反应后留下的未反应的混合物可回收并重新用于反应。优选用于本反应的酸接受体包括无机碱，如碳酸氢钠、碳酸钠、碳酸钾、氢化钠、氟化钾等，有机碱，如三乙胺、二异丙基乙胺、吡啶、N，N – 二甲氨基吡啶、N，N – 二甲氨基苯胺、1，8 – 二氮杂双环［5.4.0］十一碳 – 7 – 烯（DBU）、1，4 – 二氮杂双环［2.2.2］辛烷（DABCO）等。

【示例2】一种高分子化合物，由下述通式（Ⅰ）表示：

◎ 企业专利工作教程

$$R^1-\overset{O}{\underset{\|}{C}}-(OR)_r-O-\underset{\underset{CH_3}{|}}{\overset{\overset{CH_3}{|}}{C}}-O-(RO)_r-\overset{O}{\underset{\|}{C}}-R^1$$

(I)

通式（I）中，R^1 表示 $C_1 \sim C_4$ 的烷基，R 为 $-CH_2CH_2-$ 或 $-CH(CH_3)CH_2-$，式中的 2 个环氧烷烃（$-(RO)_r-$ 或 $-(OR)_r-$）分别含有 CH_2CH_2- 单元及 $-CH(CH_3)CH_2-$ 单元，r 分别为 $2 \sim 200$。

本发明的高分子化合物例如可利用酯交换法，在催化剂的存在下，使对应于通式（A）、（I）或（II）中的高分子化合物的醇体（醇化合物）与低级烷基酯或低级烷基酸进行反应，而容易地制备。即以通式（A）所表示的高分子化合物的制备方法包括以下工序：在催化剂的存在下，使以下述通式（A1）所表示的醇化合物与以下述通式（V）所表示的低级烷基酯或低级烷基酸进行反应。该制备方法中，亦可根据需要设置与除去副产物及将生成物提纯等相关的追加工序。

六、本发明的关键点

该部分详细说明申请人做的关键点在哪里？需要逐条列出本发明的技术关键点。

【示例1】本发明的技术关键点在于：

合成一类 7 位具有 3 - 肟基 - 4 - 氨基 - 4 - 烷基 - 1 - 哌啶基取代基的喹啉羧酸衍生物。

【示例2】本发明的技术关键点在于：

本发明的高分子化合物在双酚 A 的两端具有与由环氧乙烷及环氧丙烷所构成的嵌段单元或无规单元结合的烷基酯基。在嵌段单元的情况下，环氧乙烷嵌段、环氧丙烷嵌段既可分别逐个地与双酚 A 主链两侧结合，亦可结合多个嵌段。

七、本发明的效果

该部分详细说明申请人做的有哪些优点？需要详细阐述本发明所达到的效果和优点。可以用产量、品质、收率/产率、质量、精度、效率提高，能耗、原材料、工序的节省，加工、操作、控制、使用的简便，有利于环保、降低劳动强度，出现有用性能等数据说明。最好与背景技术比较，用实验数据来说明发明效果；也可以从理论推导或特点分析来说明发明效果。当采用实验数据时，应给出必要的试验条件和方法。

对于新化合物的产品，应该充分公开该化合物的用途和使用效果，即至少要公开该化合物的一种用途。而且必须用文字和/或试验数据给予具体的说明。对那些与一种化合物结构相近、用途相同的化合物，则必须充分公开该化合物的用途和效果，必要时还需要提供对比试验数据。

对于药物化合物,应该公开其具体的医药用途和药理功效,此用途和效果应该用药理试验数据来说明。根据药学领域关于药理学试验的要求和常规的模式,药理试验可以是实验室试验,例如杀菌试验、对某些癌细胞株的抗癌试验等,也可以是动物试验,如各类神经系统疾病的动物实验等,或临床试验数据。还应该公开该化合物用于该医药用途时的有效量和使用方法。

【示例1】本发明化合物对包括革兰氏阴性菌和革兰氏阳性菌的各种致病微生物有更强的抗菌活性和宽的抗菌谱。本发明化合物对革兰氏阳性菌株,尤其对包括 MRSA、MRSE 在内的葡萄球菌属的抗菌活性高于最近上市的喹诺酮类抗菌剂吉米沙星(gemifloxacin)和巴罗沙星(balofloxacin)。本申请的式(Ⅰ)化合物中的实施例 16 化合物对革兰氏阳性菌的抗菌活性是 CN101070322A 中描述的结构近似的实施例 31 化合物的 2~4 倍,是吉米沙星和巴罗沙星的 4~32 倍。本申请的式(Ⅰ)化合物中的实施例 12 化合物和实施例 21 化合物对革兰氏阳性菌的抗菌活性是 CN1850823A 中描述的两个结构近似化合物的 2~4 倍。药代动力学性能方面,与已知的喹诺酮化合物相比,本发明化合物具有适宜的水溶性,因此在体内能够被良好地吸收,表现非常高的生物利用度,适宜用作抗菌剂。

【示例2】高分子化合物具有优良的可塑性及挠性,可应用于涂料及涂层材料;土木建筑材料;半导体及液晶设备中所使用的电子材料;以光纤及光学透镜等为代表的光电子材料;以及医疗材料的各种技术领域的各种用途。

八、本发明的实例

该部分举例说明申请人是怎么做的?申请人做的有哪些优点?需要具体说明本发明某一次研发试验的方案和效果,具体程度类似学生实验教材。方案中的数据一般是一个具体的点,而不是一个范围,所涉及的物质常常是一种具体物质,比如,工艺参数是一个具体值,原料也是具体的物质。如果使用了新物质或自制材料,还应说明其制备方法。一般要求三个以上实例。可以将一个实例理解为一次试验的详细记录,改变一种或多种原料,或者改变一个或多个参数再做一次试验,就是另一个实例。

对涉及化合物的发明,实例需要描述该化合物的制备过程,及说明用途和效果的试验方法和结果数据。如果所用原料和/或中间体是新的,还需要描述这些化合物的制备实例。

【示例1】

实例1 1-叔丁氧羰基-4-甲基-3-氧代哌啶-4-羧酸乙酯

N_2 保护下,1-叔丁氧羰基-3-氧代哌啶-4-羧酸乙酯(43.36 g,0.16 mol)、K_2CO_3(41.40 g,0.3 mol)、碘甲烷(42.60 g,0.3 mol)和丙酮(450 mL)的混合物于 40 ℃搅拌

反应2.0 h。滤去不溶物，滤液减压浓缩，所得残余物溶于二氯甲烷（170 mL），依次用水和饱和食盐水洗，无水硫酸镁干燥。过滤，浓缩后的残余物经硅胶柱分离纯化（石油醚：乙酸乙酯＝10∶1），得浅黄色油状物34.70 g（收率76.1%）。

^{1}HNMR（300MHz，CDCl$_3$）δppm：1.23 - 1.39（15H，m，Boc，OCH$_2$CH$_3$，CH$_3$），2.21 - 2.28（2H，m，C$_5$ - 2H），3.32 - 3.49（4H，m，C$_2$ - 2H，C$_6$ - 2H），3.82 - 3.85（2H，m，OCH$_2$CH$_3$）。

MS（FAB，m/z）：286（M$^+$ +1）。

实例2 1 - 叔丁氧羰基 - 4 - （N - 叔丁氧羰基）胺基 - 4 - 甲基 - 3 - 羟基哌啶

冰浴冷却下，向实施例1化合物（34.20 g，0.12 mol）的95%乙醇（120 mL）溶液中分批加入硼氢化钾（7.56 g，0.14 mol），同温搅拌0.5 h，然后于室温继续搅拌反应2.5 h。将反应液倾入水（200 mL）中，二氯甲烷提取（3×110 mL），合并提取液，水洗（3×60 mL），无水硫酸镁干燥。过滤，滤液减压浓缩所得残余物中加入甲醇（200 mL）和氨水（100 mL），于高压釜中通氨气至1.2 Mpa，于30～35 ℃搅拌反应12 h。减压浓缩得无色油状物。

氢氧化钠（5.60 g，0.14 mol）溶于水（44.4 mL），加入上述油状物，室温搅拌0.5 h，冰 - 水浴冷却至0 ℃，滴加10%次氯酸钠水溶液（45.6 mL），滴毕，先室温搅拌反应4.5 h，再于70 ℃继续搅拌2.5 h。降至室温，用6%氢氧化钠水溶液调pH 8～9，滤去不溶物，分批加入Boc$_2$O（34.88 g，0.16 mol），45～55 ℃搅拌反应2.5 h。二氯甲烷提取（3×100 mL），无水硫酸镁干燥。过滤，浓缩后的残余物中加入石油醚研磨固化，干燥，得固体产物13.78 g（收率34.8%）。

^{1}H NMR（300MHz，CDCl$_3$ + D$_2$O）δppm：1.28 - 1.59（21H，m，2×Boc，CH$_3$），2.61 - 2.64（2H，m，C$_5$ - 2H），3.46 - 3.826（5H，m，C$_2$ - 2H，C$_6$ - 2H，C$_3$ - 1H）。

MS（FAB，m/z）：331（M$^+$ +1）。

实例3 1 - 叔丁氧羰基 - 4 - （N - 叔丁氧羰基）胺基 - 4 - 甲基 - 3 - 氧代哌啶

冰浴冷却下，向实施例2化合物（12.54 g，0.038 mmol）的丙酮（100 mL）溶液中逐滴滴加Jones试剂（26.5 mL），滴毕（0.5 h），同温搅拌反应1.5 h。向反应液中加入适量的甲醇，待溶液的颜色由红色转为绿色后，过滤，滤液减压蒸去溶剂，残余液以氯仿（65 mL）溶解，饱和食盐水洗至水层没有明显绿色为止。无水硫酸镁干燥有机相，过滤，蒸去溶剂得产物粗品，VLC法（以乙酸乙酯和石油醚梯度洗脱）分离得到固体产物10.73 g（收率86.1%）。

^{1}H NMR（300 MHz，CDCl$_3$）δppm：1.21 - 1.52（21H，m，2×Boc，CH$_3$），2.61 - 2.63

(2H, m, C_5 -2H),3.54 - 3.67(4H, m, C_2 -2H, C_6 -2H)。

MS（FAB, m/z）：329（$M^+ +1$）。

【示例2】

实例1

向安装有搅拌机、温度计及精馏塔（15层）的1L烧瓶中，加入350g（0.20 mol）双酚A-4 mol 环氧丙烷-30 mol 环氧乙烷嵌段醇（通式（Ⅳ）中 $m+m' = 4$、$n+n' = 30$ 的化合物）及480 g（5.45 mol）乙酸乙酯，在常压下一边加热回流一边除去系统内的水分。

接着，向先前加入的混合液中，添加3.5 g 原钛酸异丙酯（钛酸四异丙酯）作为催化剂而实施酯交换反应。加热回流开始时的精馏塔顶部温度为乙酸乙酯的沸点，即77 ℃，但随着反应的进行，接近乙醇与乙酸乙酯共沸混合物的沸点。最终，调节回流比，使得塔顶部温度达到72 ℃，一边将乙醇作为与乙酸乙酯的共沸物馏去一边进行反应。在反应开始5 h 后采集反应液，测定皂化值。根据皂化值变为58（mgKOH/g）来确认反应的结束。

接着，将烧瓶内的反应液冷却至75 ℃，向反应液中加入120 g 的17%质量分数食盐水将催化剂水解且使之不溶化。将其静置30 min 后，利用倾析（decantation）而仅将有机层移入1 L 的茄形烧瓶中，使用旋转蒸发器（rotary evaporator）将过量的乙酸乙酯进行减压馏去。通过持续抽滤而除去茄形烧瓶内反应液中的固体物（失活催化剂以及食盐等），获得淡黄色透明的液体生成物。使用 NMR（溶剂：$CDCl_3$）及 FT - IR（薄膜法）对所得生成物进行分析的结果是，确认其为双酚A-4 mol 环氧丙烷-30 mol 环氧乙烷嵌段乙酸酯。将 FT - IR 图及 NMR 图分别示于图1及图2中。生成物的产量为335 g（产率90%）。

实例2

向安装有搅拌机、温度计、空气导入管、Dean - Stark 阱及冷凝管的1L烧瓶中，加入350 g（0.20 mol）双酚A-4 mol 环氧丙烷-30 mol 环氧乙烷嵌段醇（通式（Ⅳ）中 $m+m' = 4$、$n+n' = 30$ 的化合物）、26.4 g（0.44 mol）乙酸、400 g 甲苯、35 g 对甲苯磺酸，在常压下升温。一边除去因反应进行而生成的水，一边使反应进行。反应开始5 h 后有理论反应量的水流出，故而可采集反应液进行皂化值测定。根据皂化值变为57（mgKOH/g）来确认反应的结束。

接着，将烧瓶内的反应液冷却，在冷却至达到40 ℃以下的时刻，向反应液中加入100 g 的17%质量分数食盐水，以300 rpm 转速进行搅拌。接着，将有机层移入分液漏斗，加入25 g 的25%质量分数氢氧化钠水溶液、70 g 的17%质量分数食盐水进行中和水洗。此时，水层的 pH 为10，故而在除去水层后，进而以200 g 的17%质量分数食盐水清洗有机层而将水层的 pH 调整至7~8。

除去水层后，将有机层加入 1 L 的茄形烧瓶中，使用旋转蒸发器（rotary evaporator）将甲苯进行减压馏去，通过进行持续抽滤而除去茄形烧瓶内反应液中的固体物（失活触媒及食盐等），获得淡黄色透明的液体生成物。使用 NMR（溶媒：CDCl$_3$）及 FT-IR（薄膜法）对所得生成物进行分析的结果是，获得与实施例 1 相同的图，可确认其为双酚 A-4 mol 环氧丙烷-30 mol 环氧乙烷嵌段乙酸酯。生成物的产量为 317 g（产率 85%）。

九、背景技术和本发明的附图

该部分是上述各部分的辅助部分，需要清晰给出背景技术和本发明的工艺流程图和产品结构图等及其说明。此部分可有可无，可以是一幅，也可以是多幅。工艺流程图可以在框图内说明各工艺步骤名称，产品结构图可以将各部件用引出线通过阿拉伯数字统一标号。剖面图或局部放大图要单独给出图号。附图说明需要简略说明各附图的名称以及各标记的含义。

对于涉及化合物的发明，合成化合物的工艺流程图、反应路线图，及用于验证化合物结构的红外光谱图、紫外吸收光谱、核磁共振光谱图等都应按以上要求制成附图。

【示例 1】

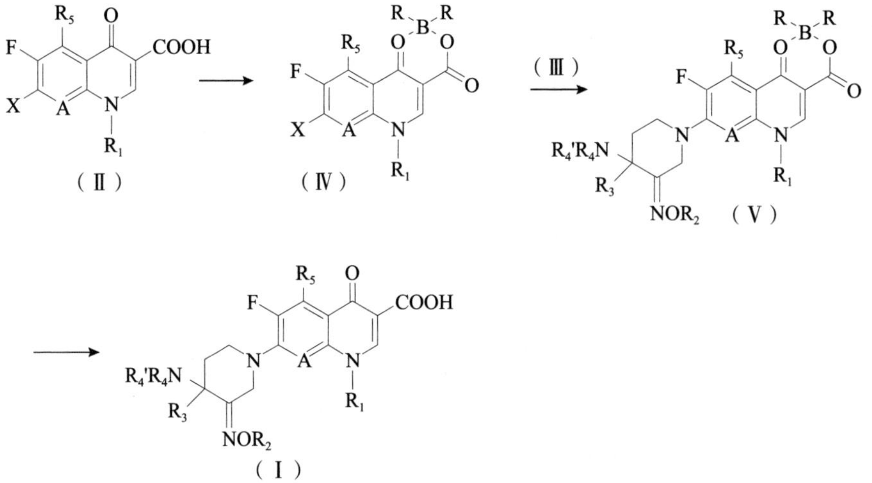

图 1　合成本发明化合物的反应路线

【示例2】

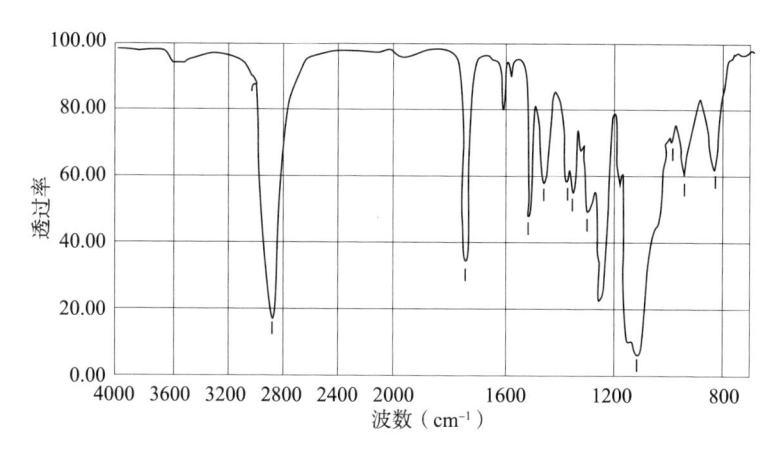

图1 本发明高分子化合物傅立叶变换红外（FT-IR）光谱

模板五 基因工程类发明技术交底书提纲

本提纲适用于涉及基因、载体、重组载体、转化体、多肽或蛋白质、融合细胞、单克隆抗体等与遗传工程相关的领域。

一、本发明的名称

该部分简要揭示发明主题，需要清楚说明本发明的产品名称和/或方法名称，不要含有人名、单位名、商标、代号和型号等非技术术语。

【示例1】一种水稻杂种育性基因及其应用

【示例2】一种血凝酶及其制备方法

二、背景技术的方案

该部分简要说明现有技术是怎么做的？需要先简要介绍本发明涉及的技术和/或产品的性质和用途等；接下来简要介绍1~2项与本发明最接近的背景技术，即与本发明有相同目的或相同技术手段或相同用途的产品或方法，建议不要写成综述。当然，如果本发明属于开拓性发明，可以简要介绍目前相关技术的研究进展。

背景技术既可以是文献中的技术，也可以是常识或现有产品。涉及文献时需详细说明背景技术的文献出处，如专利文献号，或期刊名称、卷号、期号和页码，或书籍名称、作者、出版者、版次和页码。介绍背景技术时需简要说明背景技术的技术措施和/或产品构成，以及各步骤及其条件等。

【示例1】在水稻杂种中，分化程度较大的杂种育性基因座在杂合状态下往往发生不亲和互作，导致携带某一等位基因座的雄配子（或雌配子）发育不正常。这种现象也称为杂种的等位基因特异配子缺失（allele‐specific gamete elimination）效应。但这些基因座在纯合状态下（如纯合的亲本）不影响配子的正常发育。大部分杂种不育基因座的遗传行为符合"单座位孢子体‐配子体互作"的模式（Oka, 1974, Genetics 77, 521-534）。因此，用携带亲和等位基因座的亲本与粳稻或籼稻杂交，可以提高杂种的育性。目前已报道了一些水稻杂种育性基因的染色体定位，但杂种花粉不育或亲和（可育）的分子基础还不清楚。Sa是控制水稻杂种花粉育性的基因座之一，它已被初步定位于第1染色体（庄楚雄等，1994，遗传学报，21：34-37）。

【示例2】立止血（Reptilase）又名血凝酶（Haemocoagulase），是近年应用于临床的新型止血药，它是从巴西种的洞蝮蛇毒液中分离出来的一种酶性止血剂，它含有两种有效成分："类凝血酶"（巴曲酶，Batroxobin）和"类凝血激酶"（磷脂依赖性凝血因子X激活物，Phospholipid‐depending Factor X Acitivator）。立止血中的类凝血酶能促使纤维蛋白原裂解出纤维蛋白肽A，使去纤维蛋白单体增多，这些单体相接，形成纤维蛋白Ⅰ多聚体。纤维蛋白Ⅰ多聚体在凝血酶的作用下，最终形成有止血作用的交联的纤维蛋白。纤维蛋白Ⅰ多聚体还能在血管破损处促进血小板聚集，加速血小板止血栓的形成，从而加速血管破损处的止血效应。立止血中的类凝血激酶能将浓集于磷脂反应表面的凝血因子X激活成为凝血因子Xa。后者再与Ca^{2+}、凝血因子Va及血小板磷脂（PF3）形成复合物——凝血酶原激活物，在血管破损处催化凝血酶原转化凝血酶，从而促进凝血和血栓的形成。立止血正常用量不会触发血管凝血，只有在出血情况下，才起到止血功效，临床疗效良好。

我国具有丰富的蛇毒研究资源，已有研究报道，从我国的尖吻蝮蛇（Agkistrodon acutus，俗称五步蛇）的蛇毒中，亦能分离纯化出具有止血作用的特殊血凝酶。

三、背景技术的缺陷

该部分简要说明现有技术做的有什么缺陷？需要客观说明各背景技术的方法或产品在工艺或性能上的不足。

【示例1】目前已报道了一些水稻杂种育性基因的染色体定位，但尚未有水稻杂种育性基因被分离克隆的报道，杂种不育或亲和（可育）的分子基础还不清楚。

【示例2】蛇毒中的成分复杂，通过生化过程纯化获得的生化药物，一方面存在成本高、不易大规模生产等缺点；另一方面纯化过程中残留的其他成分，还可能造成药效的差异和毒副反映现。

从结构上看，绝大部分类凝血酶都是糖蛋白，由于 E. coli 表达系统本身的局限，即缺少蛋白质后修饰功能，使得表达产物不能糖基化。因此，一般认为，凝血酶类基因的表达，应在真核的表达系统中实现。

四、本发明的目的

该部分简要说明申请人要做什么？需要简要说明本发明要克服的缺陷，或要解决的问题，或要达到的目的。

【示例1】本发明的目的是提供一种水稻杂种育性基因及其在水稻育种中的应用。

【示例2】本发明的一个目的在于提供一种具有良好止血功效的尖吻蝮蛇血凝酶以及编码该蛋白的基因。本发明的另一个目的在于提供一种制备上述凝血酶的方法。

五、本发明的方案

该部分详细说明申请人是怎么做的？需要详细说明本发明的总体技术方案，即从若干次研发试验结果总结出来的技术方案。方案中的数据一般不是一个具体的点，而是一个范围，所涉及的物质常常有替代物，比如，工艺参数是数值范围，原料是一类物质。该部分是技术交底书的核心，需要对原料试剂、结构组成、方法步骤、条件参数等进行十分详细的说明。

涉及产品时，要详述产品的组成、原料组分、工艺步骤、产品性能、产品用途，或者产品的结构等。涉及方法时，要详述原料组分、原料配比、中间产物、最终产物、催化剂、添加剂、工艺步骤、检测方法、原料预处理方法、产物的后处理方法、工艺参数等。

对于涉及基因工程产品发明（包括基因、蛋白等），这部分内容应包括产品的确认、产品的制备和产品的用途。

（1）产品的确认

对于涉及基因、载体、重组载体、转化体、多肽或蛋白质、融合细胞、单克隆抗体等的发明，说明书应明确记载其结构，如基因的碱基序列，多肽或蛋白质的氨基酸序列等。在无法清楚描述其结构的情况下，应当描述其相应的物理-化学参数，生物学特性和/或制备方法等。

（2）产品的制备

说明书中应描述制备该产品的方式，除非该领域的技术人员根据原始说明书、权利要求书和附图的记载和现有技术无需该描述就可制备该产品。

对于涉及基因、载体、重组载体、转化体、多肽或蛋白质、融合细胞、单克隆抗体等的发明,如果说明书中描述的制备所述产物的方法,是该领域技术人员不能重复实施的方法,则获得的导入了基因、载体、重组载体的转化体(包括产生多肽或蛋白质的转化体)或融合细胞等应当进行保藏。

对于所述制备方法,如果其实施过程中使用了在申请日(有优先权的,指优先权日)前公众不能获得的生物材料,则应当给出该生物材料的可获得方法,或将该生物材料保藏。

(3) 产品的用途和/或效果

对于涉及基因、载体、重组载体、转化体、多肽或蛋白质、融合细胞、单克隆抗体等的发明,应在说明书中描述其用途和/或效果,明确记载获得所述效果所需的技术手段、条件等。

例如,应在说明书中提供证据证明基因具有特定的功能,对于结构基因,应该证明所述基因编码的多肽或蛋白质具有特定的功能。

对于制备基因、载体、重组载体、转化体、多肽或蛋白质、融合细胞和单克隆抗体等方法的发明,说明书应当清楚、完整地描述所述方法以使本领域技术人员能使用该方法制备所述的产品,而且当所述产品为新物质时,应记载所述产品的至少一种用途。

【示例1】本发明尖吻蝮蛇血凝酶基因(现将该基因命名为 SL32 基因)的核苷酸序列如序列表 SEQ ID NO: 1 所示,其编码蛋白的氨基酸序列如序列表 SEQ ID NO: 2 所示。本发明还包括序列表 SEQ ID NO: 2 所示的氨基酸序列经替换、缺失或添加一个或几个氨基酸形成的具有同等功能的氨基酸序列,以及编码这些氨基酸序列的核苷酸序列。

SL32 基因与巴曲酶的 mRNA(gi: 211023)有着较高的同源性,SL32 基因共有 1326 个碱基,巴曲酶的 mRNA 序列有 1504 个碱基。SL32 可编码具有 255 个氨基酸的蛋白质,而巴曲酶亦为 255 个。两者之间的差异在于氨基端的第 11 个氨基酸在 SL32 中为谷氨酰胺(Q),而在巴曲酶的一级结构序列中则为亮氨酸(L)。

SL32 基因虽然编码与巴曲酶基因类似的蛋白质,但由于两者的来源不同,且在核酸编码与氨基酸一级结构编码中存在确定的不同,因此导致二者在活性上具有显著的差异。SL32 编码的类巴曲酶氨基酸序列的 N 端 30 个氨基酸的序列为:

Met – Val – Leu – Ile – Arg – Val – Ile – Ale – Asn – Leu – Gln – Ile – Leu – Gln – Val – Ser – Thr – Tyr – Ale – Gln – Lys – Ser – Ser – Glu – Leu – Val – Ile – Gly – Gly – Asp。

通过实验发现,SL32 水解纤维蛋白原 Aα 链的能力明显强于巴曲酶。

本发明从尖吻蝮蛇蛇毒中分离纯化获得血凝酶,并进一步获得其基因。具体地说,本发明的技术方案是,从尖吻蝮蛇蛇毒中分离纯化血凝酶,测定其 N 端氨基酸序列,根据该序列设计合成寡核苷酸探针,从尖吻蝮蛇毒腺组织提取 mRNA,反转录并构建 cDNA 文库,通过上述探针筛选 cDNA 文库,并对筛选出的阳性克隆子分别进行测序克隆分析,并将筛选出的目的基因克隆到表达载体（参见图1），筛选阳性克隆，诱导表达SL32并进行分离纯化和复性。

当然，也可以通过其他方法获得血凝酶编码基因的全序列，例如，根据测定的血凝酶N端氨基酸序列，以及其他蛇类的同源性序列（例如巴曲酶），设计并合成上下游寡核苷酸引物，以尖吻蝮蛇毒腺中提取得到的总mRNA为模板，反转录得到cDNA，测序并设计合成相关引物，从而进一步克隆基因全序列。

六、本发明的关键点

该部分详细说明申请人做的关键点在哪里？需要逐条列出本发明的技术关键点。

【示例1】本发明的技术关键点在于：

1. 血凝酶本身；
2. 通过原核表达获得血凝酶；
3. 表达产物的复性。

七、本发明的效果

该部分详细说明申请人做的有哪些优点？需要详细阐述本发明所达到的效果和优点。对于产品而言，主要可以从性能或作用上进行说明；对于方法而言，可以从成本、能耗、产量、产率、工序的简便以及环保等方面进行说明。最好与背景技术比较，用实验数据来说明发明效果；也可以从理论推导或特点分析来说明发明效果。当采用实验数据时，应给出必要的试验条件和方法。

【示例1】同等活性条件下，SL32与立止血水解纤维蛋白原的SDS-PAGE分析显示，SL32可显著地水解纤维蛋白原的Aα-链，与人凝血酶作用强度类似，而立止血对纤维蛋白原的Aα-链的水解则不明显。说明在同等活性的情况下，SL32水解纤维蛋白原的Aα-链比立止血强。

此外，本发明通过原核表达制备重组SL32，降低了成本，同时克服了目前普遍认为血凝酶需要利用真核表达系统表达的偏见，为血凝酶的制备提供了新的思路。

八、本发明的实例

该部分举例说明申请人是怎么做的？申请人做的有哪些优点？需要具体说明本发明某一次研发试验的方案和效果，具体程度类似学生实验教材。方案中的数据一般是一个具体的点，而不是一个范围，所涉及的物质常常是一种具体物质，比如，工艺参数是一个具体值，原料也是具体的物质。如果使用了新物质或自制材料，还应说明其制备方法。实例一般要求三个以上。可以将一个实例理解为一次试验的详细记录，改变一种或多种原料，或者改变一个或多个参数再做一次试验，就是另一个实例。

对于涉及基因工程产品的发明，具体可采用下列方式进行描述：

（1）基因、载体或者重组载体

对于产生基因、载体或重组载体的方法，应当描述其各自的起源或来源，获得所述基因、载体或重组载体的方法，所用的酶、处理条件、收集和纯化它的步骤、鉴定方法等。

（2）多肽或者蛋白质

对于以基因重组技术制备多肽或蛋白质的方法，应当描述获得编码多肽或蛋白质的基因的方法、获得表达载体的方法、获得宿主的方法、将基因导入宿主的方法、选择性收集转化体的方法、从导入基因的转化体收集和纯化多肽或蛋白质的步骤或鉴定所获得的多肽或蛋白质的方法等。

【示例1】

实例1 血凝酶的分离纯化

将采集到的蛇毒直接溶解于 0.02 M、pH 8.0 Tris – HCl 缓冲液中并以 3000 rpm 离心 30 min。采用上述 0.02 M、pH 8.0 Tris – HCl 缓冲液平衡 GE Healthcare 公司生产的 DEAE Sepharose Fast Flow column，并将离心得到的上清转移到柱子上。采用线性 NaCl 浓度梯度的溶液进行洗脱（从平衡液浓度开始到 0.02 M Tris – HCl，0.2 M NaCl，pH 8.0 为止），洗脱温度为 4 ℃，流速为 80 mL/h。收集洗脱的各个峰值的蛋白质，测定其纤维蛋白原凝集活性，发现在 NaCl 浓度在 0.02 ~ 0.08 M 洗脱得到的蛋白质峰具有纤维蛋白原凝集活性。将此活性成分加到 Sephacryl S – 200HR column 上，采用凝胶过滤色谱层析法分离，洗脱液为 0.02 M、pH 8.0 Tris – HCl 缓冲液，收集纯化的具有纤维蛋白原凝集活性的成分（主要流出峰），并进一步将该成分采用美国 Waters 公司生产的 DEAE 8HR HPLC column（预先用 0.02 M、pH 8.0 Tris – HCl 缓冲液平衡）进行分离，洗脱液与上述 DEAE Sepharose Fast Flow column 层析所用的洗脱液相同，NaCl 浓度在 0.03 ~ 0.06 M 洗脱得到的蛋白质峰具有纤维蛋白原凝集活性，收集最终得到纯化的具有纤维蛋白原凝集活性的成分（主要流出峰）。

实例2 N端氨基酸序列的测定以及寡核苷酸探针的合成

取上述分离纯化的蛋白，进行 SDS – PAGE 电泳，并转印到 PVDF 膜上，切下与蛋白对应的条带，采用美国 ABI 公司 120 – A 气相测序仪以 Edman 降解法测定两条肽链的 N 末端。SL32 编码的类巴曲酶氨基酸序列的 N 端 30 个氨基酸的序列为：Met – Val – Leu – Ile – Arg – Val – Ile – Ale – Asn – Leu – Gln – Ile – Leu – Gln – Val – Ser – Thr – Tyr – Ale – Gln – Lys – Ser – Ser – Glu – Leu – Val – Ile – Gly – Gly – Asp。根据测序结果，推测可能的核酸序列，并采用 Primer 3 软件在线设计杂交用探针，探针序列为 tggtcattggaggtgatgaa，并采用 ABI 3900 基因

合成仪合成相应寡核苷酸探针。

实例 3　cDNA 文库的构建

取 1g 新鲜蝮蛇毒腺组织，采用 Qiagen RNeasy mini kit 抽提样品细胞的总 RNA，然后用 GE Healthcare 公司的 mRNA Purification Kit 自上述总 RNA 中纯化得到 mRNA。进一步采用 GE Healthcare 公司 TimeSaver™ cDNA Synthesis Kit 合成 cDNA，在其两端分别加上 EcoRI/NotI 接头，并以该公司 SizeSep™ 400 Spun Columns 纯化上述加接头的 cDNA。采用双酶切法将其克隆至 Promega 公司生产的 lgt11 vector 中。转化大肠杆菌后，扩大培养并进行克隆鉴定和滴度测定。

实例 4　阳性克隆的筛选

提取上述 cDNA 文库中的总 lDNA，并以之作为模板，采用上述合成的 N 末端引物（tggtcattggaggtgatgaa），采用 GE Healthcare 公司 HexaLabel™ DNA Labeling Kit 对其进行 P^{32} 掺入标记，作为克隆筛选的探针。采用此探针对 cDNA 文库进行原位杂交筛选，挑选出阳性菌落。

实例 5　SL32 基因全序列的获得

将上述阳性菌落扩大培养，提取 lDNA 后，采用 ABI 公司 3730 基因序列分析仪以质粒上的引物（forward. GGTGGCGACGACTCCT GGAGCCCG，reverse. TTGACA CCAGACCAACTGGTAATG）测序。

实例 6　表达载体的构建、转化宿主、阳性克隆鉴定

设计引物（Forward：TCCCCTCTAGAATGGTG CTGATCAGAGTG ATAGCAA；Reverse：GGTGCTCGAGTCACGGGCAAGTCGCAGT）采用高保真 Taq 酶扩增上述血凝酶蛋白的 ORF，扩增反应的条件为 96 ℃ 2 min，（96 ℃ 30 s，59 ℃ 30 s，72 ℃ 1 min）共 25 cycles，72 ℃ 7 min，4 ℃ 保存。*Xba* I 和 *Xho* I 双酶切后将其克隆到 Novagen 公司 E. coli 表达载体 pET31b（+）上，转化大肠杆菌宿主 Rosetta（DE3）pLysS，并通过 PCR 鉴定挑选出转化阳性的克隆，进一步通过测序鉴定，测序引物采用载体自身引物 T7 promoter：TAATACGACTCACTATAG 和 T7 ter minator：GCTAGTTATTGCTCAGCGGT。

实例 7　转化宿主及目的基因的表达

将上述筛选出的含有编码蛋白序列阳性克隆分别扩大培养，采用 Novagen 公司 BugBuster 试剂盒抽提大肠杆菌中的蛋白（包涵体），进一步采用 Novagen 公司用于研究蛋白复性的——iFOLD 蛋白复性系统 1（iFOLD™ Protein Refolding System 1），探索该蛋白复性形成空间结构的最佳条件，经研究发现在所有 96 种条件组合中，250 mM NaCl，cyclodextrin（1%～5%），GSH/GSSG（3.0 mmol/L GSH/0.6 mmol/L GSSG），EDTA（0.2～1 mM）的混合溶液，可最有效地促使形成具有生物活性的 SL32 蛋白质。

实例 8 SL32 基因及蛋白的分析鉴定

通过 Blast 发现，与 SL32 基因同源性最高的是巴曲酶的 mRNA（gi：211023），巴曲酶的 mRNA 序列有 1504 个碱基，而 SL32 基因共有 1326 个碱基，其 CDS 为（60）…（827）。SL32 与巴曲酶的氨基酸都为 255 个。两者之间的差异在于氨基端的第 11 个氨基酸在 SL32 中为谷氨酰胺（Q），而在巴曲酶的一级结构序列中则为亮氨酸（L），因此，克隆出的 SL32 基因为一全新的血凝酶基因。

实例 9 SL32 表达蛋白功能分析

采用日本白兔和小鼠进行了血液凝固系统、纤溶系统等药效学指标的研究。结果发现：

（1）SL32 具有显著缩短出血时间的作用。静脉注射 0.50 U/kg，0.25 U/kg 和 0.125 U/kg 三个剂量的 SL32 可使小鼠剪尾出血时间显著缩短；

（2）SL32 具有促进血液凝固的作用。静脉注射 0.12 U/kg、0.06 U/kg 和 0.03 U/kg 三个剂量的 SL32 可使兔全血凝固时间缩短，给药后 10 min 起作用，30 min 达到高峰，作用持续至 6 h 以上。SL32 促血液凝固的强度和时间与阳性对照药立止血相差不大；

（3）SL32 在全身用药的过敏性实验中，观察了 SL32 对豚鼠致敏接触和激发接触试验，在所观察的 28 天内无过敏现象出现，过敏试验结果为阴性；

……

（8）SL32 在长期毒性实验中，大鼠静脉注射给药，剂量在 1.36 U/kg，0.68 U/kg 及 0.34 U/kg 时，对代谢、解毒主要器官—肾等、对中枢神经系统和心脏等，合计 22 个组织脏器均未发现毒性病变作用；

（9）同等活性条件下，SL32 与立止血水解纤维蛋白原的 SDS – PAGE 分析（见图 2）。

从电泳结果表明：孵育 24 h，SL32 可显著地水解纤维蛋白原的 A α – 链，与人凝血酶作用强度类似，而立止血对纤维蛋白原的 A α – 链的水解依然不明显。即在同等活性的情况下，SL32 水解纤维蛋白原的 A α – 链比立止血强。

上述结果证明，SL32 表达产物的止血作用效果显著，与立止血比较，有效剂量范围宽，使用安全可靠等特点。

九、背景技术和本发明的附图

该部分是上述各部分的辅助部分，需要清晰给出背景技术和本发明的工艺流程图和产品结构图等及其说明。此部分可有可无，可以是一幅，也可以是多幅。工艺流程图可以在框图内说明各工艺步骤名称，产品结构图可以将各部件用引出线通过阿拉伯数字统一标号。剖面图或局部放大图要单独给出图号。附图说明需简略说明各附图的名称以及各标记的含义。

对于涉及基因工程技术的发明，可以使用质粒结构示意图，用以说明重组载体的结构；使用凝胶电泳图，说明实验结果等。

【示例1】

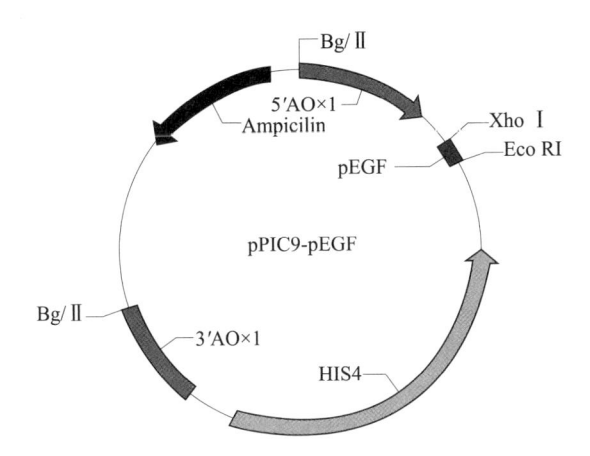

图1 本发明表达载体 pPIC9 – pEGF 结构示意图

【示例2】

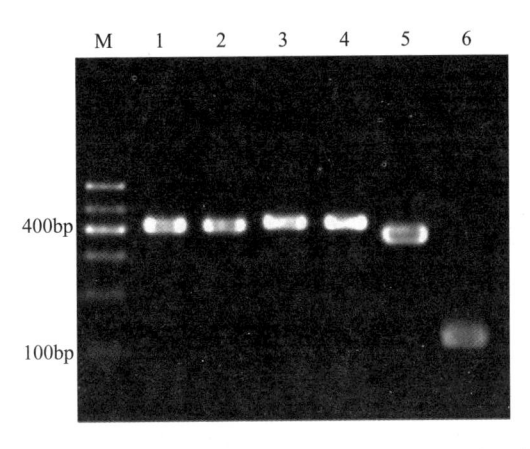

图2 使用本发明的试剂盒扩增样品赤眼蜂基因组 DNA 产物的电泳图谱

M：分子量标准（100 bp Ladder）；样品 1～4 为玉米螟赤眼蜂（To），其 PCR 产物为 416 bp；样品 6 为拟澳洲赤眼蜂（Tc），其 PCR 产物为 128 bp；样品 5 为广赤眼蜂（Te），其 PCR 产物为 390 bp。

附录三

全国主要知识产权保护中心预审申请受理领域汇总

名称	受理领域
中国（北京）知识产权保护中心	新一代信息技术、高端装备制造
中国（中关村）知识产权保护中心	新材料、生物医药
中国（滨海新区）知识产权保护中心	高端装备制造、生物医药
中国（河北）知识产权保护中心	节能环保、高端装备制造
中国（天津）知识产权保护中心	新一代信息技术、新材料
中国（山西）知识产权保护中心	新能源、现代设备制造
中国（内蒙古）知识产权保护中心	生物和新材料产业
中国（山东）知识产权保护中心	海洋、新一代信息技术
中国（烟台）知识产权保护中心	现代食品、机械装备制造
中国（东营）知识产权保护中心	石油化工、石油装备、石油开采及橡胶轮胎产业
中国（潍坊）知识产权保护中心	光电、机械装备、化工、生物医药
中国（济南）知识产权保护中心	高端装备制造、生物医药
中国（淄博）知识产权保护中心	新材料
中国（德州）知识产权保护中心	新材料、生物医药
中国（江苏）知识产权保护中心	高端装备产业、新型功能和结构材料产业
中国（南京）知识产权保护中心	新一代信息技术、生物医药
中国（常州）知识产权保护中心	机器人及智能硬件
中国（南通）知识产权保护中心	智能制造设备、现代纺织
中国（无锡）知识产权保护中心	物联网和智能制造产业
中国（苏州）知识产权保护中心	新材料、生物制品制造
中国（徐州）知识产权保护中心	智能制造
中国（合肥）知识产权保护中心	新一代信息技术、高端装备制造

附 录 三　全国主要知识产权保护中心预审申请受理领域汇总

续表

名称	受理领域
中国（浙江）知识产权保护中心	新一代信息技术、新能源
中国（宁波）知识产权保护中心	材料加工、新能源、智能驾驶、动力控制等汽车及零部件
中国（杭州）知识产权保护中心	高端装备制造
中国（宁德）知识产权保护中心	新能源
中国（浦东）知识产权保护中心	高端装备制造产业、生物医药产业、新一代信息技术
中国（上海）知识产权保护中心	高端装备制造、生物医药、信息技术、新材料、新能源、节能环保
中国（南昌）知识产权保护中心	中医药、电子信息
中国（赣州）知识产权保护中心	生物和新材料产业、新型功能材料和装备制造产业
中国（福建）知识产权保护中心	机械装备和电子信息产业
广东省知识产权保护中心	新一代信息技术、生物
中国（深圳）知识产权保护中心	新能源、互联网技术
中国（佛山）知识产权保护中心	智能制造装备、建材
中国（汕头）知识产权保护中心	化工、机械装备制造
中国（珠海）知识产权保护中心	高端装备制造、家电电器
中国（广州）知识产权保护中心	高端装备、新材料
中国（武汉）知识产权保护中心	光电子信息
中国（长沙）知识产权保护中心	智能制造领域
中国（新乡）知识产权保护中心	起重设备、电池
中国（四川）知识产权保护中心	新一代信息技术、装备制造
中国（昆明）知识产权保护中心	生物制品制造、智能制造装备
中国（成都）知识产权保护中心	生物和新材料产业、新型功能材料和装备制造产业
中国（西安）知识产权保护中心	高端装备制造
中国（甘肃）知识产权保护中心	先进制造、节能环保
中国（克拉玛依）知识产权保护中心	石油开采加工、新材料
中国（沈阳）知识产权保护中心	高端装备制造
中国（吉林）知识产权保护中心	高端装备制造和生物医药产业
中国（黑龙江）知识产权保护中心	装备制造、生物
中国（长春）知识产权保护中心	新一代信息技术和现代化农业产业
中国（辽宁）知识产权保护中心	新材料和新一代信息技术产业
中国（三亚）知识产权保护中心	海洋和现代农业产业

附录四

专利许可、转让和质押合同模板

模板一　专利实施许可合同

专利名称_____

专利号_____

许可方名称_____

地址_____

代表人_____

被许可方名称_____

地址_____

代表人_____

合同备案号_____

签订地点

签订日期　　　　年　　　月　　　日

有效期限至　　　年　　　月　　　日

前言（鉴于条款）

——鉴于许可方_____拥有专利名称为_____的专利，该专利为（<u>职务发明创造或非职务发明创造</u>），专利号为_____，公开号为_____，申请日为_____年_____月_____日，授权日为_____年_____月_____日，专利的法定届满日为_____年_____月_____日。并拥有实施该专利所涉及的技术秘密及工艺；

· 330 ·

——鉴于被许可方(姓名或名称)_____属于_____领域的企业、事业单位、社会团体或个人等，拥有厂房_____，_____设备，人员_____及其他条件，并对许可方的专利技术有所了解，希望获得许可而实施该专利技术（及所涉及的技术秘密、工艺等）；

——鉴于许可方同意向被许可方授予所请求的许可；

双方一致同意签订本合同。

第一条　专利许可的方式与范围

该专利的许可方式是独占许可（排他许可、普通许可、交叉许可、分许可）；

该专利的许可范围是在_____地区制造（使用、销售）其专利的产品；（或者）使用其专利方法以及使用、销售依照该专利方法直接获得的产品；（或者）进口其专利产品（或者）进口依照其专利方法直接获得的产品。

第二条　专利的技术内容

许可方向被许可方提供专利号为_____，专利名称为_____的全部专利文件（见附件1），同时提供为实施该专利而必须的工艺流程文件（见附件2），提供设备清单（或直接提供设备）用于制造该专利产品（见附件3），并提供实施该专利所涉及的技术秘密（见附件4）及其他技术（见附件5）。

第三条　技术资料的交付

1. 技术资料的交付时间

合同生效后，许可方收到被许可方支付的使用费_____万元后的_____日内，许可方向被许可方交付合同第二条所述的全部资料，即附件（1~5）中所示的全部资料。

2. 技术资料的交付方式和地点

许可方将全部技术资料以面交、挂号邮寄、或空运方式递交给被许可方，并将资料清单以面交、邮寄或传真方式递交给被许可方，将空运单以面交、邮寄方式递交给被许可方。

技术资料交付地点为被许可方所在地或双方约定的地点。

第四条　使用费及支付方式

本合同涉及的使用费为_____元，采用第_____种方式进行支付。

1. 本合同涉及的使用费为_____元。采用一次总付方式，合同生效之日起_____日内，被许可方将使用费全部汇至许可方账号，或以现金方式支付给许可方。

2. 本合同涉及的使用费为_____元。采用分期付款方式，合同生效后，_____日内，被许可方即支付使用费的_____%即_____元给许可方，待许可方指导被许可方生产出合格样机_____台_____日后再支付_____%即_____元。直至全部付清。

被许可方将使用费按上述期限汇至许可方账号，或以现金方式支付给许可方。

3. 使用费总额_____元，采用分期付款方式，自合同生效日起_____个月内支付

_____元，_____个月内再支付_____元，最后于_____日内支付_____元，直至全部付清。

被许可方将使用费按上述期限汇至许可方账号，或以现金方式支付给许可方。

4. 该专利使用费由入门费和销售额提成二部分组成。

合同生效日支付入门费_____元，销售额提成为_____%（一般3%～5%），每_____个月（或每半年、每年底）结算一次。

被许可方将使用费按上述期限汇至许可方账号，或以现金方式支付给许可方。

5. 该专利使用费由入门费和利润提成二部分组成。

合同生效日支付入门费_____元，利润提成为_____%（一般3%～5%），每_____个月（或每半年、每年底）结算一次。

被许可方将使用费按上述期限汇至许可方账号，或以现金方式支付给许可方。

6. 该专利使用费以专利技术入股方式计算，被许可方与许可方共同出资_____万元联合制造该合同产品，许可方以专利技术入股股份占总投资的_____%，第_____年分红制，分配利润。

支付方式采用银行转账（托收、现金总付等）。现金总付地点一般为合同签约地。

采用4、5或6任一支付方式，许可方有权查阅被许可方实施合同技术的有关账目。

第五条 验收的标准与方法

1. 被许可方在许可方指导下，生产完成合同产品_____个（件、吨、等单位量词）须达到许可方所提供的各项技术性能及质量指标（具体指标参数见附件6）并符合国际_____标准，_____国家_____标准，_____行业_____标准。

2. 验收合同产品。由被许可方委托国家（或某一级）检测部门进行，或由被许可方组织验收，许可方参加，并给予积极配合，所需费用由被许可方承担。

3. 如因许可方的技术缺陷，造成验收不合格的，许可方应负责提出措施，消除缺陷。

第二次验收仍不合格，许可方没有能力消除缺陷的，被许可方有权终止合同，许可方返还使用费，并赔偿被许可方的部分损失。

4. 如因被许可责任使合同产品验收不合格的，许可方应协助被许可方，进行补救，经再次验收仍不合格，被许可方无力实施该合同技术的，许可方有权终止合同，且不返还使用费。

5. 合同产品经验收合格后，双方应签署验收合格报告。

第六条 对技术秘密的保密事项

1. 被许可方不仅在合同有效期内而且在有效期后的任何时候都不得将技术秘密（附件4）泄露给本合同当事双方（及分许可方）以外的任何第三方。

2. 被许可方的具体接触该技术秘密的人员均要同被许可方的法人代表签订保密协议，保证不违反上款要求。

3. 被许可方应将附件 4 妥善保存（如放在保险箱里）。

4. 被许可方不得私自复制附件 4，合同执行完毕，或因故终止、变更，被许可方均须把附件 4 退给许可方。

第七条 技术服务与培训

1. 许可方在合同生效后＿＿＿＿＿＿＿日内负责向被许可方传授合同技术，并解答被许可方提出的有关实施合同技术的问题。

2. 许可方在被许可方实施该专利申请技术时，要派出合格的技术人员到被许可方现场进行技术指导，并负责培训被许可方的具体工作人员。

被许可方接受许可方培训的人员应符合许可方提出的合理要求。（确定被培训人员标准）

3. 被许可方可派出人员到许可方接受培训和技术指导。

4. 技术服务与培训的质量，应以被培训人员能够掌握该技术为准。（确定具体标准）

5. 技术服务与培训所发生的一切费用，如差旅费、伙食费等均由被许可方承担。

6. 许可方完成技术服务与培训后，经双方验收合格共同签署验收证明文件。

第八条 后续改进的提供与分享

1. 在合同有效期内，任何一方对合同技术所作的改进应及时通知对方；

2. 有实质性的重大改进和发展，申请专利的权利由合同双方当事人约定。没有约定的，其申请专利的权利归改进方，对方有优先、优价被许可，或者免费使用该技术的权利；

3. 属原有基础上的较小的改进，双方免费互相提供使用；

4. 对改进的技术还未申请专利时，另一方对改进技术承担保密义务，未经许可不得向他人披露、许可或转让该改进技术；

5. 属双方共同作出的重大改进，申请专利的权利归双方共有，另有约定除外。

第九条 违约及索赔

对许可方：

1. 许可方拒不提供合同所规定的技术资料，技术服务及培训，被许可方有权解除合同，要求许可方返还使用费，并支付违约金＿＿＿＿＿＿＿。

2. 许可方无正当理由逾期向被许可方交付技术资料，提供技术服务与培训的，每逾期一周，应向被许可方支付违约金＿＿＿＿＿＿＿，逾期超过＿＿＿＿＿＿＿（具体时间），被许可方有权终止合同，并要求返还使用费。

3. 在排他实施许可中，许可方向被许可方以外的第三方许可该专利技术，被许可方有权终止合同，并要求支付违约金_____。

4. 在独占实施许可中，许可方自己实施或许可被许可方以外的第三方实施该专利技术，被许可方有权要求许可方停止这种实施与许可行为，也有权终止本合同，并要求许可方支付违约金_____。

对被许可方：

1. 被许可方拒付使用费的，许可方有权解除合同，要求返回全部技术资料，并要求赔偿其实际损失，并支付违约金_____。

2. 被许可方延期支付使用费的，每逾期_____（具体时间）要支付给许可方违约金_____；逾期超过_____（具体时间），许可方有权终止合同，并要求支付违约金_____。

3. 被许可方违反合同规定，扩大对被许可技术的许可范围，许可方有权要求被许可方停止侵害行为，并赔偿损失，支付违约金_____，并有权终止合同。

4. 被许可方违反合同的保密义务，致使许可方的技术秘密泄露，许可方有权要求被许可方立即停止违约行为，并支付违约金_____。

第十条 侵权的处理

1. 对合同有效期内，如有第三方指控被许可方实施的技术侵权，许可方应负一切法律责任。

2. 合同双方任何一方发现第三方侵犯许可方的专利权时，应及时通知对方，由许可方与侵权方进行交涉，或负责向专利管理机关提出请求或向人民法院提起诉讼，被许可方协助。

第十一条 专利权被撤销和被宣告无效的处理

1. 在合同有效期内，许可方的专利权被撤销或被宣告无效时，如无明显违反公平原则，且许可方无恶意给被许可方造成损失，则许可方不必向被许可方返还专利使用费。

2. 在合同有效期内，许可方的专利权被撤销或被宣告无效时，因许可方有意给被许可方造成损失，或明显违反公平原则，许可方应返还全部专利使用费，合同终止。

第十二条 不可抗力

1. 发生不以双方意志为转移的不可抗力事件（如火灾、水灾、地震、战争等）妨碍履行本合同义务时，双方当事人应做到：

（1）采取适当措施减轻损失；

（2）及时通知对方当事人；

（3）在(某种事件)期间，出具合同不能履行的证明；

2. 发生不可抗力事件在(合理时间)内，合同延期履行；

3. 发生不可抗力事件在_____情况下，合同只能履行某一部分（具体条款）；

4. 发生不可抗力事件，持续时间超过_____（具体时间），本合同即告终止。

第十三条 税费

1. 本合同所涉及的使用费应按中华人民共和国税法，由许可方纳税。

第十四条 争议的解决方法

1. 双方在履行合同中发生争议的，应按合同条款，友好协商，自行解决；

2. 双方不能协商解决争议的，提请_____专利管理机关调处，对调处决定不服的，向人民法院起诉；

3. 双方发生争议，不能和解的，向人民法院起诉；

4. 双方发生争议，不能和解的提请_____促裁委员会促裁；

注：2、3、4 只能选其一。

第十五条 合同的生效、变更与终止

1. 本合同自双方签字、盖章之日起生效，合同的有效期为_____年（不得超过专利的有效期）。

2. （对独占实施许可合同）被许可方无正当理由不实施该专利技术的，在合同生效日后_____（时间），本合同自行变更为普通实施许可合同。

3. 由于被许可方的原因，致使本合同不能正常履行的，本合同即告终止，或双方另行约定变更本合同的有关条款。

第十六条 其他

1. 本合同未尽事宜，双方可另行协商制定补充合同，补充合同与本合同具有同等法律效力。

2. 本合同一式肆份，专利权转让方、受让方签字盖章后生效，双方各执两份，具有同等法律效力。

甲方（公章）：　　　　　　乙方（公章）：

法定代表人：　　　　　　　法定代表人：

（或授权代理人）　　　　　（或授权代理人）

　　年　月　日　　　　　　年　月　日

模板二　专利权转让合同

专利名称：_____

专利号：_____

转让方名称：_____

地址：_____

代表人：_____

受让方名称：_____

地址：_____

代表人：_____

合同登记号：_____

签订地点：

签订日期：　　年　　　月　　　日

前首（鉴于条款）

——鉴于_____拥有_____专利，其专利号_____证书号_____、申请日_____年_____月_____日，授权日_____年_____月_____日。

——鉴于受让方_____对上述专利的了解，希望获得该专利权。

——鉴于转让方同意将其拥有的专利权转让给受让方。

双方一致同意签订本合同。

第一条　转让方向受让方交付资料

1. 向中国专利局递交的全部专利申请文件（电子件），包括说明书、权利要求书、附图、摘要及摘要附图、请求书、意见陈述书以及代理委托书等。

2. 中国专利局发给转让方的所有文件（电子件），包括受理通知书、中间文件、授权通知书、专利证书等。

3. 转让方已许可他人实施的专利实施许可合同书，包括合同书附件（即与实施该专利有关的技术、工艺等文件）。

4. 中国专利局出具的专利权有效的证明文件。指最近一次专利年费缴费凭证。

5. 上级主管部门或国务院有关主管部门的批准转让文件，此文件在本协议签订后1个月内需转发受让方。

第二条　交付资料的时间、地点及方式

1. 交付资料的时间

合同生效后，转让方收到受让方支付给转让方的转让费后_____日内，转让方向受让方交付合同第一条1~4项所述的全部资料，转让手续合格后交付第一条第5项所述资料。

2. 交付资料的方式和地点

转让方将上述全部资料以面交、快递、电子邮件等方式递交给受让方，并将资料清单以面交、邮寄或邮件的方式递交给受让方。

全部资料的交付地点为受让方所在地或双方约定的地点。

第三条　专利实施和实施许可的情况及处置办法

在本合同签订生效后，转让方可继续使用该专利用于学术研究，不能以经营为目的继续使用。

第四条　转让费及支付方式

1. 本合同涉及的专利权的转让费为（¥　　）_____元，采用一次付清方式，在合同生效之日起_____日内，受让方将转让费全部汇至转让方的账号。

转让方账户如下：

税务登记号：

地址：

电话：

开户银行：

账号：

第五条　专利权被撤销或被宣告无效的处理

1. 根据《专利法》第50条，在本合同成立后，转让方的专利权被撤销或被宣告无效时，如无明显违反公平原则，且转让方无恶意给受让方造成损失，则转让方不向受让方返还转让费，受让方也不返还全部资料。

2. 如果本合同的签订明显违反公平原则，或转让方有意给受让方造成损失的，转让方应返还转让费。

3. 他人向专利局提出请求撤销专利权，或请求专利复审委员会对该专利权宣告无效或对复审委员会的决定（对发明专利）不服向人民法院起诉时，在本合同成立后，由受让方负责答辩，并承担由此发生的请求或诉讼费用。

第六条　过渡期条款

1. 在本合同签字生效后，专利权转让的转让费、专利权利维持的年费均由受让方支付。

2. 在过渡期内，因不可抗力，致使转让方或受让方不能履行合同的，本合同即告解除。

第七条　税费

本合同所涉及的转让费需纳的税，依中华人民共和国税法，由转让方纳税。

第八条　违约及索赔

对转让方：

1. 转让方拒不交付合同规定的全部资料，办理专利权转让手续的，受让方有权解除合同，要求转让方返还转让费，并支付违约金＿＿＿＿＿＿＿元。

2. 转让方无正当理由，逾期向受让方交付资料办理专利权转让手续（包括向专利局做著录事项变更），每逾期一周，支付违约金＿＿＿＿＿＿＿元，逾期两个月，受让方有权终止合同，并要求返还转让费。

对受让方：

1. 受让方拒付转让费，转让方有权解除合同要求返回全部资料，并要求赔偿其损失或支付违约金＿＿＿＿＿＿＿元。

2. 受让方逾期支付转让费，每逾期＿＿＿＿＿＿＿（时间）支付违约金＿＿＿＿＿＿＿元；逾期两个月，转让方有权终止合同，并要求支付违约金＿＿＿＿＿＿＿元。

第九条　争议的解决办法

1. 双方在履行合同中发生争议的，应按本合同条款，友好协商，自行解决。

2. 双方不能协商解决争议的，提请受让方所在地或合同签约地专利管理机关调处，对调处结果不服的，向人民法院起诉。

3. 双方发生争议，不能和解的，向人民法院起诉。

4. 双方发生争议，不能和解的，请求某仲裁委员会仲裁。

注：2、3、4 只能选其一。

第十条　其他

1. 本合同未尽事宜，双方可另行协商制定补充合同，补充合同与本合同具有同等法律效力。

2. 本合同一式肆份，专利权转让方、受让方签字盖章后生效，双方各执两份，具有同等法律效力。

甲方（公章）：　　　　　　乙方（公章）：

法定代表人：　　　　　　　法定代表人：

（或授权代理人）　　　　　（或授权代理人）

　　年　　月　　日　　　　　年　　月　　日

模板三 专利权质押合同

出质人（甲方）：_____

通信地址：_____

法定代表人：_____

质权人（乙方）：_____

通信地址：_____

法定代表人：_____

签订日期：

登记日期：

质押期限：　　　年　　　月　　　日至　　　年　　　月　　　日

为确保债务的偿还，甲方愿意以其有权处分的财产作质押，乙方经审查，同意接受甲方的财产质押，甲、乙双方根据有关法律规定，经协商一致，约定如下条款：

第一条 甲方以"质押财产清单"（附后）所列之财产设定质押。

第二条 甲方质押担保的贷款金额（大写）_____元，贷款期限自_____年_____月_____日至_____年_____月_____日。

第三条 甲方保证对质押物依法享有完全的所有权。

第四条 甲方应于_____年_____月_____日将质押财产产付乙方占有并同时向乙方支付保管费_____元。

第五条 质押担保的范围：贷款金额（大写）_____元及利息、违约金（包括罚息）、赔偿金、质物保管费用及实现贷款债权和质权的费用（包括诉讼费、律师费等）。

第六条 本合同项下有关的评估、鉴定、保险、保管、运输等费用均由甲方承担。

第七条 质押期间，_____方有维持专利权有效的义务，负责交纳专利年费，处理专利纠纷等事务。

第八条 甲方应输质押财产在质押期间的财产保险。财产保险的第一受益人为乙方。保险单证由乙方代为保管。

第九条 质押期间，质押财产如发生投保范围的损失，或者因第三人的行为导致质押财产价值减少的，保险赔偿金或损害赔偿金应作为质押财产，存入乙方指定的账户，质押期间双方均不得动用。

第十条 非因乙方过错致质押财产价值减少，甲方应在＿＿＿＿＿＿＿天内向乙方提供与减少的价值相当的担保。

第十一条 质押期间，质押财产造成环境污染或造成其他损害，应由甲方独立承担责任。

第十二条 质押期间，未经乙方书面同意，甲方不得赠与、迁移、出租、转让、再抵押（质押）或以其他任何方式处分本合同项下质押财产。

第十三条 质押期间，经乙方书面同意，甲方转让质押财产所得的价款应先优用于向乙方提前清偿其所担保的债权。

第十四条 借款合同履行期限届满，借款人未能清偿债务，乙方有权以质押财产折价或以拍卖、变卖、兑现质押财产所得的价款优先受偿，实现质权。

第十五条 发生下列情况之一，乙方有权提前处分质押财产实现质权、停止发放借款合同项下贷款或者提前收回借款合同项下已发放的贷款本息。

1. 甲方被宣告破产或被解散；

2. 甲方违反本合同第八条、第十条、第十二条、第十三条的约定或发生其他严重违约行为；

3. 借款合同履行期间借款人被宣告破产、被解散、擅自变更企业体制至乙方贷款债权落空、改变贷款用途、卷入或即将卷入重大的诉讼（或仲裁）程序、发生其他足以影响其偿债能力或缺乏偿债诚意的行为等情况。

第十六条 甲方因隐瞒质押财产存在共有、争议、被查封、被扣压或已设定抵押权等情况而给乙方造成经济损失的，应向乙方支付借款合同项下贷款金额 ％的违约金，违约金不足以弥补乙方损失的，甲方还应就不足部分予以赔偿。乙方有权就违约金、赔偿金直接与甲方存款账户中的资金予以抵销。

第十七条 乙方贪污处分质押财产所得的价款，按下列顺序分配：

1. 支付处分质押财产所需的费用；

2. 清偿借款人所欠乙方贷款利息；

3. 愈偿借款人所欠乙方贷款本金、违约金（包括罚息）和赔偿金等；

4. 支付其他费用。

第十八条 其他约定事项。

第十九条 因本合同发生的争议，经协商解决达不成一致意见，应当向乙方所在地人民法院提起诉讼。

第二十条 本合同应由双方法定代表人（或其授权代理人）签字并加盖公章。

第二十一条 本合同正本一式三份,甲方双方各执一份,用于登记备案一份。

甲方(公章):　　　　　乙方(公章):

法定代表人:　　　　　　法定代表人:

(或授权代理人)　　　　(或授权代理人)

　　年　月　日　　　　　　年　月　日

附:质押财产清单

序号	专利名称	申请日	颁证日	有效期	评估值